BIBLIOTHÈQUE
DE PHILOSOPHIE CONTEMPORAINE

LES LIMITES
DU CONNAISSABLE

LA VIE ET LES PHÉNOMÈNES NATURELS

PAR

FÉLIX LE DANTEC

Chargé de cours à la Sorbonne.

PARIS
FÉLIX ALCAN, ÉDITEUR
ANCIENNE LIBRAIRIE GERMER BAILLIÈRE ET Cie
108, BOULEVARD SAINT-GERMAIN, 108

1903

LES
LIMITES DU CONNAISSABLE

LA VIE ET LES PHÉNOMÈNES NATURELS

AUTRES OUVRAGES DU MÊME AUTEUR

LIBRAIRIE FÉLIX ALCAN :

Bibliothèque scientifique internationale

Théorie nouvelle de la vie, 2ᵉ édition. 1 vol. in-8º, cart. à l'anglaise. . . . . 6 fr. »
Évolution individuelle et Hérédité. 1 vol. in-8º, cart. à l'anglaise. . . . . 6 fr. »

Bibliothèque de Philosophie contemporaine

Le Déterminisme biologique et la Personnalité consciente. 1 vol. in-16. . . . . 2 fr. 50
L'Individualité et l'Erreur individualiste. 1 vol. in-16. 2 fr. 50
Lamarckiens et Darwiniens. 1 vol. in-16. . . . . 2 fr. 50
L'Unité dans l'Être vivant. 1 vol. in-8º. . . . . 7 fr. 50

Sous presse, pour paraître en mai 1903

Traité de Biologie. 1 vol. grand in-8º, avec gravures dans le texte.

LIBRAIRIES MASSON ET GAUTHIER-VILLARS :

Encyclopédie des aide-mémoire

La Matière vivante. 1 vol. in-16.
La Bactéridie charbonneuse. 1 vol. in-16.
La Forme spécifique. 1 vol. in-16.
Les Sporozoaires (En collaboration avec L. BÉRARD). 1 vol. in-16.

LIBRAIRIE C. NAUD :

Collection Scientia

La Sexualité. 1 vol. in-8º.

LIBRAIRIE ARMAND COLIN :

Le Conflit, Entretiens philosophiques. 1 vol. in-18.

LES
LIMITES DU CONNAISSABLE

LA VIE ET LES PHÉNOMÈNES NATURELS

PAR

FÉLIX LE DANTEC
Chargé de cours à la Sorbonne

LA PHILOSOPHIE ZOOLOGIQUE DE LAMARCK
LA PLACE DE LA VIE DANS LES PHÉNOMÈNES NATURELS
LES LIMITES DE LA BIOLOGIE
LE DIVIN — LE MOUVEMENT RÉTROGRADE EN BIOLOGIE
L'ÉVOLUTION ET LES APOLOGISTES
LA CONNAISSANCE DE L'AVENIR
DARWIN — LA MATURATION DE L'ŒUF — L'HÉRÉDITÉ

PARIS
FÉLIX ALCAN, ÉDITEUR
ANCIENNE LIBRAIRIE GERMER BAILLIÈRE & Cie
108, BOULEVARD SAINT-GERMAIN, 108
—
1903
Tous droits réservés.

PRÉFACE

A mesure que la science progresse, et, quoi qu'en disent certains critiques, elle fait des pas de géant, les amoureux de la tradition s'acharnent à maintenir debout l'édifice des vieilles croyances en face duquel s'est dressé, victorieux, l'échafaudage des découvertes humaines.

Au lieu d'avouer franchement une tendresse, d'ailleurs fort compréhensible, pour les mythes dont ont vécu nos pères et qui ont inspiré aux artistes tant d'immortels chefs-d'œuvre, on veut maintenir *au nom de la raison* une cosmogonie qui ne rime plus à rien. Sous prétexte que la science n'a pas répondu à toutes les questions que lui ont posées les hommes, on veut nous forcer à conserver des explications surannées qui, lorsque nous y regardons de près, se réduisent à une vaine logomachie.

On nous répète à satiété, et l'on s'appuie pour cela sur l'autorité des plus grands savants, que le domaine de la science est distinct de celui de la foi, que les découvertes faites dans les laboratoires ne sauraient en aucune manière contredire les enseignements du dogme.

Il n'est donc pas inutile de faire remarquer que ces fameuses questions, auxquelles la science ne donne pas et ne donnera jamais de réponse, se posent dans le cerveau de l'homme par suite d'un travers d'esprit commun à la plupart d'entre nous et résultant héréditairement des croyances de nos ancêtres.

Je me plais à comparer ces questions à celles que font à leurs parents certains enfants d'une curiosité un peu excessive et qu'on appelle dans les familles « Monsieur Pourquoi ». Ces questions n'ont souvent pas de réponse ; il en est de même de celles que nous nous posons sur *les origines,* par exemple.

Quand on nous parle d'*inconnaissable* et qu'on se sert de ce mot pour nous terrasser, comme du mot *infini* et de quelques autres chers aux dogmatistes, ne baissons pas la tête et ne laissons pas crier à la banqueroute de la science. Oui, il y a de l'inconnaissable pour l'homme, par suite même de la nature de l'homme, et cet inconnaissable se compose de tout ce qui, dans l'univers, est sans action sur nous ou sur les phénomènes qui nous sont accessibles. Évidemment, nous ne pouvons pas connaître ce qui n'agit sur rien de ce que nous connaissons. Mais, précisément, ce qui n'agit sur rien de ce que nous connaissons *nous est parfaitement indifférent* et il est vraiment illogique d'attribuer à cet inconnaissable la direction du monde.

On me répondra peut-être à cela, comme l'a déjà fait mon vieil ami Le Goffic[1] : « n'est-ce pas déjà commencer à le connaître (l'inconnaissable) que de savoir qu'il existe ! » et le poète breton part de cette boutade pour réclamer le droit au rêve et au mysticisme. Évidemment si l'on se contentait de chercher dans les vieux mythes des sujets d'œuvre d'art, le mal ne serait pas bien grand ; les poètes se paient volontiers de mots gracieux ; les philosophes s'y refusent (quoique n'arrivant pas toujours à l'éviter), et l'évêque de Belley dit

---

1. Le Goffic, *L'Ame bretonne* (Épître dédicatoire).

dans son mandement de l'année dernière que les petits enfants des écoles religieuses sont, en cela, plus instruits que les plus illustres philosophes, parce que eux, au moins, ont réponse à tout !

Cependant, même à ce point de vue purement artistique, je ne suis pas bien sûr que le culte du mythe par les artistes ne soit pas quelque peu dangereux. Il n'est peut-être pas indifférent de laisser propager cette idée que le *beau* se trouve surtout dans la fiction, en dehors de la vérité. Que cela soit encore vrai à notre époque pour beaucoup de nos contemporains, l'attachement sentimental aux traditions religieuses le prouve suffisamment, et il est facile d'en trouver la cause biologique.

La partie de notre mécanisme dans laquelle réside en effet ce que nous appelons notre conscience morale, notre sens du bien et du mal, du beau et du laid, nous la tenons héréditairement de milliers de générations mystiques et ignorantes ; ce n'est pas en quelques années que cela changera. Les caractères des espèces, s'ils s'acquièrent lentement, varient lentement aussi, et nous ne devons pas oublier que, pendant un grand nombre de siècles, les croyances contre lesquelles s'insurge aujourd'hui notre logique ont régné souverainement sur nos ancêtres. C'est pour cela que, chez nombre de nos contemporains, un conflit se manifeste entre l'hérédité mystique et le résultat de l'éducation positive, et ce conflit est souvent douloureux. Beaucoup, cependant, redoutent le moment où ce conflit n'existera plus ; ils trouvent que la vie sans mystère ne vaudra plus d'être vécue. C'est là une crainte peu réfléchie ; nous trouvons aujourd'hui de grandes joies dans le rêve et nous raisonnons sur nos arrière-neveux *comme s'ils étaient nous* ; nous les plaignons par avance de ce qu'ils n'auront pas nos joies ; ils en auront *d'autres* et du même ordre, mais dans la contemplation de la vérité, et ils ne souffriront plus du doute qui torture beaucoup d'entre nos contemporains, tiraillés par des tendances antagonistes.

Quoi qu'en pense le professeur Grasset qui a voulu imposer des limites à la Biologie, rien ne peut intéresser l'homme à moins d'agir sur lui ; tout ce que nous connaissons est du domaine de la Biologie au moins par la manière dont nous le connaissons ; nous *connaissons* en effet au moyen de nos organes et le fonctionnement de nos organes est du ressort de la Biologie. La seule chose même qui, dans un phénomène extérieur à nous, soit susceptible de nous préoccuper sérieusement, c'est le retentissement de ce phénomène sur nous-mêmes et ce retentissement est biologique...

* *

C'est à Lamarck que revient l'immortel honneur d'avoir placé la vie parmi les autres phénomènes naturels et d'avoir secoué le lourd manteau des traditions ignorantes. Avant donc de commencer l'étude de l'essence des phénomènes vitaux, il est juste de rappeler en quelques pages cet homme dont le génie a jeté sur la science une lumière imprévue. J'essaierai de montrer, dans l'introduction du présent ouvrage, que toutes les grandes idées des naturalistes du xixe siècle avaient été clairement exprimées par l'illustre fondateur de la théorie transformiste ; ses contemporains l'ont méconnu ; il est mort triste et délaissé ; rendons-lui justice aujourd'hui ! Darwin a cueilli tous les lauriers du système de l'évolution ; je ferai une étude impartiale de son œuvre, grande et belle sans doute, mais inférieure à celle de Lamarck, dans l'*appendice* auquel je renvoie quelques questions de détail dont l'exposé aurait nui à la clarté de l'étude du sujet principal de ce volume.

En terminant cette préface, je m'excuse des répétitions que l'on trouvera dans les pages qui vont suivre ; quand on se propose de combattre des idées admises par la grande majorité des hommes, il n'est pas inutile de taper plusieurs fois sur le même clou.

Félix Le Dantec.

LES LIMITES DU CONNAISSABLE

INTRODUCTION

La « Philosophie zoologique » de Lamarck [1].

> ... Cette apparence de *stabilité* des choses dans la nature sera toujours prise, par le vulgaire des hommes, pour la *réalité*, parce qu'en général on ne juge de tout que relativement à soi.
>
> *Philosophie zoologique*, p. 70.

Le nom de Darwin est universellement connu ; celui de Lamarck était presque ignoré, il y a quelques années, en dehors du monde des naturalistes, et cependant on ne peut plus douter aujourd'hui qu'il ne doive prendre place au premier rang parmi les hommes qui ont honoré la science et l'humanité.

Un savant américain, A. S. Packard, vient de consacrer à la mémoire de Lamarck un fort beau livre [2] dans lequel il a pieusement recueilli tous les documents relatifs à notre grand évolutionniste, depuis son acte de naissance et la photographie de sa maison natale, jusqu'à la détermination difficile de l'endroit où il fut enterré au cimetière Montparnasse, dans une fosse sans nom, et d'où ses os inconnus furent extraits peu après pour être portés aux catacombes.

1. *Revue Blanche*, novembre 1902.
2. A. S. Packard, *Lamarck, the Founder of Evolution, his life and work*. New-York, 1901.

Je ne m'occuperai pas ici de l'homme ; je veux seulement montrer que son œuvre, si peu appréciée pendant trois quarts de siècle, méprisée même de Darwin qui ne l'a pas égalée, est encore aujourd'hui une source féconde à laquelle tous les savants ont avantage à puiser. Il y a certainement dans la *Philosophie zoologique*[1] quelques erreurs provenant de l'état rudimentaire de la science au commencement du XIX° siècle, mais ces erreurs sont beaucoup plus minimes qu'on n'eût pu le supposer ; si l'on fait abstraction de quelques considérations sur les « fluides », considérations que le peu d'avancement des sciences physiques imposait à tous les penseurs de cette époque, on reste étonné de l'ampleur de ce génie qui, en même temps qu'il devinait la transformation des espèces, trouvait aussi la véritable nature des facteurs de cette transformation. Le livre de Darwin, avec ses semblants d'explication, a été plus favorablement accueilli du public ; c'est que le public était *autre* au moment où parut l'*Origine des espèces* ; les arguments de la *Philosophie zoologique*, tout en donnant un système beaucoup plus complet que celui de la « sélection naturelle », sont sans aucun doute aussi clairs et aussi intelligibles pour le lecteur. Je le prouverai dans cette introduction en reproduisant, sans les modifier, les plus caractéristiques d'entre eux et je suis sûr que, si l'on veut bien penser, en les lisant, à l'état des connaissances humaines au moment où Lamarck a écrit, on ne pourra s'empêcher d'éprouver devant la manifestation de son génie un frisson d'admiration enthousiaste.

« Les œuvres de Lamarck, écrit Darwin, me paraissent extrêmement pauvres ; je n'y trouve pas un fait, pas une idée. » Cette appréciation injuste a été acceptée

[1]. J. B. P. A. Lamarck, *Philosophie zoologique*. Paris, 1809.

par Huxley et par les plus célèbres des néo-darwiniens. Il est donc à craindre que l'on me reproche une partialité en sens contraire et que l'on m'accuse d'avoir trouvé dans Lamarck autre chose que ce qu'il a réellement pensé et écrit. Aussi m'astreindrai-je à citer textuellement ses phrases mêmes ; j'espère arriver à montrer ainsi, sans laisser subsister aucun doute à ce sujet, que, quoi qu'en dise Darwin (qui d'ailleurs lisait mal le français et a pu ignorer beaucoup de Lamarck), la *Philosophie zoologique* contient, clairement exprimées, la plupart des idées défendues par les transformistes au xix° siècle, sauf peut-être la sélection naturelle qui n'est pas la plus féconde ou, du moins, pas la seule féconde.

*
* *

Lamarck a aimé la science ; il lui a dû les seules joies de sa vie triste ; il en parle avec reconnaissance (Avertissement, p. xxiii) :

… En me livrant aux observations qui ont fait naître les considérations exposées dans cet ouvrage, j'ai obtenu les jouissances que leur ressemblance à des vérités m'a fait éprouver, ainsi que la récompense des fatigues que mes études et mes méditations ont entraînées ; et en publiant ces observations, avec les résultats que j'en ai déduits, j'ai pour but d'inviter les hommes éclairés, qui aiment l'étude de la nature, à les suivre et à les vérifier et à en tirer de leur côté les conséquences qu'ils jugeront convenables.

Ce ne sont pas là de simples joies de collectionneur, mais des joies de vrai savant. Depuis Lamarck, il faut substituer les *sciences naturelles* à l'*histoire naturelle* ; il ne faut pas se contenter de décrire minutieusement les formes vivantes, il faut une *philosophie zoologique* :

La nécessité reconnue de bien observer les objets particuliers a fait naître l'habitude de se borner à la considération de ces objets et de leurs plus petits détails, de manière qu'ils sont devenus, pour la plupart des naturalistes[1], le sujet principal de l'étude. Ce serait cependant une cause réelle de retard pour les sciences naturelles, si l'on s'obstinait à ne voir dans les objets observés que leur forme, leur dimension, leurs parties externes même les plus petites, leur couleur, etc., et si ceux qui se livrent à une pareille étude dédaignaient de s'élever à des considérations supérieures, comme de chercher quelle est la nature des objets dont ils s'occupent, quelles sont les causes des modifications ou des variations auxquelles ces objets sont tous assujettis, quels sont les rapports de ces mêmes objets entre eux et avec tous les autres que l'on connaît..... (p. 12).

Et plus loin (p. 49) :

On sait que toute science doit avoir sa *philosophie* et que ce n'est que par cette voie qu'elle fait des progrès réels. En vain les naturalistes consumeront-ils leur temps à décrire de nouvelles espèces, à saisir toutes les nuances et les petites particularités de leurs variations, pour agrandir la liste immense des espèces inscrites, en un mot à instituer diversement des genres, en changeant sans cesse l'emploi des considérations pour les caractériser ; si la philosophie de la science est négligée, ses progrès seront sans réalité, et l'ouvrage entier restera imparfait.

Il faut une philosophie zoologique ; nous devons être reconnaissants à Lamarck, qui nous a montré son utilité, et qui, en même temps, nous en a donné une, fort acceptable aujourd'hui encore dans beaucoup de ses parties. Mais une philosophie zoologique n'est bonne que relativement à l'état de la science au moment où elle est instituée ; il faut être tout prêt à l'abandonner dès qu'un fait nouveau détruit les lois provisoirement admises ; c'est d'ailleurs ce que Lamarck nous enseigne lui-même après nous avoir montré le peu de cas qu'il

---

[1]. Ce sont les naturalistes que nous appelons aujourd'hui les coquillards.

faut faire de l'argument d'autorité (Avertissement, p. xxi) :

Doit-on ne reconnaître comme fondées que les opinions les plus généralement admises? Mais l'expérience montre assez que les individus qui ont l'intelligence la plus développée et qui réunissent le plus de lumière, composent, dans tous les temps, une minorité extrêmement petite. On ne saurait en disconvenir : les autorités, en fait de connaissances, doivent s'apprécier et non se compter ; quoique, à la vérité, cette appréciation soit très difficile.

Cependant, d'après les conditions nombreuses et rigoureuses qu'exige un jugement pour qu'il soit bon, il n'est pas encore certain que celui des individus que l'opinion transforme en autorités soit parfaitement juste à l'égard des objets sur lesquels il se prononce. Il n'y a donc pour l'homme de vérités positives, c'est-à-dire sur lesquelles il puisse solidement compter, que les faits qu'il peut observer, et non les conséquences qu'il en tire.

Voilà de bons et solides principes. Ne retrouvez-vous pas, dans cette citation, le résumé de l'idée que développe Ibsen dans *Un Ennemi du peuple* à propos de la « majorité compacte» ? Et n'est-ce pas aussi une preuve du meilleur esprit de recherche, que cette disposition à abandonner une idée chère dès qu'elle se trouve en contradiction avec les faits ? Tant d'autres ont préféré dénaturer les faits pour les faire entrer dans le cadre de leurs idées préconçues !

Il n'est pas étonnant qu'une méthode aussi prudente et aussi saine ait conduit Lamarck à des découvertes durables ; son œuvre respire partout l'honnêteté scientifique la plus pure. Et cependant, ce n'est pas la méthode seule, quelque excellente qu'elle soit, qui peut faire comprendre l'immensité de l'œuvre. Lorsque l'on réfléchit au petit nombre des documents incomplets rassemblés à cette époque dans les collections, lorsque l'on pense surtout à la généralité, au commencement du xix⁰ siècle, de la croyance en une création d'espèces distinctes et fixes, on ne peut s'empêcher d'être saisi d'admiration devant la naissance de l'idée transformiste dans un cerveau humain. S'il faut conserver le mot *génie*, mot si mal défini et dont on a fait un usage si immodéré, c'est sûrement à des œuvres comme celle de Lamarck qu'il faut l'appliquer. Il a été de plus d'un demi-siècle en avance sur ses contemporains qui, naturellement, n'ont pu l'apprécier à sa juste valeur.

Mais une chose qui étonnera plus encore, peut-être, que la nouveauté de l'idée transformiste, c'est la simplicité des moyens par lesquels elle est née chez Lamarck :

Comment pouvais-je, dit-il (Avertissement, p. ii), envisager la dégradation singulière qui se trouve dans la composition des animaux, à mesure que l'on parcourt leur série, depuis les plus parfaits d'entre eux jusque aux plus imparfaits, sans rechercher à quoi peut tenir un fait si positif et aussi remarquable, un fait qui m'est attesté par tant de preuves? Ne devais-je pas penser que la nature avait produit successivement les différents corps doués de la vie, en procédant du plus simple vers le plus composé, puisqu'en remontant l'échelle animale depuis les animaux les plus imparfaits jusqu'aux plus parfaits, l'organisation se compose et même se complique graduellement, dans sa composition, d'une manière extrêmement remarquable?

Cette pensée, d'ailleurs, acquit à mes yeux le plus grand degré d'évidence, lorsque je reconnus que la plus simple de toutes les organisations n'offrait aucun organe spécial quelconque[1]; que le corps qui la possédait n'avait effectivement aucune faculté particulière, mais seulement celles qui sont le propre de tout corps vivant; et qu'à mesure que la nature parvint à créer, l'un après l'autre, les différents organes spéciaux et à composer ainsi de plus en plus l'organisation animale, les animaux selon le degré de composition de leur

---

1. Ceci ne serait rigoureusement vrai que pour les *monères* auxquelles Haeckel a cru et qui ont probablement existé jadis si elles n'existent plus aujourd'hui.

organisation, en obtinrent différentes facultés particulières, lesquelles, dans les plus parfaits d'entre eux, sont nombreuses et fort éminentes.

L'auteur revient à plusieurs reprises sur cette *dégradation* que l'on constate dans le règne animal ; or il est bien certain que l'emploi seul du mot *dégradation* indique une méthode contraire à la méthode naturelle ; c'est qu'il y a cent ans, on avait l'habitude de considérer l'étude de l'homme et des animaux supérieurs comme le point de départ normal de toute recherche sur les êtres vivants. Lamarck eut donc à lutter, non seulement contre la croyance à la fixité des espèces, mais encore contre la tournure anthropomorphique des esprits ; outre le transformisme, il a créé la véritable méthode naturelle en biologie :

Je fus convaincu que c'était uniquement dans la plus simple de toutes les organisations qu'on pouvait trouver les moyens propres à donner la solution d'un problème aussi difficile... Les conditions nécessaires à l'existence de la vie se trouvant complètes dans l'organisation la moins composée, mais aussi réduites à leur plus simple terme, il s'agissait de savoir comment cette organisation, par des causes de changements quelconques, avait pu en amener d'autres moins simples et donner lieu aux organisations, graduellement plus compliquées, que l'on observe dans l'étendue de l'échelle animale. (Avertissement, p. iv.)

Ainsi donc, la gradation progressive est substituée à la dégradation des formes vivantes. C'est peut-être la notion la plus féconde de l'œuvre de Lamarck ; du moins, cette notion était-elle nécessaire pour rendre féconde la croyance nouvelle à la variabilité de l'espèce ; voici le passage où cette nouvelle croyance est exposée (p. 54) :

On appelle *espèce* toute collection d'individus semblables qui furent produits par d'autres individus pareils à eux.

Cette définition est exacte; car tout individu jouissant de la vie, ressemble toujours, *à très peu près,* à celui ou à ceux dont il provient. Mais on ajoute, à cette définition, la supposition que les individus qui composent une espèce ne varient jamais dans leur caractère spécifique, et que, conséquemment, l'*espèce* a une constance absolue dans la nature.

C'est uniquement cette supposition que je me propose de combattre, parce que des preuves évidentes, obtenues par l'observation, constatent qu'elle n'est pas fondée.

La supposition, presque généralement admise, que les corps vivants constituent des *espèces* constamment distinctes par des caractères invariables, et que l'existence de ces espèces est aussi ancienne que celle de la nature même, fut établie dans un temps où l'on n'avait pas suffisamment observé et où les sciences naturelles étaient encore à peu près nulles. Elle est tous les jours démentie aux yeux de ceux qui ont beaucoup vu, qui ont longtemps suivi la nature, et qui ont consulté avec fruit les grandes et riches collections de nos Muséum.

Aussi tous ceux qui se sont fortement occupés de l'étude de l'histoire naturelle savent que maintenant les naturalistes sont extrêmement embarrassés pour déterminer les objets qu'ils doivent regarder comme des *espèces*. En effet, ne sachant pas que les *espèces* n'ont réellement qu'une constance relative à la durée des circonstances dans lesquelles se sont trouvés tous les individus qui les représentent, et que, certains de ces individus ayant varié, constituent des *races* qui se nuancent avec ceux de quelque autre espèce voisine, les naturalistes se décident arbitrairement, en donnant les uns comme variétés, les autres comme espèces, des individus observés en différents pays et dans diverses situations. Il en résulte que la partie du travail qui concerne la détermination des *espèces* devient de jour en jour plus défectueuse, c'est-à-dire plus embarrassée et plus confuse.

Et plus loin (p. 58) :

Je le répète, plus nos collections s'enrichissent, plus nous rencontrons des preuves que tout est plus ou moins nuancé, que les différences remarquables s'évanouissent, et que le plus souvent la nature ne laisse à notre disposition, pour établir des distinctions, que des particularités minutieuses et, en quelque sorte, puériles.

Cette idée de la continuité des formes de la nature organisée se retrouve à chaque pas dans l'œuvre de Lamarck. C'est, pour ainsi dire, le leit motiv de la philosophie zoologique. C'est d'elle qu'est né le transformisme car, remarquez-le bien, Lamarck a eu la notion de la transformation des espèces sans avoir jamais vu une espèce varier. Au contraire, et dès le début, il a rencontré des semblants de preuves contre la variabilité. A propos des collections rapportées d'Égypte par Geoffroy-Saint-Hilaire, fut publié un rapport[1] dont voici quelques extraits :

> La collection a d'abord cela de particulier, qu'on peut dire qu'elle contient des animaux de tous les siècles. Depuis longtemps on désirait de savoir si les espèces changent de forme par la suite des temps. Cette question, futile en apparence, est cependant essentielle à l'histoire du globe, et par suite, à la solution de mille autres questions qui ne sont pas étrangères aux plus graves objets de la vénération humaine.
>
> Jamais on ne fut mieux à portée de le décider pour un grand nombre d'espèces remarquables et pour plusieurs milliers d'autres. Il semble que la superstition des anciens Egyptiens ait été inspirée par la nature, dans la vue de laisser un monument de son histoire...
>
> On ne peut maîtriser les élans de son imagination lorsqu'on voit encore, conservé avec ses moindres os, ses moindres poils, et parfaitement reconnaissable, tel animal qui avait, il y a deux ou trois mille ans, dans Thèbes ou dans Memphis, des prêtres et des autels. Mais sans nous égarer dans toutes les idées que ce rapprochement fait naître, bornons-nous à voir exposer qu'il résulte de cette partie de la collection de M. Geoffroy, que *ces animaux sont parfaitement semblables* à ceux d'aujourd'hui.

Il y avait là de quoi troubler un savant moins solidement convaincu que Lamarck ; cette objection au contraire, loin de lui faire adopter la théorie de la

---

[1]. *Annales du Muséum d'histoire naturelle*, vol. I, p. 235-236.

fixité des espèces, l'a seulement amené à d'admirables considérations sur l'antiquité réelle du monde (p. 70) :

Les oiseaux que les Egyptiens ont adorés et embaumés il y a deux ou trois mille ans, sont encore en tout semblables à ceux qui vivent actuellement dans ce pays.

Il serait assurément bien singulier que cela fût autrement ; car la position de l'Egypte et son climat sont encore, à très peu près, ce qu'ils étaient à cette époque. Or les oiseaux qui y vivent, s'y trouvant encore dans les mêmes circonstances où ils étaient alors, n'ont pu être forcés de changer leurs habitudes.

D'ailleurs, qui ne sent que les oiseaux qui peuvent si aisément se déplacer et choisir les lieux qui leur conviennent, sont moins assujettis que bien d'autres animaux aux variations des circonstances locales, et par là moins contrariés dans leurs habitudes.

Il n'y a rien, en effet, dans l'observation qui vient d'être rapportée, qui soit contraire aux considérations que j'ai exposées sur ce sujet, et surtout qui prouve que les animaux dont il s'agit aient existé de tout temps dans la nature ; elle prouve seulement qu'ils fréquentaient l'Egypte il y a deux ou trois mille ans ; et tout homme qui a quelque habitude de réfléchir, et en même temps d'observer ce que la nature nous montre des monuments de son antiquité, apprécie facilement la valeur d'une durée de deux ou trois mille ans par rapport à elle.

Aussi, on peut assurer que cette apparence de *stabilité* des choses dans la nature sera toujours prise, par le vulgaire des hommes, pour la *réalité* ; parce que, en général, on ne juge de tout que relativement à soi.

Pour l'homme qui, à cet égard, ne juge que par des changements qu'il aperçoit lui-même, les intervalles de ces mutations sont des *états stationnaires* qui lui paraissent sans bornes, à cause de la brièveté d'existence des individus de son espèce. Aussi, comme les fastes de ses observations et les notes de faits qu'il a pu consigner dans ses registres, ne s'étendent et ne remontent qu'à quelques milliers d'années, ce qui est une durée infiniment grande par rapport à lui, mais fort petite relativement à celles qui voient s'effectuer les grands changements que subit la surface du globe, tout lui paraît stable dans la planète qu'il habite et il est porté à repousser les indices que des monuments entassés autour de lui ou enfouis dans le sol qu'il foule sous ses pieds, lui présentent de toute part.

Je m'arrête avec peine ; ces considérations me paraissent si admirables pour l'époque où elles ont été écrites que je serais tenté de recopier le livre tout entier.

*
* *

Lamarck est donc convaincu que les êtres vivants ont varié au cours des époques successives de l'histoire du globe. On lui a reproché comme une puérilité d'avoir cru impossible la disparition des espèces anciennes, sauf dans les cas où l'homme a directement opéré leur destruction, mais il est facile de voir en lisant attentivement ce passage, d'ailleurs assez peu clair, de son livre, que lorsqu'il parle de la disparition d'une espèce, il entend *la disparition sans descendance même modifiée*. Il y a là une confusion tenant à l'élasticité du mot *espèce*. Après avoir laissé entendre que, à son époque, on ignorait encore la faune et la flore de beaucoup de continents et surtout celles du fond des mers, et que par conséquent il ne fallait pas se hâter de déclarer perdue une espèce connue seulement à l'état fossile, il ajoute (p. 77) :

... Si quantité de ces coquilles fossiles se montrent avec des différences qui ne nous permettent pas, d'après les opinions admises, de les regarder comme des analogues des espèces avoisinantes que nous connaissons, s'ensuit-il nécessairement que ces coquilles appartiennent à des espèces réellement perdues ?... Ne serait-il pas possible, au contraire, que les individus fossiles dont il s'agit appartinssent à des espèces encore existantes, *mais qui ont changé depuis*, et ont donné lieu aux espèces actuellement vivantes que nous en trouvons voisines.

On ne peut se dissimuler que la rédaction de ce passage est fautive. Des espèces *encore existantes, mais qui ont changé et donné lieu à des espèces différentes*, cela est loin d'être clair, mais il faut s'en prendre surtout au peu de précision du mot espèce, employé tour à tour dans le sens purement descriptif et dans le sens défini par la parenté et la descendance. Bien des naturalistes à notre époque n'ont pas un langage plus rigoureux et Huxley a été peu indulgent en reprochant si vivement à Lamarck de n'avoir pas cru aux espèces perdues. Nous savons aujourd'hui que certaines lignées se sont éteintes sans laisser de descendance, que certains *phylums*, comme on dit maintenant, se sont arrêtés à des époques anciennes de l'histoire du monde, mais Lamarck faisait preuve d'une grande prudence scientifique en laissant espérer que des recherches nouvelles feraient connaître les descendants des espèces connues à l'état fossile.

Huxley aurait d'autant moins dû reprocher à Lamarck l'obscurité de son chapitre sur « les espèces dites perdues » que ce chapitre contient, fort clairement exprimée, la négation des catastrophes successives, négation dont l'auteur anglais reporte tout l'honneur sur le grand géologue Lyell :

Les naturalistes qui n'ont pas aperçu les changements qu'à la suite des temps la plupart des animaux sont dans le cas de subir, voulant expliquer les faits relatifs aux fossiles observés, ainsi qu'aux bouleversements reconnus dans différents points de la surface du globe, ont supposé qu'une *catastrophe universelle* avait eu lieu à l'égard du globe de la terre ; qu'elle avait tout déplacé et avait détruit une grande partie des espèces qui existaient alors.

Il est dommage que ce moyen commode de se tirer d'embarras, lorsqu'on veut expliquer les opérations de la nature dont on n'a pu saisir les causes, n'ait de fondement que dans l'imagination qui l'a créé, et ne puisse être appuyé sur aucune preuve.

Des *catastrophes locales*, telles que celles que produisent des tremblements de terre, des volcans, et d'autres causes particulières, sont assez connues, et l'on a pu observer les désordres qu'elles occasionnent dans les lieux qui en ont supporté.

Mais pourquoi supposer, sans preuves, une *catastrophe universelle*, lorsque la marche de la nature, mieux connue, suffit pour rendre raison de tous les faits que nous observons dans toutes ses parties? (p. 79-80).

Nous étudierons tout à l'heure comment Lamarck explique l'évolution progressive des espèces; une autre question se pose d'abord. Les espèces ont varié et se sont perfectionnées, mais comment ont-elles commencé? Comment la vie a-t-elle apparu? Lamarck croit à la génération spontanée des animalcules inférieurs (p. 368):

... Pour que les corps qui jouissent de la vie soient réellement des productions de la nature, il faut qu'elle ait eu et qu'elle ait encore la faculté de produire directement certains d'entre eux, afin que, les ayant munis de celle de s'accroître, de se multiplier, de composer de plus en plus leur organisation, et de se diversifier avec le temps et selon les circonstances, tous ceux que nous observons maintenant soient véritablement les produits de sa puissance et de ses moyens.

Ainsi, après avoir reconnu la nécessité de ces créations directes, il faut rechercher quels peuvent être les corps vivants que la nature peut produire directement et les distinguer de ceux qui ne reçoivent qu'indirectement l'existence qu'ils tiennent d'elle. Assurément, le lion, l'aigle, le papillon, le chêne, le rosier ne reçoivent pas directement de la nature l'existence dont ils jouissent; ils la reçoivent, comme on le sait, d'individus semblables à eux qui la leur communiquent par voie de la génération; et l'on peut assurer que si l'espèce entière du lion ou celle du chêne venait à être détruite dans les parties du globe où les individus qui la composent se trouvent répandus, les facultés réunies de la nature n'auraient, de longtemps, le pouvoir de la faire exister de nouveau.

En un autre endroit, il limite aux infusoires la possibilité de la génération spontanée (p. 211):

C'est uniquement parmi les animaux de cette classe que la nature paraît former les *générations spontanées* ou directes qu'elle renouvelle sans cesse chaque fois que les circonstances y sont favorables ; et nous essayerons de faire voir que c'est par eux qu'elle a acquis les moyens de produire indirectement, à la suite d'un temps énorme, toutes les autres races d'animaux que nous connaissons.

Ce qui autorise à penser que les *infusoires*, ou que la plupart de ces animaux, ne doivent leur existence qu'à des *générations spontanées*, c'est que ces frêles animaux périssent tous dans les abaissements de température qu'amènent les mauvaises saisons ; et on ne supposera sûrement pas que des corps aussi délicats puissent laisser aucun bourgeon ayant assez de consistance pour se conserver, et les reproduire dans les temps de chaleur.

Voilà un certain nombre d'erreurs qui s'expliquent par l'état de la science il y a cent ans. On ne soupçonnait pas les spores, les kystes, les formes de résistance des animalcules infusoires et Lamarck, ne supposant même pas que la génération spontanée de ces petits êtres pût être révoquée en doute, a affirmé que « la nature a eu et a encore la faculté de reproduire certains d'entre eux. » Les travaux de M. Pasteur, en démontrant la possibilité de mettre certains milieux (bouillons stérilisés) à l'abri de l'envahissement par la vie, ont amené un mouvement de réaction contre cette manière enfantine d'envisager les choses ; mais, comme cela arrive souvent, le mouvement de réaction a dépassé le but. On avait cru autrefois qu'il suffisait de la présence de substances alimentaires dans un liquide, bouillon ou infusion, pour que, à une certaine température, des êtres vivants y apparussent ; aujourd'hui, avec notre connaissance de la chimie, nous sentons toute l'invraisemblance de cette manière de voir. Les substances vivantes ayant une structure chimique bien précise, il serait fort extraordinaire que ces substances apparussent, sans aucune cause spéciale, dans un milieu quelconque contenant leurs éléments constitutifs. Il ne serait pas plus invraisemblable d'affirmer que, dans tout liquide contenant du carbone et de l'hydrogène, il doit apparaître de la benzine !

M. Pasteur a fait justice de cette erreur ; il a montré qu'on peut, avec certaines précautions, conserver du bouillon dans un vase sans que des animalcules s'y forment ; mais de là à soutenir l'impossibilité de la génération spontanée dans certaines conditions très précises, il y a loin ! C'est comme si, avant que la synthèse de la benzine eût été réalisée, on avait déclaré impossible la fabrication de ce corps parce qu'il ne s'en forme pas dans un liquide quelconque contenant du carbone et de l'hydrogène ! La plupart des biologistes croient aujourd'hui avec Lamarck que la génération spontanée de substance vivante a été réalisée, une fois au moins, à la surface du globe, *dans des conditions très précises,* et que ce phénomène se renouvellera dans les laboratoires quand on saura mettre en présence les mêmes éléments *dans les mêmes conditions.*

Mais il est bien certain aussi que cette substance vivante, *identique* à celle qui a apparu jadis sur la terre, n'affectera pas la forme d'une espèce *actuelle* d'infusoires ou de vibrions. Ce que Lamarck dit des aigles et des lions est vrai également de la plus modeste des formes unicellulaires : « Si l'espèce entière venait à être détruite, les facultés réunies de la nature n'auraient, de longtemps, le pouvoir de la faire exister de nouveau. » La substance d'un Infusoire actuel porte, de même que celle des aigles et des lions, le fardeau des hérédités accumulées au cours de circonstances variables pendant des millions de générations successives. Le jour où on arrivera à faire, par synthèse, de la substance vivante, peut-être sera-t-il difficile de s'en apercevoir, car elle ne ressemblera à aucune de celles que nous connaissons et qui conservent la trace d'une évolution prolongée ; probablement aussi, si l'on en fait un jour, ailleurs que dans un milieu stérile, cette substance disparaîtra-t-elle bien vite dans la lutte pour l'existence avec les espèces actuelles mieux adaptées...

Quoi qu'il en soit, aucun résultat expérimental ne tend à prouver jusqu'à présent l'impossibilité de la génération spontanée ; si elle n'a pas été réalisée encore dans les laboratoires, il faut bien dire aussi qu'aucune recherche vraiment scientifique n'a été entreprise dans ce sens ; et nous avons le droit de penser, comme Lamarck, que la génération spontanée a été l'origine de la vie à la surface de la terre. Si notre grand évolutionniste a dit, à ce sujet, des choses insoutenables aujourd'hui, c'est que, de son temps, l'apparition des Infusoires dans les milieux était considérée comme indiscutable et qu'il n'y a pas arrêté son esprit. Quand une question paraît résolue on se dispense d'y réfléchir et si l'on réalise un jour de la substance vivante, le mérite en reviendra en grande partie à M. Pasteur qui a montré qu'elle ne se produit pas quotidiennement dans les conditions banales des infusions.

*
* *

Si Lamarck s'était borné à lancer dans la science l'idée transformiste, il mériterait, par cela seul, d'être considéré comme un des flambeaux de l'humanité. Mais, chose vraiment admirable, en même temps qu'il a conçu cette idée féconde, il a trouvé la véritable nature des facteurs de la transformation des espèces!

J'entre ici dans la partie discutée de son œuvre.

Lorsque Darwin a forcé l'attention du monde scientifique et a posé, dans tous les esprits, la question de l'évolution des êtres organisés, il ne s'est pas préoccupé des causes mêmes de la variation et il a essayé de montrer seulement que, sous l'influence de la sélection naturelle, toutes les variations devenaient fatalement adaptatives. L'enthousiasme provoqué par l'*Origine des espèces* a empêché longtemps de remarquer combien étaient incomplètes les interprétations darwiniennes ; on y est cependant arrivé enfin, et l'on a remarqué alors avec stupéfaction que, ce que Darwin n'expliquait pas, Lamarck en avait d'avance donné la clef. Aujourd'hui, grâce aux travaux de la jeune école néo-lamarckienne, la *Philosophie zoologique* resplendit d'un éclat imprévu. Les *principes* établis par Lamarck permettent de se rendre compte de presque tous les faits de l'évolution animale.

Comme les néo-darwiniens défendent pied à pied le terrain si brillamment conquis d'abord par Darwin, je craindrais d'être accusé de partialité et je vais recommencer à citer textuellement des passages de la *Philosophie zoologique*.

D'abord, la variation a lieu sous l'influence des conditions de milieu :

Quantité des faits nous apprennent qu'à mesure que les individus d'une de nos *espèces* changent de situation, de climat, de manière d'être ou d'habitude, ils en reçoivent des influences qui changent un peu la consistance et les proportions de leurs parties, leur forme, leurs facultés, leur organisation même ; en sorte que tout en eux participe, avec le temps, aux mutations qu'ils ont éprouvées.

Dans le même climat, des situations et des expositions très différentes font d'abord simplement varier les individus qui s'y trouvent exposés ; mais, par la suite des temps, la continuelle différence des situations des individus dont je parle, qui vivent et se reproduisent successivement dans les mêmes circonstances, amènent en eux des différences qui deviennent, en quelque sorte, essentielles à leur être ; de manière qu'à la suite de beaucoup de générations qui se sont succédé les unes aux autres, ces individus, qui appartenaient originairement à une autre *espèce*, se trouvent à la fin transformés en une *espèce* nouvelle distincte de l'autre. (p. 62-63).

Voici enfin un superbe passage du chapitre « De l'influence des circonstances sur les actions des animaux ». Je cite ce passage tout au long et sans rien y changer, convaincu qu'on le lira avec intérêt et même avec admiration :

Entre des individus de même espèce, dont les uns sont continuellement bien nourris et dans des circonstances favorables à tous leurs développements, tandis que les autres se trouvent dans des circonstances opposées, il se produit une différence dans l'état de ces individus qui peu à peu devient très remarquable. Que d'exemples ne pourrais-je pas citer à l'égard des animaux et des végétaux, qui confirmeraient le fondement de cette considération ! Or, si les circonstances, restant les mêmes, rendent habituel et constant l'état des individus mal nourris, souffrants et languissants, leur organisation intérieure en est à la fin modifiée, et la génération entre les individus dont il est question conserve les modifications acquises, et finit par donner lieu à une race très distincte de celle dont les individus se rencontrent sans cesse dans des circonstances favorables à leurs développements.

Un printemps très sec est cause que les herbes d'une prairie s'accroissent très peu, restent maigres et chétives, fleurissent et fructifient, quoique n'ayant pris que très peu d'accroissement.

Un printemps entremêlé de jours de chaleur et de jours pluvieux, fait prendre à ces mêmes herbes beaucoup d'accroissement, et la récolte des foins est alors excellente.

Mais si quelque cause perpétue, à l'égard de ces plantes, les circonstances défavorables, elles varieront proportionnellement, d'abord dans leur port ou leur état général et ensuite dans plusieurs particularités de leurs caractères.

Par exemple, si quelque graine de quelqu'une des herbes de la prairie en question est transportée dans un lieu élevé, sur une pelouse sèche, aride, pierreuse, très exposée aux vents, et y peut germer, la plante qui pourra vivre dans ce lieu s'y trouvant toujours mal nourrie, et les individus qu'elle y reproduira continuant d'exister dans ces mauvaises circonstances, il en résultera une race véritablement différente de celle qui vit dans la prairie, et dont elle sera cependant originaire. Les individus de cette nouvelle race seront petits, maigres dans leurs parties ; et certains de leurs organes ayant pris plus de développement que d'autres offriront alors des proportions particulières.

Ceux qui ont beaucoup observé et qui ont consulté les grandes collections ont pu se convaincre qu'à mesure que les circonstances d'habitation, d'exposition, de climat, de nourriture, d'habitude de vivre, etc., viennent à changer, les caractères de taille, de forme, de proportion entre les parties, de couleur, de consistance, d'agilité et d'industrie pour les animaux, changent proportionnellement.

Ce que la nature fait avec beaucoup de temps, nous le faisons tous les jours, en changeant nous-mêmes subitement, par rapport à un végétal vivant, les circonstances dans lesquelles lui et tous les individus de son espèce se rencontraient.

Tous les botanistes savent que les végétaux qu'ils transportent de leur lieu natal dans les jardins pour les y cultiver, y subissent peu à peu des changements qui les rendent à la fin méconnaissables. Beaucoup de plantes très velues naturellement y deviennent glabres ou à peu près ; quantité de celles qui étaient couchées et traînantes y voient redresser leur tige ; d'autres y perdent leurs épines ou leurs aspérités ; d'autres encore, de l'état ligneux et vivace que leur tige possédait dans les climats chauds qu'elles habitaient, passent, dans nos climats, à l'état herbacé, et parmi elles, plusieurs ne sont plus que des plantes annuelles ; enfin, les dimensions de leurs parties y subissent elles-mêmes des changements très considérables. Ces effets des changements de circonstances sont tellement reconnus, que les botanistes n'aiment point à décrire les plantes des jardins, à moins qu'elles n'y soient nouvellement cultivées.

Le froment cultivé (*Triticum sativum*) n'est-il pas un végétal amené par l'homme à l'état où nous le voyons actuellement ? Qu'on me dise dans quel pays une plante semblable habite naturellement, c'est-à-dire, sans y être la suite de sa culture dans quelque voisinage ?

Où trouve-t-on, dans la nature, nos choux, nos laitues,

etc., dans l'état où nous les possédons dans nos jardins potagers ? N'en est-il pas de même à l'égard de quantité d'animaux que la domesticité a changés ou considérablement modifiés ?

*
* *

Il est donc bien établi que les êtres vivants subissent des modifications sous l'influence d'un changement prolongé dans les conditions de milieu. Mais comment ces changements se produisent-ils ?

Occupons-nous particulièrement des animaux (p. 73) :

L'animal qui vit librement dans les plaines où il s'exerce habituellement à des courses rapides, l'oiseau que ses besoins mettent dans le cas de traverser sans cesse de grands espaces dans les airs, se trouvant enfermés, l'un dans les loges d'une ménagerie ou dans nos écuries, l'autre dans nos cages ou dans nos basses-cours, y subissent, avec le temps, des influences frappantes, surtout après une suite de générations dans l'état qui leur a fait contracter de nouvelles *habitudes*.

Le premier y perd en grande partie sa légèreté, son agilité; son corps s'épaissit; ses membres diminuent de force et de souplesse, et ses facultés ne sont plus les mêmes; le second devient lourd, ne sait presque plus voler, et prend plus de chair dans toutes ses parties.

Voilà l'observation infiniment simple qui a conduit Lamarck à l'exposé de ses deux admirables lois : la première est appelée la loi de l'habitude et de la désuétude :

Dans tout animal qui n'a point dépassé le terme de ses développements, l'emploi plus fréquent et soutenu d'un organe quelconque, fortifie peu à peu cet organe, le développe, l'agrandit, et lui donne une puissance proportionnée à la durée de cet emploi, tandis que le défaut constant d'usage de tel organe l'affaiblit insensiblement, le détériore, diminue progressivement ses facultés et finit par le faire disparaître.

La deuxième loi est celle de l'hérédité des caractères acquis :

Tout ce que la nature a fait acquérir ou perdre aux individus par l'influence des circonstances où leur race se trouve depuis longtemps exposée et, par conséquent, par l'influence de l'emploi prédominant de tel organe ou par celle d'un défaut constant d'usage de telle partie, elle le conserve par la génération aux nouveaux individus qui en proviennent, pourvu que les changements acquis soient communs aux deux sexes ou à ceux qui ont produit ces nouveaux individus.

C'est au moyen de ces deux principes que Lamarck va réduire à néant les considérations finalistes (p. 235) :

Les naturalistes ayant remarqué que les formes des parties des animaux, comparées aux usages de ces parties, sont toujours parfaitement en rapport, ont pensé que les formes et l'état des parties en avaient amené l'emploi : or c'est là l'erreur ; car il est facile de démontrer par l'observation, que ce sont, au contraire, les besoins et les usages des parties qui ont développé ces mêmes parties, qui les ont même fait naître lorsqu'elles n'existaient pas et qui, conséquemment, ont donné lieu à l'état où nous les observons dans chaque animal.

Pour que cela ne fût pas ainsi, il eût fallu que la nature eût créé, pour les parties des animaux, autant de formes que la diversité des circonstances dans lesquelles ils ont à vivre l'eût exigé, et que ces formes, ainsi que ces circonstances, ne variassent jamais.

… Depuis longtemps, ajoute Lamarck, *on a eu, à cet égard, le sentiment de ce qui est, puisqu'on a établi la* sentence *suivante qui a passé en* proverbe *et que tout le monde connaît : les habitudes forment une seconde nature.*

C'est ce principe de Lamarck que l'on résume trop brièvement dans la formule : *la fonction crée l'organe.* Cette formule trop concise a généralement été mal entendue ; il est nécessaire que nous nous y arrêtions quelques instants. Il est bien évident que si un escargot a besoin de se gratter, ce besoin ne lui fait pas pousser une main, et que si l'homme a besoin de regarder derrière lui, cette nécessité ne développe pas chez lui l'œil de Victor Considérant. C'est que le mot *organe* est le plus souvent pris dans une acception qu'il n'a pas. On dit, par exemple, à tort, que la main est l'organe de la préhension ; cela est faux ; la main *fait partie*, chez l'homme, de ce qui constitue *ordinairement* l'organe de la préhension, mais si l'on coupe les deux mains à un homme, il exécute néanmoins avec ses moignons la fonction de préhension ; il peut l'exécuter également avec ses pieds, avec sa bouche, etc. L'organe de la préhension est défini par la fonction même de la préhension et comprend l'ensemble des tissus qui collaborent à l'exercice de cette fonction. La définition de l'organe est uniquement *physiologique*.

Ceci posé, considérons un animal au moment où les hasards des variations du globe l'amènent à vivre dans des conditions nouvelles ; cet animal est doué à ce moment d'un certain nombre de parties coordonnées, parties au moyen desquelles étaient constitués les organes dont il se servait dans les circonstances précédentes et qui lui permettaient par conséquent d'exécuter, dans ces circonstances précédentes, toutes les fonctions nécessaires à l'entretien de sa vie. Dans les conditions nouvelles où il se trouve transporté, une fonction nouvelle lui devient nécessaire. Alors, de deux choses l'une : ou bien, il n'a pas les *outils* indispensables pour effectuer cette fonction, et dans ce cas il meurt ; ou bien il peut exécuter tant bien que mal cette fonction nouvelle avec les outils (membres, appendices, etc...) qu'il possède. Le premier cas, qui est le plus fréquent, ne nous intéresse pas. Dans le second, un organe nouveau se trouve défini chez l'animal considéré ; cet organe nouveau emprunte un certain nombre de parties préexistantes et fonctionne d'abord tant bien que mal ; puis, progressivement, en vertu de la loi de l'habitude, le fonctionnement de cet organe devient de plus en plus aisé ; cet organe, qui était d'abord simplement *défini* par la fonction nouvelle, se trouve petit à petit développé par le fonctionnement, adapté à son rôle. Et ainsi, des parties homologues, c'est-à-dire des parties du corps qui, chez deux animaux donnés, sont la représentation héréditaire d'une partie de leur ancêtre commun, peuvent être adaptées à des fonctions différentes : la queue du cheval lui sert pour se garer des mouches, la queue du kanguroo joue un rôle dans la station et la locomotion de l'animal :

Le kanguroo, qui porte ses petits dans la poche qu'il a sous l'abdomen, a, en conséquence, pris l'habitude de se tenir debout, posé seulement sur ses pieds de derrière et sur sa queue, et de ne se déplacer qu'à l'aide d'une suite de sauts dans lesquels il conserve son attitude redressée pour ne point gêner ses petits. Voici ce qui en est résulté :

1° les jambes de devant, dont il fait très peu d'usage et sur lesquelles il s'appuie seulement dans l'instant où il quitte son attitude redressée, n'ont jamais pris de développement proportionné à celui des autres parties et sont restées maigres, très petites et presque sans force ;

2° les jambes de derrière, presque continuellement en action, soit pour soutenir tout le corps, soit pour exécuter les sauts, ont, au contraire, obtenu un développement considérable, et sont devenues très grandes et très fortes ;

3° enfin, la queue, que nous voyons ici fortement employée au soutien de l'animal et à l'exécution de ses principaux mouvements, a acquis dans sa base une épaisseur et une force extrêmement remarquables (p. 259).

Un raisonnement absolument identique expliquerait comment la station verticale, pénible chez les singes, est devenue naturelle à l'homme par une longue accoutumance, grâce au développement adéquat de toutes les parties nécessaires à la stabilité de cette position d'équilibre. Voici d'ailleurs d'autres exemples du développement des organes par l'habitude (p. 249) :

> L'oiseau, que le besoin attire sur l'eau pour y trouver la proie qui le fait vivre, écarte les doigts de ses pieds lorsqu'il veut frapper l'eau et se mouvoir à sa surface. La peau qui unit ces doigts à leur base contracte, par ces écartements des doigts sans cesse répétés, l'habitude de s'étendre ; ainsi, avec le temps, les larges membranes qui unissent les doigts des canards, des oies, etc., se sont formées telles que nous les voyons. Les mêmes efforts faits pour nager, c'est-à-dire, pour pousser l'eau, afin d'avancer et de se mouvoir dans ce liquide, ont étendu de même les membranes qui sont entre les doigts des grenouilles, des tortues de mer, de la loutre, du castor, etc...

Ainsi donc, des circonstances analogues (dans l'espèce, la vie aquatique) peuvent développer chez des êtres *différents* des caractères de similitude ; les pattes palmées n'indiquent pas une parenté entre la grenouille et le castor ; ce sont des *caractères de convergence*, résultant d'adaptations aux mêmes conditions de vie.

Lamarck a bien compris la difficulté qui résulte de ce fait pour l'établissement de la classification naturelle. Nous retrouvons d'autres caractères de convergence dans les exemples suivants qui mettent en relief l'atrophie d'un organe par la désuétude (p. 241) :

> Des yeux à la tête sont le propre d'un grand nombre d'animaux divers, et font essentiellement partie du plan d'organisation des Vertébrés.
>
> Déjà néanmoins la taupe, qui, par ses habitudes, fait très peu d'usage de la vue, n'a que des yeux très petits et à peine apparents, parce qu'elle exerce très peu cet organe.
>
> L'*Aspalax* d'Olivier (*Voyage en Égypte et en Perse*, II, pl. 28, f. 2), qui vit sous terre comme la taupe, et qui vraisemblablement s'expose encore moins qu'elle à la lumière du jour, a totalement perdu l'usage de la vue : aussi n'offre-t-il plus que des vestiges de l'organe qui en est le siège ; et encore ces vestiges sont tout à fait cachés sous la peau et sous

quelques autres parties qui les recouvrent et ne laissent plus le moindre accès à la lumière.

Le *Protée,* reptile aquatique voisin des Salamandres par ses rapports et qui habite dans des cavités profondes et obscures qui sont sous les eaux, n'a plus, comme l'*Aspalax,* que des vestiges de l'organe de la vue, vestiges qui sont couverts et cachés de la même manière.

Ici encore, la cécité est un caractère de convergence n'établissant aucune parenté entre le *Protée* et l'*Aspalax*.

De toutes ces considérations Lamarck tire sa *conclusion particulière* qu'il oppose comme il suit à la *conclusion admise jusqu'à lui* (p. 265) :

Conclusion admise jusqu'à ce jour : la nature (ou son Auteur), en créant les animaux, a prévu toutes les sortes possibles de circonstances dans lesquelles ils auraient à vivre, et a donné à chaque espèce une organisation constante, ainsi qu'une forme déterminée et invariable dans ses parties, qui forcent chaque espèce à vivre dans les lieux et les climats où on la trouve, et à y conserver les habitudes qu'on lui connaît.

Ma conclusion particulière : la nature, en produisant successivement toutes les espèces d'animaux, et commençant par les plus imparfaits ou les plus simples, pour terminer son ouvrage par les plus parfaits, a compliqué graduellement leur organisation ; et ces animaux, se répandant généralement dans toutes les régions habitables du globe, chaque espèce a reçu, de l'influence des circonstances dans lesquelles elle s'est rencontrée, les habitudes que nous lui connaissons et les modifications dans ses parties que l'observation nous montre en elle.

Il insiste avec raison sur ce fait que la théorie fixiste « suppose que les circonstances des lieux qu'habite chaque espèce d'animal ne varient jamais dans ces lieux ; car si elles variaient, les mêmes animaux n'y pourraient plus vivre » (p. 266).

L'adaptation de chaque être à ses conditions de vie

est donc une preuve irréfutable de la transformation des espèces. Car (p. 231) :

> Ce qu'on ne sait pas assez, et même ce qu'en général on se refuse à croire, c'est que chaque lieu lui-même change avec le temps d'exposition, de climat, de nature et de qualité, quoique avec une lenteur si grande par rapport à notre durée, que nous lui attribuons une *stabilité* parfaite... On sent de là que s'il y a des extrêmes dans ces changements, il y a aussi des nuances, c'est-à-dire des degrés qui sont intermédiaires et qui remplissent l'intervalle. Conséquemment, il y a aussi des nuances dans les différences qui distinguent ce que nous nommons des *espèces*.

On devrait donc trouver *tous les passages* entre deux formes différentes d'êtres vivants ; l'absence de ces types de passage était une difficulté que Lamarck n'a pas résolue. Darwin au contraire l'a lumineusement expliquée, mais, pour ne pas avoir compris le rôle de la sélection naturelle, l'auteur de la *Philosophie zoologique* n'en a pas moins laissé une œuvre admirable et *presque complète*. On peut au contraire reprocher à Darwin, et surtout aux néo-darwiniens, d'avoir méconnu, malgré Lamarck, le rôle prépondérant de l'influence du milieu et d'avoir attribué le plus souvent la variation des êtres aux hasards des fécondations. En réalité, Lamarck n'a pas rejeté la possibilité de l'apparition d'espèces nouvelles sous l'influence de l'hybridation, mais il en a parlé vaguement et sans lui attribuer plus d'importance qu'elle n'en mérite. Je ne relève dans son livre que deux passages relatifs à cette possibilité ; d'abord (p. 63) :

> L'idée d'embrasser sous le nom d'espèce une collection d'individus semblables, qui se perpétuent les mêmes par la génération, et qui ont ainsi existé les mêmes aussi anciennement que la nature, emportait la nécessité que les individus d'une même espèce ne pussent point s'allier, dans les actes de génération, avec des individus d'une espèce différente.

Malheureusement, l'observation a prouvé, et prouve encore tous les jours, que cette considération n'est nullement fondée ; car les hybrides, très communs parmi les végétaux, ont fait voir que les limites entre ces espèces prétendues constantes n'étaient pas aussi solides qu'on l'a imaginé.

A la vérité, souvent il ne résulte rien de ces singuliers accouplements, surtout lorsqu'ils sont très disparates, et alors les individus qui en proviennent sont en général inféconds ; mais aussi, lorsque les disparates sont moins grandes, on sait que les défauts dont il s'agit n'ont plus lieu. Or ce moyen seul suffit pour créer de proche en proche des variétés qui deviennent ensuite des races et qui, avec le temps, constituent ce que nous nommons des espèces.

Et plus bas (p. 73) :

En effet, outre que nous connaissons les influences et les suites des fécondations hétéroclites, nous savons positivement aujourd'hui qu'un changement forcé et soutenu, dans les lieux d'habitation, etc., etc.

Lamarck laisse ainsi de côté, immédiatement, les phénomènes d'hybridation, pour revenir à l'influence du milieu et il a raison. Malgré Weismann et les néo-darwiniens, il paraît en effet définitivement établi aujourd'hui que le mélange des sexes dans les espèces vivant en liberté, a pour résultat de *maintenir* le type moyen de l'espèce et non d'introduire des variations dans ce type. S'il y a eu, exceptionnellement, formation d'une espèce par fécondation croisée, ce ne peut être que dans des cas très particuliers. L'influence du milieu est le facteur essentiel de la variation.

*
* *

Tout le monde sait que « Darwin a établi la parenté de l'homme et du singe ». Il n'est pas inutile de montrer que l'idée de cette parenté est pleinement exprimée par Lamarck et que Darwin, à qui on la prête, pour la lui reprocher d'ailleurs, n'y a *rien* ajouté.

Si une race quelconque de *quadrumanes*, dit Lamarck (p. 349), surtout la plus perfectionnée d'entre elles, perdait, par la nécessité des circonstances ou par quelqu'autre cause, l'habitude de grimper sur les arbres,... et si les individus de cette race, pendant une suite de générations, étaient forcés de ne se servir de leurs pieds que pour marcher et cessaient d'employer leurs mains comme des pieds, il n'est pas douteux... que ces quadrumanes ne fussent à la fin transformés en *bimanes*, et que les pouces de leurs pieds ne cessassent d'être écartés des doigts, ces pieds ne leur servant plus qu'à marcher.

... Enfin, si ces mêmes individus cessaient d'employer leurs mâchoires comme des armes pour mordre, déchirer ou saisir, ou comme des tenailles pour couper l'herbe et se nourrir et qu'ils ne les fissent servir qu'à la mastication, il n'est pas douteux encore que leur angle facial ne devînt plus ouvert, que leur museau ne se raccourcît de plus en plus, et qu'à la fin, étant entièrement effacé, ils n'eussent leurs dents incisives verticales.

Je voudrais citer tout au long les huit pages (349-357) dans lesquelles est résumée la transformation d'un singe en homme, l'acquisition, par cette espèce nouvelle d'une prépondérance sur les autres et même, l'origine du langage articulé : je me borne à reproduire les quelques lignes relatives au langage (p. 356) :

... Les individus de la race dominante..., ayant eu besoin de multiplier les *signes* pour communiquer rapidement leurs idées devenues de plus en plus nombreuses, et ne pouvant plus se contenter ni des *signes* pantomimiques, ni des inflexions possibles de leur voix, pour représenter cette multitude de *signes* devenus nécessaires, seront parvenus, par différents efforts, à former des *sons articulés* : d'abord, ils n'en auront employé qu'un petit nombre, conjointement avec des inflexions de leur voix ; par la suite, ils les auront multipliés, variés et perfectionnés, selon l'accroissement de leurs besoins et selon qu'ils se seront exercés à les produire... De là, l'origine de l'admirable faculté de parler ; et comme l'éloignement des lieux où les individus se seront répandus favorise la corruption des signes convenus pour rendre chaque idée, de là l'origine des langues, qui se seront diversifiées partout.

***

Malgré son mépris pour l'opinion de la « majorité compacte », Lamarck, désireux sans doute de voir répandre ses idées a introduit de-ci, de-là, dans son ouvrage, quelques phrases destinées à atténuer les mauvaises volontés dont était menacée la théorie nouvelle. En particulier, son chapitre relatif à l'homme commence par ces mots : « Si l'homme n'était distingué des animaux que relativement à son organisation... » et se termine par cette phrase prudente :

> Telles seraient les réflexions que l'on pourrait faire si l'homme... n'était distingué des animaux que par les caractères de son organisation et si son origine n'était pas différente de la leur.

Dès les premières pages de son livre, aussitôt qu'il a exprimé sa croyance à la transformation des espèces, il craint d'être suspecté d'athéisme (p. 56) :

> Sans doute, rien n'existe que par la volonté du sublime Auteur de toutes choses. Mais pouvons-nous lui assigner des règles dans l'exécution de sa volonté, et fixer le mode qu'il a suivi à cet égard ? Sa puissance infinie n'a-t-elle pu créer un *ordre de choses* qui donnât successivement l'existence à tout ce que nous voyons, comme à tout ce qui existe et que nous ne connaissons pas.
>
> Assurément, quelle qu'ait été sa volonté, l'immensité de sa puissance est toujours la même ; et de quelque manière que se soit exécutée cette volonté suprême, rien n'en peut diminuer la grandeur.

Et plus loin, p. 68 :

> Admirerai-je moins la grandeur de la puissance de cette première cause de tout, s'il lui a plu que les choses fussent ainsi, que si, par autant d'actes de sa volonté, elle se fût

occupée et s'occupât continuellement encore des détails de toutes les variations, de tous les développements et perfectionnements, de toutes les destructions et de tous les renouvellements ; en un mot, de toutes les mutations qui s'exécutent généralement dans les choses qui existent.

Or, j'espère prouver que la nature possède les moyens et les facultés qui lui sont nécessaires pour produire par elle-même ce que nous admirons en elle.

J'ai souligné cette dernière phrase qui est la plus essentielle ; peu importent en effet les discussions théologiques et métaphysiques, Lamarck se place sur un terrain très positif et y recueille une admirable moisson.

*
* *

En résumé, la nature « a créé dans tous les animaux, par la seule voie du *besoin*, qui établit et dirige les habitudes, la source de toutes les actions, de toutes les facultés, depuis les plus simples jusqu'à celles qui constituent l'*instinct*, l'*industrie*, enfin le *raisonnement* » (p. 67).

Mais comment se réalisent ces besoins, comment agissent-ils ? Ce problème ne pouvait manquer de se poser à l'esprit de Lamarck ; il lui fallait une théorie de la vie. Il en a donné une dans la seconde partie de son ouvrage et cette seconde partie est fort inférieure à la première. La physique et la chimie étaient encore à leur aurore et le mot si vague de *fluide* se retrouve naturellement dans toutes les explications mécaniques qu'on pouvait donner. Cependant, malgré cette infériorité fatale de sa théorie de la vie, elle contient encore des preuves évidentes du génie de son auteur. Laissons de côté ce qui est suranné ; nous trouvons même, dans cette partie de l'ouvrage, des choses qui auraient suffi à immortaliser le nom d'un savant.

D'abord, à la notion peu scientifique de l'existence de trois règnes, le règne animal, le règne végétal, le règne minéral, il substitue une division des corps de la nature :

1° En corps organisés, vivants ; 2° en corps bruts et sans vie.

Les êtres ou corps vivants, ajoute-t-il (p. 91), tels que les animaux et les végétaux, constituent la première de ces deux branches des productions de la nature. Ces êtres ont, comme tout le monde sait, la faculté de se nourrir, de se développer, de se reproduire, et sont nécessairement assujettis à la mort.

Mais ce qu'on ne sait pas aussi bien, parce que des hypothèses en crédit ne permettent pas de le croire, c'est que les corps vivants, par suite de l'action et des facultés de leurs organes, ainsi que des mutations qu'opèrent en eux les mouvements organiques, *forment eux-mêmes leur propre substance et leurs matières sécrétoires*; et ce qu'on sait encore moins, c'est que, par leurs dépouilles, ces corps vivants donnent lieu à l'existence de toutes les matières composées, brutes ou inorganiques qu'on observe dans la nature.

Cette idée « que les corps vivants ont la faculté de composer eux-mêmes leur propre substance » ne contient-elle pas le germe de la définition actuelle de la vie par l'assimilation ?

Ailleurs, il donne aussi les bases véritables de la biologie scientifique (p. 377) :

Si l'on veut parvenir à connaître réellement ce qui constitue *la vie*, en quoi elle consiste, quelles sont les causes et les lois qui donnent lieu à cet admirable phénomène de la nature, et comment la vie elle-même peut être la source de cette multitude de phénomènes étonnants que les corps vivants nous présentent, il faut, avant tout, considérer très attentivement les différences qui existent entre les corps inorganiques et les corps vivants ; et pour cela, il faut mettre en parallèle les caractères essentiels de ces deux sortes de corps.

Ces principes, joints à l'excellente méthode dont nous avons déjà parlé et qui consiste à commencer l'étude de la vie dans les êtres simples et non chez l'homme, ont conduit Lamarck à comprendre que, chez les plantes au moins et chez les animaux inférieurs, la spontanéité des mouvements vitaux n'est qu'apparente (Avertissement, p. xv) :

> Ayant considéré que, *sans les excitations de l'extérieur*, la vie n'existerait point et ne saurait se maintenir en activité dans les végétaux, je reconnus bientôt qu'un grand nombre d'animaux devaient se trouver dans le même cas ; et comme j'avais eu bien des occasions de remarquer que, pour arriver au même but, la nature variait ses moyens lorsque cela était nécessaire, je n'eus plus de doute à cet égard.
>
> Ainsi je pense que les animaux très imparfaits, qui manquent de système nerveux, ne vivent qu'à l'aide des excitations qu'ils reçoivent de l'extérieur.

Voilà une idée que l'on considérait encore il y a vingt ans comme extrêmement hardie. Si Lamarck n'a pas pu en tirer tout ce qu'elle promettait, c'est que la théorie des fluides l'en a empêché ; mais on ne saurait lui reprocher l'état de la physique et de la chimie à son époque et il faut l'admirer au contraire d'avoir pu, au milieu d'un mouvement scientifique si peu avancé, concevoir une biologie si saine et si féconde. On peut dire que Lamarck *a placé la vie parmi les autres phénomènes naturels* ; il a attribué aux phénomènes mécaniques, aux influences des conditions de milieu, non seulement la variation des formes spécifiques, mais les manifestations vitales elles-mêmes. Il a été le premier *moniste* ; il était trop en avance sur tous ses contemporains, mais le siècle qui l'a suivi lui a donné raison.

Darwin a accaparé toute la gloire du transformisme ; ses explications séduisantes ont plus fait pour le triomphe de la théorie que les interprétations plus vraies de Lamarck, mais aujourd'hui que l'évolution des espèces est acceptée et discutée par le monde entier, on doit rendre au père de la biologie scientifique les hommages qui lui sont dus. Toute une école de naturalistes s'occupe actuellement de mettre au courant de la science moderne les idées de Lamarck, idées extrêmement fécondes quoi qu'en ait pensé Darwin. J'ai essayé de montrer dans un livre récent[1] qu'en se servant convenablement de l'œuvre du grand évolutionniste français et de celle de son successeur anglais, on peut résoudre d'une manière satisfaisante tous les problèmes de la transformation des espèces.

Je voudrais surtout avoir montré ici que Lamarck doit être placé au premier rang parmi les hommes qui ont honoré la science et l'humanité. Il n'y a pas de nom illustre auprès duquel le nom de Lamarck ne puisse être cité avec honneur. Et, puisque ses compatriotes l'ont méconnu et oublié, il serait bon qu'on forçât leur admiration, non pas en lui élevant une statue sous laquelle on ne pourrait même pas transporter ses restes ignorés et perdus dans les catacombes, mais en faisant connaître son génie, en publiant une édition nationale de ses œuvres.

1. *Lamarckiens et Darwiniens*. Paris, F. Alcan, 1900.

I

LA PLACE DE LA VIE
DANS LES PHÉNOMÈNES NATURELS[1]

Le grand mérite de Lamarck a été de comprendre, nous venons de le voir, qu'il ne faut pas isoler les phénomènes vitaux dans la nature, mais, la physique et la chimie étaient encore si peu avancées à son époque, qu'il n'a pu, malgré tout son génie, mettre en évidence les rapports réels de la vie et de la mécanique. Tout ce qu'il a été à même de faire, alors qu'on attribuait à des *fluides* les manifestations actives de la matière, a été de penser, non seulement que le mouvement des fluides vitaux n'était pas essentiellement différent de celui des fluides de la nature brute, mais encore que l'activité de l'être vivant n'était, en quelque sorte, qu'une répercussion de l'activité du milieu ambiant; l'animal n'était pas un producteur d'énergie, mais un transformateur des mouvements venus du dehors. Et cette transformation, dont la nature dépendait de celle de l'individu considéré et qui se traduisait par l'activité propre de cet individu, cette transformation, qui était la vie elle-même, pouvait à son tour transformer l'individu qui en était le siège (action du milieu sur les organismes, adaptation, transformisme). Voilà ce que Lamarck a compris et nous ne saurions assez l'admirer

1. *Revue philosophique*, octobre et novembre 1902.

de l'avoir compris si nous nous reportions, par la pensée, à l'époque où il a publié la *Philosophie zoologique*.

Maintenant que les conquêtes du xix° siècle dans tous les ordres de sciences ont renouvelé notre connaissance du monde, il devient utile de se demander quelle place exacte on doit assigner, parmi les phénomènes naturels, à ceux qui sont particuliers aux corps vivants; et cette étude doit naturellement comprendre deux parties :

D'abord, nous devrons étudier toutes les manifestations de l'activité de la matière, tant brute qu'organisée, sans nous souvenir que nous-mêmes, observateurs, sommes formés d'une matière soumise aux lois générales, et comme si nous étions de ces purs esprits, indépendants du monde, dont le catéchisme enseigne l'existence. Ensuite, ayant établi, par une étude purement objective, les relations qui existent entre les corps organisés et les corps bruts, nous devrons nous demander comment, de ces relations qui existent également entre nous et les autres corps de la nature, résulte pour nous la *connaissance* des phénomènes du monde extérieur. La conséquence la plus importante de cette dernière étude sera que nous serons renseignés sur la nature des choses connaissables; c'est en effet du *mode de connaissance* fourni à l'homme par sa structure que dépend pour lui la possibilité ou l'impossibilité de pousser ses investigations dans telle ou telle voie. C'est la nature de l'homme qui limite le monde accessible à l'homme. Or, c'est malheureusement vers les régions notoirement inaccessibles à notre connaissance que nous entraîne le plus souvent notre imagination, par un travers d'esprit existant même chez les plus grands hommes, et dont ils sont d'ailleurs extrêmement fiers...

CHAPITRE PREMIER

ÉTUDE OBJECTIVE DES PHÉNOMÈNES

§ I. — L'illusion du repos dans la matière brute.

Après avoir régné sans conteste sur la science pendant de longues années, l'hypothèse atomique a été récemment l'objet de vives attaques. On a crié à la déroute de l'atomisme au nom d'une nouvelle idole, l'*Énergétique*, quoiqu'il n'y ait pas réellement d'incompatibilité essentielle entre ces deux manières différentes d'envisager les phénomènes naturels. Ce sont seulement les cerveaux des théoriciens qui diffèrent. De deux hommes chargés de décrire une charge de cavalerie, l'un s'intéressera surtout aux hommes et aux chevaux en mouvement, l'autre pourra attacher une importance capitale aux bruits qui ont accompagné la chevauchée ; cette différence dans l'appréciation des phénomènes sera surtout accentuée si l'un des deux observateurs est sourd et si l'autre est aveugle. Le premier connaîtra seulement les formes et le mouvement, le second ignorera tout ce qui n'est pas bruit ou son.

Quand nous étudions la nature, nous sommes tous plus ou moins sourds ou aveugles ; nous connaissons tel ou tel aspect d'un phénomène, mais un être fait autrement que nous pourrait ignorer les aspects que nous observons et en connaître d'autres qui nous échappent ; et chacun attribuerait naturellement une importance capitale à ce que ses sens lui auraient appris.

Seul un individu capable de connaître tous les aspects des phénomènes pourrait trancher le différend.

Les physiciens ont tous les mêmes organes des sens, mais ils ont des tendances personnelles qui les conduisent à se placer à divers points de vue, et cela est d'ailleurs éminemment profitable à la science. L'atomisme et l'énergétique, dont quelques-uns ont voulu faire des concepts incompatibles, semblent correspondre simplement à des manières différentes d'envisager les phénomènes.

Pour jeter un coup d'œil d'ensemble sur l'état actuel de notre connaissance du monde, nous nous servirons de l'hypothèse atomique ; nous ne nous en servirons que pour faciliter le langage et surtout parce que cette hypothèse permet de se faire des choses une image favorable au but que nous nous proposons ; mais il faut immédiatement remarquer que le plus ou moins de légitimité de la théorie atomique ne retentira en rien sur la solidité de nos conclusions quant à la place de la vie dans les phénomènes naturels. Si nous montrons, par exemple, que la vie est, dans son essence, un phénomène chimique, ce résultat sera acquis *quelles que soient ensuite les découvertes des savants relativement à la nature même des phénomènes chimiques*. Il est fort utile de se reporter aux représentations que nous fournissent les conceptions moléculaires ; cela frappe davantage ceux qui aiment à s'imaginer le *comment* des choses, tendance, nous devons le reconnaître, fort répandue en biologie.

Arrêtons-nous donc, en commençant, à l'hypothèse atomique ; nous ne saurions nous passer de quelques explications pour *situer* la vie parmi les manifestations de l'activité universelle.

Un corps homogène, de l'eau par exemple, jouit de certaines propriétés auxquelles nous reconnaissons que c'est de l'eau. Prenons-en une certaine quantité; si nous la divisons en deux parties égales, chacune des moitiés reste de l'eau et ne diffère par aucune propriété de la quantité première si ce n'est qu'il y en a deux fois moins. Divisons encore en deux l'une de ces moitiés et ainsi de suite, aussi longtemps que nous le pourrons. Si l'eau était une substance continue, comme ces substances imaginaires auxquelles nous appliquons les raisonnements mathématiques, nous pourrions répéter *indéfiniment* notre division, et nous obtiendrions seulement, chaque fois, une quantité d'eau deux fois plus petite que la précédente. Étant données les méthodes d'expérimentation qui sont à notre portée, nous ne pouvons pas continuer très loin cette opération et il est bien certain que la plus petite quantité à laquelle nous puissions mécaniquement arriver par division se compose encore d'eau véritable. Cependant, au cours de ces diminutions successives, apparaît un phénomène très intéressant.

Si nous avions affaire à une substance homogène et continue comme celles dont nous nous occupons en mathématiques et que nous avons créées dans notre imagination, deux quantités *quelconques* de cette substance se comporteraient de la même manière dans des conditions identiques et, en particulier, affecteraient, dans des conditions identiques, des formes mathématiquement *semblables*. Seule, une unité *conventionnelle* conviendrait à la mesure d'un volume donné de cette substance théorique, volume qui, pris isolément, ne saurait être considéré d'une manière absolue ni comme grand, ni comme petit; nous pourrions trouver que ce volume est grand ou petit, par rapport à nous, par rapport au mètre, mais ce ne serait là qu'une appréciation par comparaison avec des corps arbitrairement choisis.

L'eau n'est pas dans ce cas; laissons-en tomber une certaine quantité, dans des conditions précises, sur la surface horizontale d'une glace bien dressée. Elle y prendra, je suppose, la forme d'un bouton ressemblant à une demi-sphère. Versons-en maintenant une quantité cent fois plus grande, dans les mêmes conditions, sur une glace horizontale identique à la première; si l'eau était comparable à notre substance théorique de tout à l'heure, cette quantité cent fois plus grande prendrait naturellement la forme d'un bouton *semblable* au premier et cent fois plus grand que lui. Il n'en est rien; notre seconde expérience nous donnera une large flaque d'eau limitée supérieurement par une surface horizontale jusqu'au voisinage de ses bords. Donc, dans les circonstances considérées, la quantité d'eau cent fois plus petite s'est comportée *autrement* que la quantité d'eau cent fois plus grande. Donc, l'eau n'est pas une substance continue et homogène, comme les substances théoriques auxquelles on applique les formules de l'algèbre. Donc encore, et c'est la conclusion importante à laquelle je voulais arriver en prévision de l'étude ultérieure de ce qu'on peut appeler *les dimensions de la vie*, il y a des quantités d'eau que l'on peut considérer comme *petites*, d'une manière absolue[1], sans les comparer à aucun corps arbitrairement choisi; ou, si vous voulez, il est possible de trouver, pour l'eau, une unité de mesure absolue.

Ceci nous amène à faire, sur la structure de l'eau, une *hypothèse moléculaire*. J'emprunte à une conférence de Jean Perrin un exemple très clair d'une telle hypothèse:

---

1. On a pu dire aussi que ces quantités d'eau sont de l'ordre de grandeur des couches de passage.

Voilà, au loin, sur une colline verdoyante, une tache blanchâtre. Si cette tache se composait d'un enduit homogène et continu, nous pourrions la considérer comme indéfiniment divisible en petits carrés de même nature. Supposons, au contraire, que cette tache soit un troupeau de moutons. C'est là une hypothèse qu'il nous sera facile de vérifier au moyen d'une lunette d'approche. Il y aura, par exemple, 70 moutons. Alors nous pourrons diviser la tache en 70 parties *de même nature*, mais il nous sera impossible de pousser plus loin la division sans changer la nature des parties. Cette tache aura donc une unité absolue de mesure, le mouton, et elle sera *petite* ou *grande*, d'une manière absolue, et sans comparaison avec rien, suivant que le nombre des moutons qui la constitue sera petit ou grand.

L'hypothèse que nous avons faite en supposant que notre tache était un troupeau de moutons est une hypothèse moléculaire. Faisons-en une semblable pour l'eau et une goutte de ce liquide représentera désormais pour nous un nombre entier de *molécules d'eau*. Malheureusement, le microscope ne nous permettra pas de faire pour l'eau ce que la lunette d'approche rendait facile pour le troupeau de moutons ; nous ne pourrons pas *voir* séparément les molécules d'eau ; notre hypothèse ne sera pas susceptible d'une vérification directe.

Remarquons d'ailleurs, immédiatement, que notre hypothèse moléculaire ne nous renseignera pas le moins du monde sur la structure *intime* de la matière, pas plus que, tout à l'heure, elle ne nous apprenait la structure des moutons. Dans une goutte d'eau, il y a un nombre déterminé de molécules d'eau dont chacune ne peut être divisée sans cesser d'être de l'eau, mais nous ne savons pas comment est faite la molécule d'eau ; ce peut être un monde très complexe ; peut-être, si nos moyens d'investigation nous permettaient d'aller plus loin, serions-nous obligés de faire, pour comprendre la structure de la molécule, une nouvelle hypothèse moléculaire (comme nous le faisons, dans l'espèce, pour nos moutons de tout à l'heure qui sont composés de molécules matérielles), et ainsi de suite... Et ceci suffit à nous mettre en garde contre les raisonnements purement mathématiques que notre imagination applique si volontiers à des corps n'existant pas dans la nature; nous devrons nous défier en particulier des réflexions philosophiques que nous suggère, relativement à l'infiniment petit, notre idée instinctive et trompeuse de la continuité.

Donc, nous admettons que l'eau est formée de molécules toutes semblables et qui ne sauraient être divisées sans perdre la propriété d'être de l'eau. Mais la chimie nous apprend à diviser la molécule d'eau en éléments plus simples qui s'appellent l'hydrogène et l'oxygène, de même que l'anatomie nous permet de diviser un mouton en ses tissus.

Cette *décomposition* est une des choses qu'il nous est le plus difficile de nous représenter, *car nous ne pouvons la comparer à aucun des phénomènes que nous font directement connaître nos sens*. Voilà un corps qui a certaines *propriétés* parfaitement définies et que nous divisons en des corps nouveaux ayant des propriétés toutes différentes! On a imaginé de construire des solides représentant les divers atomes des corps simples; l'atome de carbone est, par exemple, représenté par un tétraèdre régulier aux quatre sommets duquel sont des crochets où l'on peut suspendre d'autres objets représentant des atomes d'hydrogène; mais un tel artifice, s'il soulage la mémoire, ne satisfait pas l'esprit, car tous ces solides figurés sont des corps immobiles, dépourvus de propriétés actives; les crochets en particulier sont vraiment bien peu capables de représenter cette *affinité* si mystérieuse, toujours prête à se manifester dès que les conditions sont convenables ! Cela est dans la nature de l'homme ; dès qu'il a acquis la certitude de l'existence de quelque chose, il faut qu'il se représente, s'imagine ce quelque chose ; et comme il ne peut rien inventer, il est réduit à des comparaisons avec des objets familiers. Quand on nous parle d'atomes, nous pensons instinctivement à des objets qui ressembleraient, en plus petit, à des grains de plomb ou à des petits pois, *corps immobiles*. Et je dis *corps immobiles* parce que nous les croyons tels en réalité, oubliant que s'ils étaient réellement immobiles nous ne les verrions pas. La matière ne peut se manifester à nous que par son mouvement et si nous voyons des petits pois c'est que leur substance est le siège des mouvements incessants dont quelques-uns, se transmettant à nos yeux, nous donnent l'impression visuelle. Mais nous oublions tout cela, nous ne nous disons pas que les mouvements capables d'impressionner notre rétine sont peut-être du même ordre de grandeur que les atomes et, par conséquent, ne sauraient nous faire voir les atomes, dont nous voulons cependant nous faire une image, comme si la *forme visuelle* pouvait exister dans un corps plus petit qu'une vibration lumineuse.

Erreur anthropomorphique analogue à celle de la continuité de la matière ; *parva « non licet » componere magnis*.

Quand nous parlons de mouvement, nous songeons toujours au déplacement des masses visibles, au mouvement *molaire*[1], et nous avons le tort d'oublier que si nous *voyons* l'immobilité des masses, c'est grâce à un mouvement *particulaire* incessant.

Voici une barrique pleine, immobile depuis fort longtemps ; je tourne le robinet et immédiatement le

---

[1]. J'emprunte cette expression à E. D. Cope qui, dans une toute autre circonstance, en a fait un usage excellent.

liquide s'écoule. Cela ne vous surprend pas? Pour ma part je trouve cela prodigieux. Comment, ce liquide était au repos absolu et en règle avec les lois de l'hydrostatique et dès qu'en un point quelconque de sa surface se produit un orifice au niveau duquel ces lois ne sont pas vérifiées, immédiatement il se met en mouvement comme s'il avait été toujours en éveil, prêt à faire tous les sacrifices pour ne pas être pris en contravention! C'est tout simplement incroyable pour quelqu'un qui croit au repos *réel* du liquide. Mais il n'y a que repos *molaire*, tandis qu'un mouvement particulaire[1] se traduit à chaque instant par une *pression* incessante sur les parois de la barrique. Le phénomène de l'écoulement de l'eau, comme tous les phénomènes dus à la pesanteur, n'est que la transformation d'un mouvement particulaire en un mouvement molaire ou d'ensemble, dès que les circonstances le permettent. L'eau, au repos, a, dites-vous, une surface libre horizontale? Si l'eau était réellement *au repos*, sa surface libre aurait une forme quelconque.

Je ne crains pas d'insister sur ces questions, au risque de paraître ennuyeux. Ce qui étonne le plus les gens, dans la vie, c'est l'apparente spontanéité du mouvement des êtres vivants. Or nous verrons que cette apparente spontanéité n'est que le résultat d'une transformation de mouvements particulaires en mouvements molaires, exactement comme pour l'écoulement de l'eau par le robinet de la barrique[2].

[1]. Le mouvement Brownien, dont nous parlerons un peu plus tard, démontre directement l'existence de cette agitation particulaire.

[2]. Un joli exemple de mouvements molaires et de mouvements particulaires simultanés se trouve dans un jet d'eau qui, regardé par un observateur tournant le dos au soleil, produit un arc-en-ciel.

Les couleurs de l'arc-en-ciel résultent du mouvement particulaire des rayons solaires et, tandis que, (mouvement molaire), les gouttes du jet d'eau se meuvent sans cesse, l'arc-en-ciel semble immobile si le spectateur ne se déplace pas, repos apparent qui provient d'un double mouvement.

De cet exemple si simple, nous pouvons tirer encore une autre considération. Nous avons l'habitude d'attribuer l'écoulement de l'eau à la pesanteur qui, disons-nous, est une *force*. Cette force existe, au repos, prête à agir dès que tout obstacle sera écarté, sorte de divinité statique née en chaque corps pesant sous l'action lointaine de la terre. Nous verrons un peu plus tard ce que pense la science moderne de ces créations à distance : c'est une erreur provenant de notre croyance instinctive au repos des corps qui nous paraissent immobiles : quand nous tirons sur une corde, nous pensons que nous ne bougeons pas, que nous avons fait naître une force statique sous l'influence d'un agent de même ordre, notre *volonté*, et ensuite, toutes les fois que nous parlons de forces, nous imaginons en réalité un homme, ou plutôt un pur esprit, qui tire ou pousse dans le sens considéré et qui est toujours prêt à manifester sa puissance dès que les conditions le permettront. Cette notion des forces physiques, notion que nous croyons en toute conscience avoir tirée de la pure observation des corps bruts, est, en réalité, une notion anthropomorphique. Nous avons prêté des forces statiques à la nature inanimée parce qu'il nous a semblé que nous en possédons en nous ; et ensuite, lorsqu'ayant parcouru l'étude des corps bruts avec cette notion de force empruntée à nous-mêmes, nous arrivons à l'étude du fonctionnement vital, nous retrouvons fatalement, comme explication de notre activité, ces mêmes forces dont nous avions tiré de nous-mêmes l'idée première. Nous croyons arriver de l'étude du monde extérieur à la conception de la force vitale, alors que nous revenons simplement, sans nous en apercevoir, à l'idée *a priori* dont nous sommes partis pour étudier le monde extérieur. Mais on ne voudra pas en convenir ; le mot force est trop commode ; c'est le même mot d'ailleurs que l'on traduit quelquefois « principe immatériel » ; c'est la divinité statique qui agit en restant immuable, alors que *action* veut dire changement. La physique ne nous fournit aucun exemple d'une telle source d'activité et les philosophes devront y renoncer s'ils veulent dire des choses qui ont un sens ; il n'y a pas de forces statiques, il n'y a que des transformations de mouvement.

***

Réactions chimiques. — Revenons au phénomène qui nous a amenés à cette longue digression, la décomposition chimique. Nous n'avons pas à faire ici d'hypothèses sur la nature de cette propriété mystérieuse qu'on appelle l'affinité, mais nous sommes obligés de penser que cette propriété n'est pas d'origine statique. Ceux qui aiment à se représenter les choses pourraient, par exemple, considérer l'édifice moléculaire comme une sorte de minuscule système planétaire[1], microcosme ayant des propriétés spéciales dues à sa constitution spéciale et à son mode de mouvement intérieur. Que serait alors le repos chimique ? Une apparence de repos comme tous les autres repos que nous connaissons ; il n'y aurait pas plus d'immobilité dans une molécule chimique qu'il n'y en a dans notre système solaire, mais la molécule resterait identique à elle-même, sans changement, tant qu'aucun cataclysme n'interviendrait. Le cataclysme serait ce que nous appelons la *réaction chimique* et évidemment, il serait différent suivant la nature des microcosmes entre lesquels il se produirait ;

---

1. Il va de soi que cette comparaison est seulement approchée, les planètes de notre système solaire étant des masses inertes, soumises uniquement à une gravitation qui n'a rien de spécifique, tandis que les atomes transportent dans tous les microcosmes auxquels ils sont annexés leurs propriétés très spéciales.

au cataclysme succéderait un nouveau repos chimique, c'est-à-dire une nouvelle distribution des planètes-atomes en microcosmes dont chacun aurait encore sa constitution spéciale et son mode de mouvement spécial.

Les *propriétés* chimiques des corps ne se manifestent à nous qu'au cours des réactions chimiques ; nous donnons précisément le nom de *repos chimique* aux périodes qui séparent les réactions, parce que, pendant ces périodes, le mouvement intérieur de chaque microcosme reste lettre close pour nous. C'est par la manière dont un corps réagit avec un autre corps que nous sommes renseignés sur sa nature ; il n'y a pas de repos véritable pendant le repos chimique, mais seulement maintien de la composition et du mode de mouvement dans chaque édifice moléculaire. Réaction veut dire *changement* dans la distribution en microcosmes des planètes-atomes.

Voilà une définition suffisante des phénomènes dits *chimiques*. Les atomes des corps dits *simples* sont-ils eux aussi des microcosmes complexes? Cela nous importe peu dans l'étude que nous faisons puisque, dans les phénomènes vitaux, nous ne rencontrons jamais de transformation de ces atomes. Si la chimie découvre un jour un moyen de décomposer les corps simples, ce sera fort intéressant au point de vue général, mais la biologie n'en tirera aucun avantage.

<center>*</center>

Les actions à distance. — Il y a quelques années à peine, on séparait officiellement l'ensemble des phénomènes de la nature en deux catégories bien tranchées, les phénomènes chimiques et les phénomènes physiques. Les premiers étant ceux que nous avons définis précédemment, les seconds comprenaient évidemment tous les autres, c'est-à-dire l'ensemble des mouvements autres que la création ou la destruction d'édifices moléculaires. On étudiait en physique la pesanteur, l'hydrostatique, l'acoustique, l'optique, la chaleur, l'électricité, les changements d'état des corps..... Mais on ne pouvait nier l'existence d'un lien entre la physique et la chimie ; aucune réaction chimique ne peut se produire en dehors de certaines conditions physiques déterminées (chaleur) et de plus, toutes les réactions chimiques s'accompagnent de phénomènes physiques (chaleur, lumière, électricité). En outre certains phénomènes physiques suffisent à provoquer des réactions chimiques. Néanmoins on conservait la séparation tranchée de deux ordres de phénomènes. La chose n'est plus aussi aisée aujourd'hui. Dans une dissolution, par exemple, y a-t-il phénomène physique ou phénomène chimique ? L'*ionisation* n'est-elle pas une sorte de dislocation des édifices moléculaires ? On a créé le nom de *chimie physique* pour désigner l'ensemble de ces phénomènes frontières des deux domaines précédemment délimités. Nous verrons que la biologie a beaucoup à compter avec la chimie physique, quoique les particularités vraiment caractéristiques de la vie soient d'ordre purement chimique. La physique pure ne perd pas non plus ses droits en biologie, car, non seulement elle s'occupe des conditions dans lesquelles peuvent se manifester les réactions vitales, mais encore elle étudie les transmissions de mouvements grâce auxquelles les être vivants sont mis *en relation* avec le monde extérieur.

Nous devons donc dire quelques mots des divers modes suivant lesquels peut s'établir une relation entre deux points distants l'un de l'autre dans l'espace.

En même temps que l'on croyait aux forces comme à des divinités statiques soucieuses d'obéir à certaines lois, on n'avait pas de peine à croire aux actions à distance, c'est-à-dire à des actions analogues à celles de la baguette de la bonne fée sous l'influence de laquelle un mur se dressait subitement sur la route du mauvais géant. La terre contenait *quelque chose de fort* (ou quelqu'un) dont la puissance se manifestait en faisant naître dans la lune une attraction vers notre globe ; une masse électrisée contenait de même quelque chose de fort (ou quelqu'un) et attirait un objet comme la terre attire la lune... Faraday a démontré expérimentalement, pour l'électricité au moins, l'illégitimité de cette conception, mais beaucoup de gens veulent la conserver pour donner un semblant de consistance aux théories vitalistes. Il est bon, en effet, de trouver dans la physique des exemples de *quelque chose agissant là où ce quelque chose n'est pas*, car cela donne une apparence de vraisemblance aux *principes immatériels* qui agissent forcément là où ils ne sont pas, puisque, par définition, ils ne sont nulle part ! Aussi a-t-on voulu donner à cette croyance aux actions lointaines un parrain de marque, l'immortel Newton. Et cependant l'illustre physicien a pris la précaution d'énoncer son fameux principe : « *Tout se passe comme si* les corps s'attiraient... » Il a même écrit ailleurs : « Que la gravité soit innée et essentielle à la matière de telle sorte qu'un corps puisse agir sur un autre corps *à distance*, à travers le vide, sans l'intermédiaire de quelque chose par quoi et à travers quoi leur action et leur force puisse être transportée de l'un à l'autre, est pour moi une si grande absurdité que je crois qu'aucun homme capable de penser avec quelque compétence sur les sujets philosophiques ne pourra jamais y tomber. »

Aujourd'hui aucun physicien ne croit plus aux forces à distance, ce qui n'empêche pas les 99 centièmes des êtres pensants de conserver les expressions surannées qui y sont relatives ; si l'on expurgeait la physique élémentaire de toutes les notions reconnues fausses, les biologistes n'y trouveraient plus d'aliment pour le système vitaliste ; mais quand on fait une découverte, le langage courant conserve les mots qui représentaient l'erreur détruite, et avec les mots l'erreur subsiste, bien plus répandue que la vérité...

Dans tous les cas où nous *savons* comment une relation s'établit entre deux points éloignés, c'est toujours par un transport de mouvement de l'un à l'autre. Ce transport de mouvement peut se faire de plusieurs manières que nous allons passer en revue très rapidement.

Le mode de transmission de mouvement qui nous est le plus familier est le mode de transmission par *déplacement molaire*, c'est celui du joueur de quilles qui lance sa boule, du canonnier qui tire sur la cible, etc. Il peut y avoir aussi un déplacement molaire moins complet, déterminant une transmission *de proche en proche* comme celui des vagues de la mer, comme celui des ronds qu'on fait en crachant dans un puits. Un mouvement du même ordre, mais à oscillations plus rapides, est celui que nous déterminons dans l'air au moyen d'un diapason ; l'oscillation de la lame vibrante se communique à une couche d'air qui subit une compression et une dilatation successives et communique, par suite, une oscillation semblable à la couche d'air voisine. Ce sont ces derniers mouvements, quand ils sont compris entre certaines limites de vitesse, qui nous donnent l'impression du son.

Voilà donc déjà deux modes de transmission par déplacement molaire. Le premier nous semble assez restreint comme puissance ; nos instruments balistiques les plus perfectionnés ne nous permettent pas, en effet, de lancer un projectile au delà de quelques kilomètres. C'est cependant à lui que l'on emprunta la première comparaison destinée à expliquer la propagation de la lumière. Il n'y avait plus là, à proprement parler, un mouvement *molaire*, puisque les particules projetées étaient supposées beaucoup plus petites que les petites particules matérielles connues, mais on ne se préoccupait pas de savoir jusqu'à quel point était légitime une comparaison entre les mouvements de corps ayant des dimensions si peu comparables. Quoi qu'il en soit, cette théorie de l'émission, abandonnée pour la lumière, a été reprise pour les rayons cathodiques ; récemment Arrhénius a expliqué les aurores boréales par l'émission, jusqu'à la limite de notre atmosphère, d'une poussière cosmique émanant du soleil. La théorie de l'émission ne présente aucun intérêt particulier en biologie ; je n'en parlerai donc pas davantage. Je ne m'étendrai pas non plus sur les mouvements vibratoires de l'air ; je préfère renvoyer le lecteur au récent livre de Pierre Bonnier [1] qui explique l'audition d'une manière très suggestive.

Nous arrivons maintenant aux transmissions de mouvement qui s'effectuent sans déplacement molaire et à travers des espaces dépourvues de matière pondérable. Quelques-unes de ces transmissions sont connues par leurs résultats seulement ; telle est, par exemple, celle d'où résulte l'attraction universelle. De cette transmission nous ignorons tout, sauf qu'elle existe et c'est pour cela que beaucoup de gens ont accepté, comme vraisemblable, la naissance à distance, dans tous les corps pesants, de la *force* qui les attire vers la terre. Nous avons vu que Newton, malgré les apparences, n'avait jamais cru à cette création lointaine de forces. Descartes a été plus explicite encore : à la formule célèbre « dans le vide, tous les corps tombent

---

1. Dr P. Bonnier, *L'Audition*. Paris, O. Doin, 1901.

également vite » il répondait : « dans le vide, les corps *ne tombent pas*[1]. » Ce que l'on appelle le vide, dans l'expérience de physique élémentaire à laquelle nous venons de faire allusion, c'est l'absence de matière pondérable ; mais que, dans le vide ainsi défini, il puisse se transmettre et il se transmette effectivement, des mouvements comme ceux d'où résultent la lumière et l'attraction universelle, cela prouve à Descartes et à tous les physiciens modernes l'existence de QUELQUE CHOSE *autre* que la matière pondérable. Ce quelque chose, on l'appelle l'*éther*.

L'éther ne nous est pas *directement* connaissable ; quelques-uns des mouvements qu'il transmet peuvent agir sur les êtres vivants d'une manière *très spéciale* ; telles sont, par exemple, les radiations lumineuses qui impressionnent les organes de la vision. D'autres, au contraire, agissent sur les êtres vivants exactement au même titre que sur les corps bruts. Tels sont, en particulier, les mouvements dont résulte la gravitation universelle ; ils nous rendent lourds sans nous impressionner sensoriellement en aucune façon ; aussi nous restent-ils, dans leur essence, totalement inconnus. Et ceci sera très important pour la localisation de la vie parmi les phénomènes naturels, car l'ordre de grandeur des mouvements qui impressionnent les êtres vivants, c'est-à-dire qui peuvent agir sur les réactions vitales, est certainement en rapport avec l'ordre de grandeur des réactions vitales elles-mêmes.

Nous connaissons aujourd'hui beaucoup de mouvements différents qui se transmettent par l'éther, savoir,

---

1. Lettre de Descartes au père Mersenne au sujet de Galilée : « Tout ce qu'il dit de la vitesse des corps qui descendent dans le vide est bâti sans fondement, car il aurait dû auparavant déterminer ce que c'est que la pesanteur et, s'il en savait la vérité, il saurait qu'elle est nulle dans le vide. »

les oscillations de Hertz, les vibrations calorifiques et lumineuses, les rayons X, etc. Les physiciens ont pu faire l'étude complète de quelques-unes d'entre elles dont ils connaissent la longueur d'onde d'une manière très précise. Parmi ces mouvements, les uns agissent directement sur certaines parties sensorielles des êtres vivants, d'autres ne peuvent leur être connus qu'indirectement, en agissant sur d'autres mouvements qui peuvent être directement connus de nous. Tout cela sera important pour la détermination de la place de la vie.

Quoi qu'il en soit, l'existence de l'éther est aussi certaine que celle des corps dont nous avons une connaissance directe, et, comme toujours, une fois que les hommes ont acquis la certitude de son existence, ils ont cherché à s'en faire une *représentation*, ce qui est impossible par suite même de la nature de la vie ! Mais il est impossible aussi que l'homme renonce à essayer de se *figurer* ce qui existe. Quand il ne peut pas *voir* une chose il est bien près de n'y pas croire ; c'est pour cela que beaucoup de gens continueront longtemps encore à considérer l'éther comme un mythe !

Les gaz étant les corps les plus légers que nous connaissions, on a naturellement commencé par leur comparer l'éther impondérable, et cette comparaison que rien ne justifiait a failli arrêter l'essor de la physique. Il a fallu le génie de Fresnel pour détruire cette erreur à priori. Si l'éther avait été comparable aux gaz les vibrations lumineuses n'auraient pu être que longitudinales comme les vibrations sonores et avec des vibrations longitudinales la plupart des phénomènes lumineux ne se comprenaient pas. Fresnel a audacieusement attribué à l'éther la propriété de transmettre des vibrations transversales et a ouvert ainsi une des voies les plus fécondes de la science.

Avec notre manie des comparaisons imagées, nous sommes le plus souvent exposés à nous laisser duper par les apparences, et cependant nous ne nous en corrigeons pas ; Fresnel ayant démontré que l'éther transmet des vibrations transversales, comme les corps solides transmettent des vibrations sonores également transversales, j'ai lu dans un livre de physique que l'éther est un corps solide, comparaison encore plus absurde si c'est possible, que celle qui en faisait un gaz.

Ce qui nous gêne le plus dans notre désir de nous représenter l'éther, ou, en d'autres termes, de le comparer à quelque chose de directement connu, c'est qu'il est impondérable. Pour beaucoup de gens, les mots *matière* et *impondérable* sont antagonistes, la pesanteur étant considérée souvent comme une propriété caractéristique de la matière. Il n'est pas inutile de s'arrêter un instant à l'examen de cette question car des vitalistes peu au courant reprochent aux biologistes qui n'admettent pas l'existence des principes immatériels, de croire à un éther impondérable qui est de même ordre (v. plus loin, deuxième partie).

Descartes, déjà, ne croyait pas que la pesanteur fût une propriété des corps, puisqu'il déclarait que, *dans le vide absolu*, les corps ne tomberaient pas. Nous ne savons pas réaliser le vide absolu et c'est pour cela que nous ne pouvons pas démontrer la légitimité de l'affirmation de Descartes en débarrassant un corps de son poids ; les mouvements qui déterminent l'attraction universelle pénètrent partout (en raison de leurs dimensions mêmes) et nous ne savons pas expérimentalement les arrêter, de manière à prouver que le *poids* d'un corps est la résultante des actions exercées sur ces corps par certains mouvements de l'éther qui le baigne.

Mais, dit-on, comment les mouvements d'un corps qui

n'est pas pesant peuvent-ils rendre pesant ? Je pourrais répondre à cela que le mouvement d'un éther qui n'est pas lumineux (les espaces interstellaires, sillonnés en tous sens par les radiations qui éclairent les planètes, sont rigoureusement obscurs) rend les corps lumineux : mais le mot *pesant* jouit d'une certaine prérogative due évidemment à ce que, depuis l'antiquité la plus reculée, les hommes ont considéré la *pesanteur* comme une propriété *inhérente* à la matière. Nous savons bien aujourd'hui que la pesanteur est due à l'action de la terre qui attire les corps vers son centre, mais cela n'empêche pas notre imagination d'être incapable de se représenter l'état d'un corps soustrait, par sa position dans l'univers, à la nécessité de choir. Nous attribuons au mot *tomber* une signification absolue. Chateaubriand parle quelque part de « la pluie qui tombe goutte à goutte dans l'infini » et on l'admire.

Je crois donc plus facile de me faire comprendre en substituant le mot attraction au mot pesanteur qui lui est équivalent ; autant on est choqué d'entendre dire : « le mouvement de quelque chose qui n'est pas pesant rend les corps pesants », autant on trouve naturel que « le mouvement de quelque chose qui n'est pas attiré vers un centre donne à un corps un mouvement vers ce centre ». Il est facile, d'ailleurs, de donner de cette dernière action un exemple très grossier et très palpable qui nous fournira une comparaison satisfaisante. J'emprunte cette comparaison aux phénomènes de chimiotaxie que j'ai longuement étudiés ailleurs [1].

A partir d'un point central (dans l'espèce, l'orifice d'un tube capillaire contenant une substance chimique), se produit, dans un liquide contenant des plastides, une diffusion centrifuge. En dehors de ces conditions

---

[1]. V. *Théorie nouvelle de la vie*, p. 39, 41.

très spéciales, chacune des masses plastidaires réparties dans le liquide ne subirait aucune attraction vers ce centre ; mais, par suite de la diffusion (diffusion qui se fait par sphères concentriques de teneur égale et décroissant avec le rayon de la sphère) un plastide quelconque baigne dans une solution *hétérogène* de substance active, le côté tourné vers le centre baignant dans un liquide plus concentré que le côté éloigné du centre. Des réactions entre le plastide et la substance ainsi distribuée résulte un mouvement du plastide vers le centre.

Ainsi, voilà une attraction qui résulte de la diffusion, autour d'un point central, d'une substance qui n'est aucunement attirée vers le centre. De même un corps soumis à l'attraction terrestre subit cette attraction par suite de la diffusion autour de la terre des mouvements d'une substance, l'éther, qui n'est pas elle-même attirée. L'éther transmet les attractions sans les subir de même qu'il transmet la lumière sans être lumineux...

Tous les atomes que nous connaissons attirent et sont attirés ; c'est donc que chacun d'eux est un centre d'ébranlement de l'éther et cette constatation est une nouvelle raison pour nous de ne pas considérer l'atome comme un corps immobile, de ne pas le comparer à un de ces objets qui nous sont familiers à l'état de repos molaire, comme un grain de plomb ou un petit pois.

Le mouvement Brownien, ce mouvement si étrange qui agite sans cesse les particules solides de petite dimension plongées au sein d'un liquide en repos molaire, est d'ailleurs un phénomène bien propre à nous détromper au sujet de l'immobilité apparente des éléments.

Quels sont les rapports de l'atome avec l'éther, nous l'ignorons totalement et il nous est impossible de nous les figurer, mais il y a une chose que nous pouvons affirmer, c'est que le mouvement de l'éther retentit sur l'atome puisque certains mouvements de l'éther se traduisent par une attraction de l'atome vers un centre et que, d'autre part, certains mouvements de l'atome peuvent se communiquer à l'éther, puisque, par l'intermédiaire de l'éther, l'atome agit sur les autres atomes et les attire. L'atome, quelle que soit l'idée que nous nous en fassions, nous apparaît comme une chose considérable par rapport aux particules de l'éther (si tant est que l'éther ait une structure particulaire), de sorte que la mise en mouvement de l'atome par l'éther correspond à une transformation de mouvement particuculaire en mouvement molaire et réciproquement. Nous avons quotidiennement sous les yeux des exemples d'une telle transformation, mais le plus remarquable est sans contredit celui de la machine Gramme qui, quand nous la faisons tourner, produit un courant électrique (transformation d'un mouvement molaire en mouvement particulaire) et qui tourne quand nous lui fournissons un courant (transformation inverse.) Le téléphone nous fournit un autre exemple d'une réversibilité aussi admirable. Donc, puisque nous en avons des exemples familiers dans des appareils faciles à observer, nous ne devons pas nous étonner que les mêmes faits se produisent dans les relations de l'atome avec l'éther, quoique, en réalité, il soit plus logique de se servir des derniers pour expliquer les premiers.....

***

Dimensions des mouvements vibratoires. — Je me suis étendu un peu longuement sur cette question de l'attraction universelle à cause de l'objection des vitalistes qui veulent assimiler l'éther aux prétendus *principes immatériels*, sous prétexte d'impondérabilité. Mais leurs principes immatériels sont des divinités actives, capables de produire du mouvement ; l'éther au contraire est un corps *inerte* comme la matière pondérable, c'est-à-dire, un corps *incapable de changer par lui-même son état de repos ou de mouvement.* Il n'est pas inutile de répéter cette définition, car bien des gens, peu au courant du langage mécanique, confondent l'*inertie* avec l'immobilité molaire du grain de plomb ou du petit pois.

Cette nécessité de répondre aux vitalistes m'a amené à choisir, parmi les mouvements de l'éther, celui qui nous est le moins connu ; on pourrait même dire que ce mouvement est tout à fait hypothétique, si les effets par lesquels il se manifeste à nous ne nous donnaient pas une certitude absolue de son existence. Le microbe de la rage n'a-t-il pas une existence aussi bien établie que n'importe quel autre microbe? Et cependant personne ne l'a jamais vu ; on ne sait pas s'il est rond ou allongé, on ne connaît pas ses dimensions. De même on ne connaît pas la longueur d'onde des vibrations de l'attraction universelle, mais on sait qu'une pierre tombe quand on la lâche et que l'eau s'écoule par le robinet.

Parmi les autres mouvements de l'éther, quelques-uns nous sont très bien connus d'abord parce qu'ils impressionnent directement nos organes des sens comme la lumière, ensuite et surtout parce qu'ils n'existent pas partout comme l'attraction universelle et que nous pouvons en débarrasser expérimentalement un endroit donné de la surface de la terre. Supposons un pur esprit s'occupant de physique à l'intérieur de la photosphère solaire, il serait peut-être aussi gêné pour étudier la lumière que nous pour étudier la pesanteur.

On connaît beaucoup de radiations et on en découvre tous les jours de nouvelles. Ces radiations diffèrent par leur longueur d'onde, c'est-à-dire, puisqu'elles ont toutes la même vitesse de translation, par la rapidité de leur mouvement vibratoire. Les plus lentes sont celles que produit l'oscillateur de Hertz ; on est arrivé à en réaliser qui ne font que 60 millions de vibrations à la seconde, chiffre déjà formidable si on le compare aux plus rapides des vibrations sonores que peut percevoir notre oreille. Les radiations lumineuses ont des vitesses différentes pour chaque couleur, et qui se chiffrent pas des sept cent trillions de vibrations à la seconde.

Les rayons X vont encore plus vite ! Il est probable que les vibrations desquelles résulte vraisemblablement l'attraction universelle sont infiniment plus rapides… Ce qui nous intéresse, pour l'étude que nous faisons, ce ne sont pas ces chiffres eux-mêmes, chiffres tellement grands qu'ils ne parlent même plus à notre imagination ; mais nous avons besoin de savoir quelle est l'action des radiations correspondantes sur la matière pondérable et sur nous-mêmes.

L'attraction universelle se caractérise immédiatement par son impuissance à déterminer, chez les corps qui y sont soumis, une modification quelconque d'ordre chimique ; s'il en était autrement, d'ailleurs, nous ne connaîtrions pas de repos chimique puisque tous les corps que nous connaissons sont incessamment soumis à cette attraction. Au contraire d'autres radiations, les lumineuses et les calorifiques, par exemple, sont susceptibles de déterminer des réactions chimiques, des dislocations d'édifices moléculaires. Étant donnée l'idée que nous nous faisons de la nature de ces édifices moléculaires, nous devons penser que les radiations susceptibles de jouer un rôle chimique ont des vibrations d'un ordre de grandeur qui n'est pas négligeable par rapport à celui des édifices moléculaires eux-mêmes. Le bruit d'un violon qui fait danser sur l'eau de petits morceaux de liège n'a pas d'influence sur l'équilibre d'un cuirassé. Les radiations calorifiques en particulier ont la propriété, en dehors des cas où ils déterminent des dislocations chimiques, de modifier les distances intermoléculaires (dilatation des corps par la chaleur) et de transformer les rapports des molécules entre elles (changement d'état des corps), et cette propriété nous renseigne encore jusqu'à un certain point sur la dimension des radiations considérées.

Au contraire, l'absence de toute activité chimique accompagnant l'attraction universelle prouve que les vibrations dont résulte cette attraction sont d'un ordre de grandeur *tout différent* de celui des édifices moléculaires.

**

Je ne crois pas qu'il soit possible de songer, sans en être effrayé, à cette prodigieuse quantité de mouvements vibratoires excessivement rapides, grâce auxquels nous voyons, par exemple, un paysage par notre fenêtre ; cela devient terrible surtout si nous essayons, comme cela est naturel à l'homme, de nous *imaginer* tous ces mouvements en les comparant à des mouvements macroscopiques. Outre qu'il est de toute impossibilité de se figurer la vitesse de ces mouvements et leur nombre, il est illogique d'essayer de se les représenter. Ce que l'homme peut *connaître* d'un rayon lumineux, c'est uniquement l'impression exercée par ce rayon sur son cerveau par l'intermédiaire de sa rétine et si, au moyen d'appareils spéciaux, il arrive, par des calculs compliqués, à se rendre compte de la vitesse de son mouvement vibratoire, c'est en substituant à son organisme un mécanisme algébrique tout artificiel et dans lequel, en particulier, rien ne correspond plus à la figuration visuelle des choses. Nous ne pouvons parler des phénomènes vibratoires qu'en langage mathématique. La seule représentation des choses que nous puissions nous faire est précisément celle qui se fait naturellement en nous par l'intermédiaire de nos organes des sens ; ce que nous connaissons de la nature, par nos yeux et nos oreilles, c'est, pour ainsi dire, *la réduction à l'échelle de l'homme de la synthèse des phénomènes extérieurs.* Pour mesurer un verre d'eau nous ne nous demandons pas quel est le nombre de molécules qu'il contient, mais nous nous servons d'unités de volume conventionnelles adéquates à notre nature. De plus, le repos molaire des corps qui nous entourent nous donne l'illusion de l'immobilité absolue et il nous est bien difficile de penser qu'il y a une agitation incessante dans l'eau de notre verre ; cependant si nous l'observons au microscope nous pouvons y voir directement le mouvement Brownien.

Le fil de notre sonnerie électrique nous paraît bien tranquille et cependant, si nous appuyons sur le bouton, la sonnerie fonctionne et trouble notre notion instinctive du repos absolu des corps solides. Il n'est pas sage de penser à ces choses qui sont en dehors de toute imagination, mais il nous est bien difficile, au téléphone par exemple, de ne pas nous distraire quelquefois de la conversation entamée, pour admirer la réversibilité établie dans cet appareil entre les vibrations sonores et les phénomènes électriques !

§ II. — Les dimensions de la vie

Je me suis étendu très longuement sur les considérations précédentes, parce qu'il est indispensable d'avoir sans cesse présentes à l'esprit quelques notions de physique générale, quand on veut s'occuper des relations de la matière vivante avec la matière brute. Arrivons maintenant à la question de savoir s'il y a, dans la vie, des phénomènes d'un autre ordre que ceux que nous venons de passer en revue, et, s'il n'y en a pas, dans quelle catégorie se placent les phénomènes vitaux parmi ceux que nous avons précédemment étudiés. Je ferai cette discussion très brièvement, car je l'ai développée dans plusieurs livres[1].

La plupart des philosophes actuels admettent encore, dans les êtres vivants, l'existence d'un principe immatériel actif; ils imitent en cela ce sauvage qui, ayant pris une montre à un voyageur, crut *la bête morte* quand le tic-tac se fut arrêté. Ils considèrent comme caractéristique de la vie la spontanéité de la locomotion et localisent dans l'animal un principe vital créateur de mouvement. Cette opinion vient de la comparaison des êtres vivants avec les corps bruts dont l'immobilité molaire dissimule le mouvement intérieur; cependant, l'immobilité n'existe plus, même en apparence, dans une rivière (corps brut), qui coule incessamment sans que personne la pousse, car la rivière est une machine à transformer le mouvement particulaire en mouvement macroscopique, absolument au même titre que la substance vivante. Une telle exception, et il y en a beaucoup d'autres, suffirait à anéantir la différence essentielle qu'on a voulu établir entre les corps vivants et bruts. Mais, disent les vitalistes, la rivière ne va pas où elle veut et diffère en cela de l'animal qui est libre. On n'a pas toujours cru à l'absence de liberté chez les rivières; les anciens leur donnaient une divinité directrice assez capricieuse et pouvant même quelquefois désobéir à Jupiter. Rappelez-vous le « Jove non probante, uxorius

---

[1]. *Théorie nouvelle de la vie.* — *Le déterminisme biologique.* — *L'Individualité.* — *L'Unité dans l'Être vivant.*

amnis » d'Horace. Aujourd'hui notre Jupiter représente les lois naturelles et nous connaissons assez d'hydrodynamique pour savoir que les débordements du Tibre sont approuvés par les physiciens.

L'étude du mouvement vital a avancé moins vite que celle de l'écoulement des liquides, parce que ce mouvement résulte d'un ensemble de facteurs beaucoup plus complexe, mais il y a du moins une chose que la biologie nous a enseignée d'une manière définitive, c'est que tout être vivant, à l'état de vie manifestée, *change* constamment, par suite de son activité vitale même, et que, par conséquent, il n'est pas identique à lui-même à deux moments consécutifs même très voisins. Cela suffit pour que les vitalistes ne puissent donner, de leur croyance à la liberté, aucune preuve expérimentale. Ils se bornent en effet à affirmer, quand un animal a agi d'une certaine façon dans des circonstances données, qu'il *aurait pu* agir d'une autre manière s'il l'avait voulu. Or l'animal *a changé* et, s'il agit différemment une seconde fois dans les mêmes circonstances, on aura toujours le droit de penser que ce changement dans son activité résulte précisément du changement survenu dans sa structure. Comme d'autre part aucun phénomène bien étudié chez un être vivant ne s'est, jusqu'à présent, trouvé en désaccord avec les lois de la physique et de la chimie, nous continuerons, tant que le contraire n'aura pas été démontré, à croire que les animaux sont, comme les autres corps de la nature, des transformateurs *et non des créateurs* de mouvement. Et cela nous sera d'autant plus facile que nous trouverons, dans la physique et la chimie, tout ce qu'il faut pour comprendre d'une manière satisfaisante l'ensemble des phénomènes vitaux ; nous savons au contraire que la croyance aux principes immatériels est venue d'une notion physique inexacte (voyez plus haut les considérations sur les *forces*), et que par conséquent, expliquer la vie par un principe immatériel, ce serait ne rien expliquer du tout...

Nous devons donc nous demander, puisque la vie ne se soustrait pas aux lois générales de la nature, quel est l'ordre des phénomènes précédemment étudiés auquel elle se rattache. Mais une chose pourrait nous arrêter dans cette voie ; la vie n'est pas *une* ; ce qui nous frappe au contraire, quand nous jetons un coup d'œil sur la matière organisée, c'est l'extrême variété des êtres et de leurs manifestations vitales.

Et cependant, nous avons accordé à ces êtres si divers la dénomination *commune* d'êtres vivants, et cela nous a paru tout naturel parce que nous avons senti instinctivement qu'un caractère *commun* les séparait des corps bruts, malgré leurs dissemblances évidentes. Pour une fois cette conviction instinctive ne nous a pas trompés : il y a en effet un caractère commun à tous les êtres vivants et c'est par ce caractère seul qu'on peut définir la vie. J'ai consacré tout un volume[1] à la recherche de ce caractère commun, je ne recommencerai donc pas la discussion. Ce caractère commun est l'*assimilation* ; *il est d'ordre chimique*. Personne ne conteste plus aujourd'hui ce résultat établi il y a six ans, et même ceux qui croient encore aux principes immatériels définissent la vie par l'*assimilation* (voyez par exemple l'article récent de M. A. Gautier dans la *Revue générale des sciences*, juillet 1902), tout en conservant au principe vital je ne sais quelle direction indémontrable des phénomènes animaux.

L'assimilation est un phénomène chimique, c'est-à-dire qu'il consiste essentiellement en une dislocation d'édifices moléculaires, mais ce qu'il y a de tout à fait

---

1. *Théorie nouvelle de la vie*. Paris, F. Alcan, 1896.

particulier dans ce phénomène chimique, c'est qu'avec les débris des molécules détruites, et en même temps qu'elles se détruisent, il se reconstitue une quantité *plus considérable* de molécules *identiques*. Au contraire, chez tous les corps bruts (et c'est par ce caractère même que nous les définissons *bruts*), n'importe quelle réaction chimique détruit les molécules préexistantes et les remplace par des molécules *différentes*. Il va de soi, d'ailleurs, que les molécules de substance vivante, contrairement à ce que pensait Buffon, sont également destructibles en dehors des conditions spéciales où se produisent les réactions spéciales de l'assimilation ; l'être vivant n'est pas immortel.

Ainsi donc, l'animal ou le végétal, à l'état de vie active ou manifestée, est un ensemble de molécules en voie de destruction et de reconstitution perpétuelles, c'est-à-dire, étant donné ce que nous avons dit plus haut, un ensemble de microcosmes, de systèmes planétaires qui, par réaction avec d'autres microcosmes empruntés au milieu ambiant, perdent à chaque instant leur équilibre microcosmique, pour se reconstituer en plus grand nombre ; la vie active ou manifestée est donc un *mouvement chimique* incessant, et si l'on pense au nombre formidable des molécules actives qui constituent un animal, on voit que sa vie est bien complexe.

J'ai spécifié qu'il s'agissait de la vie active ou manifestée ; il y a des êtres, assez inférieurs il est vrai, qui peuvent, sans cesser d'être vivants, rester au repos chimique comme les corps bruts ordinaires ; ils sont néanmoins différents des corps bruts par la structure de leurs molécules, structure ignorée des chimistes actuels, et qui est caractérisée par la possibilité de donner lieu à l'assimilation dans des conditions convenables. Quelles sont ces conditions, nous allons l'étudier tout à l'heure, mais il n'est pas mauvais de rappeler auparavant que quelques auteurs ont voulu, récemment, faire de la vie un phénomène *physique*. L'un de ces auteurs, biologiste averti, paraissait tout à fait dépourvu de notions de physique, un autre au contraire, professeur de physique, n'était pas renseigné sur les phénomènes vitaux.

« Comme la chaleur, comme l'électricité, comme la lumière, la vie est, dit le Dr Bard [1], une force (?) à part, un mode spécial de mouvement de la matière impondérable, de l'éther des physiciens. » Voilà déjà une définition peu précise, car *force* et *mode de mouvement* ne sont pas des expressions équivalentes ; mais elle plaira aux amateurs de principes immatériels, car le mot *force* en est à peu près synonyme. Et puis, faire résider la vie dans un mouvement de l'éther, cela éloigne moins de la conception vitaliste qui la fait résider en dehors de toute matière ! Mais il faut faire notre deuil même de cet à peu près *éthéré* ; la vie manifestée est bel et bien un mouvement de matière pondérable, un mouvement chimique, beaucoup moins subtil, par conséquent, que la lumière et que l'électricité. Écoutons encore M. Bard : « La *force* vitale, ne se *propageant* pas à distance et s'exerçant dans un espace restreint, dans un microcosme, il est évident qu'elle ne peut pas être un *mouvement ondulatoire* à directions rectilignes, comme la plupart des autres *forces* physiques ; il y a tout lieu de penser qu'elle présente une *direction cyclique* en tourbillon. » J'ai souligné dans ce passage les expressions contradictoires, mais il ne s'y trouve rien de plus fort que la *direction cyclique*...

Un autre biologiste, M. Vignon, a cependant trouvé mieux ; dans une thèse de doctorat ès sciences natu-

---

1. *La spécificité cellulaire*. Collection Scientia. Paris, Carré et Naud, 1899.

relles, il est arrivé à la conclusion : « l'individu est une force qui cherche à entrer en tension ; la vie est l'acte de cette force[1]. » Tout commentaire affaiblirait cette citation qui plaira encore aux vitalistes, parce que force et principe immatériel, c'est à peu près la même chose.

Enfin, le physicien dont je parlais tout à l'heure, M. Préaubert[2] qui connaît la signification des expressions de la physique, part de postulata biologiques inacceptables comme l'*identité* du cadavre et du vivant, l'*identité* chimique de tous les œufs de toutes les espèces animales ou végétales ; de plus il est amené à des conceptions extraordinaires comme, par exemple, celle de l'apparition de la vie sous forme de tonnerre en boule !

En résumé, il n'y a pas d'antagoniste sérieux de la théorie chimique de la vie, et si les théories physiques ont trouvé quelques partisans c'est certainement parce qu'elles gênent moins les hommes de tradition qui tiennent aux principes immatériels.

* *

Phénomènes molaires et moléculaires. — Nous considérons donc comme établi que la vie est un phénomène chimique, ce qui localise immédiatement les phénomènes vitaux dans l'ensemble des phénomènes cosmiques, mais si l'*assimilation* est la seule caractéristique des êtres vivants, il peut encore se trouver un certain nombre de points communs à tous ces êtres, au moins dans les *conditions* qui permettent la manifestation de cette réaction très spéciale. En effet, n'oublions pas que l'assimilation *augmente* la quantité de substance

---

1. V. plus bas : *Le mouvement rétrograde en Biologie.*
2. *La vie mode de mouvement.* Paris, F. Alcan, 1898.

pondérable de l'être qui en est le siège et que, par conséquent, des substances extérieures à l'être doivent intervenir dans les réactions ; autrement dit, l'assimilation résulte de réactions entre la substance vivante et le milieu. Pour que de telles réactions soient possibles, il faut que les substances réagissantes viennent en contact l'une avec l'autre, et suivant le vieil adage : *corpora non agunt nisi soluta* ; c'est en solution dans l'eau que ces substances se rencontrent ; l'assimilation est un phénomène aquatique.

Les substances vivantes en état d'assimilation sont donc mélangées à une grande quantité d'eau ; elles prennent, de ce fait, un aspect spécial, à peu près le même pour toutes les espèces, ce que l'on traduit en disant que tous les êtres vivants se composent essentiellement d'une substance colloïde, le protoplasma. En réalité il y autant de protoplasmas que d'espèces.

Cet aspect colloïde fait que les substances vivantes en état d'assimilation ne sont pas absolument comparables aux solutions ordinaires de la chimie ; il n'y a pas mélange intime entre le liquide vivant et le liquide milieu, mais le premier forme un coagulum au sein du second. Entre les deux liquides s'établit un régime d'échanges qui est une condition essentielle de l'assimilation et dont l'étude est du ressort de la *chimie physique*.

La masse visqueuse de substance vivante est baignée par le liquide milieu, au niveau de ce qu'on appelle sa *paroi*, mais cette paroi n'est en réalité le plus souvent que la surface de séparation de deux liquides non miscibles comme celle qui sépare de l'eau et de l'huile dans un même verre. De l'état de cette surface dépendent les échanges qui s'effectuent et, par conséquent, tous les agents capables de la modifier influeront profondément sur les réactions intraprotoplasmiques, ce qui donne une importance capitale en biologie à l'étude des phénomènes de diffusion, d'osmose, de dialyse, etc...

Tous ces phénomènes sont d'ailleurs des résultats des mouvements particuliers qui se produisent sans cesse au sein des liquides en repos apparent; la diffusion par exemple, dont chacun peut suivre la marche dans un mélange d'eau et de vin, est un des meilleurs moyens de mettre en évidence ce mouvement intérieur; vous pouvez trouver une image grossière de ce phénomène en observant ce qui se passe devant une boutique dont le propriétaire a lavé le trottoir; les pieds des promeneurs étalent peu à peu la tache faite par l'eau sur l'asphalte, de sorte qu'au bout de quelque temps la surface mouillée est devenue triple ou quadruple.

La dialyse est un phénomène moins simple et qui s'accompagne de dislocations moléculaires provenant des vitesses différentes avec lesquelles les divers éléments des molécules peuvent traverser une paroi de séparation entre deux liquides juxtaposés.

Cette question des vitesses différentes de passage à travers les parois protoplasmiques joue naturellement un rôle capital dans les échanges entre les substances vivantes et le milieu, aussi l'étude de l'osmose a-t-elle passionné depuis quelques années la plupart des biologistes; je ne puis que signaler ici ces questions très intéressantes en indiquant quelques exemples célèbres. Les *anesthésiques* suspendent l'activité vitale soit en arrêtant les échanges, soit en déshydratant le protoplasma. Les solutions salines aussi peuvent produire une déshydratation des protoplasmas, et nous verrons tout à l'heure comment, en utilisant cette propriété, Loeb a réussi à faire développer sans fécondation des œufs vierges d'oursin. Le rôle purgatif du sulfate de soude est un résultat des mêmes phénomènes osmotiques, etc...

Ainsi donc, quoique l'activité chimique proprement dite, activité d'où résulte l'assimilation, soit l'essence même du phénomène vital, ce phénomène est, en quelque sorte, dominé par les conditions des échanges qui fournissent les éléments aux réactions assimilatrices. Il faut que les substances alimentaires soient introduites dans la masse protoplasmique ; il faut aussi que les substances accessoires à l'assimilation, c'est-à-dire les substances excrémentitielles, soient rejetées dans le milieu extérieur. Ce double courant d'entrée et de sortie résulte de l'activité spéciale d'une partie centrale de la masse vivante, partie différenciée du protoplasma et qui se trouve à peu près séparée du protoplasma comme le protoplasma est séparé du liquide ambiant. Je ne m'étendrai pas ici sur les expériences qui ont démontré le rôle spécial du *noyau* cellulaire[1].

Ce double courant d'entrée et de sortie, sans lequel l'assimilation ne peut avoir lieu, contribue à créer, dans la masse vivante, un mouvement *molaire* spécial, indépendant de l'activité *moléculaire* assimilatrice. Un de ses résultats les plus apparents est de *limiter* la dimension des masses protoplasmiques continues. L'assimilation augmentant sans cesse la quantité de substance d'une masse vivante, cette masse devrait en effet s'accroître constamment, mais, par suite du mouvement molaire dont nous venons de constater la genèse, elle a une dimension limite d'équilibre, absolument comme de l'huile, dans une eau *agitée*, se résout en sphérules qui ne peuvent dépasser un certain volume, tandis que la même huile peut, *au repos*, former une sphère aussi grosse qu'on le veut dans un liquide aqueux de densité convenable.

Cela explique que l'assimilation entraîne, secondaire-

---

1. V. *Théorie nouvelle de la vie*, op. cit.

ment, la *division* des masses vivantes ; au lieu d'un accroissement indéfini, il y a *multiplication* de petites masses que l'on appelle plastides ou cellules. Et, suivant les espèces, ces plastides s'isolent les uns et les autres dans le milieu, ou bien ils restent associés, en groupes plus ou moins considérables, par suite de l'action d'une gangue plus ou moins résistante qui résulte des déchets de l'assimilation.

Voilà, succinctement résumés, les phénomènes secondaires de la vie protoplasmique, les phénomènes *molaires* sans lesquels les réactions moléculaires de la vie proprement dite seraient impossibles. (Remarquons en passant que ces phénomènes molaires semblent grossir *les dimensions de la vie* ; mais ce n'est qu'une apparence, le phénomène essentiel de la vie est l'assimilation et la vie est de *dimension moléculaire*).

Une des conséquences de cette division en masses isolées sous l'influence d'un mouvement molaire intérieur, c'est que chaque masse cellulaire a une forme *spécifique*. En effet, c'est l'activité chimique assimilatrice qui est elle-même la source du mouvement molaire grâce auquel l'assimilation peut se continuer ; c'est donc, secondairement, l'activité assimilatrice qui dirige la division cellulaire et qui règle la forme d'équilibre de la cellule dans des conditions données de milieu ; et en effet les expériences de mérotomie ont prouvé qu'il y a pour les êtres cellulaires un lien établi entre la forme de l'être et sa composition chimique spécifique.

Allons plus loin ; lorsque les cellules restent associées par une gangue qu'elles ont elles-mêmes sécrétée, la forme de l'agglomération est réglementée par des mouvements molaires qui, en fin de compte, dérivent toujours de la nature particulière du phénomène d'assimilation, de sorte qu'il y a aussi une relation entre la composition chimique d'un être pluricellulaire et la forme de son corps. C'est pour cela que, quand il est possible de faire continuer l'assimilation dans un morceau détaché d'un être vivant, il y a régénération de la forme du parent. Et voilà l'essence du phénomène d'hérédité que j'étudierai d'une manière plus approfondie dans l'appendice situé à la fin de ce volume.

*
* *

Le sexe. — A côté de cette question de l'hérédité, et à peu près inséparable d'elle dans la plupart des cas, se présente à nous le problème de la sexualité. Voici en deux mots en quoi il consiste :

Chez la plupart des êtres supérieurs au moins et chez beaucoup d'êtres inférieurs, les seuls éléments qui, détachés de la masse du corps, soient capables de le reproduire, jouissent d'une propriété particulière ; chacun d'eux, séparément, est *incomplet,* incapable d'assimilation dans les conditions les plus favorables à l'espèce ; mais il existe deux catégories de ces éléments, les éléments mâles et les éléments femelles et un élément de la première catégorie est *complémentaire* d'un élément de la seconde, de telle manière que la fusion d'un élément mâle et d'un élément femelle (et cette fusion est facilitée par l'attraction chimiotactique des deux sexes) donne un plastide complet, l'*œuf,* qui sera le point de départ d'un nouvel individu.

A quoi est due cette particularité très spéciale qui rend les éléments sexuels incapables d'assimilation ? Ce que nous venons de voir de la nature des phénomènes vitaux nous apprend que l'assimilation peut être empêchée pour des causes de deux ordres :

1° Pour des causes d'ordre chimique, si les éléments

moléculaires de la substance vivante ont été modifiés au point d'être incapables des réactions assimilatrices. Dans ce cas, les molécules des éléments mâles seraient de demi-molécules vivantes complémentaires des demi-molécules femelles et leur union ferait, dans l'œuf, des demi-molécules complètes ; il y aurait, dans la molécule vivante, une véritable polarité.

2° Pour des causes d'ordre molaire, si les parties qui restent dans chaque élément sexuel sont insuffisantes pour déterminer le mouvement d'échange avec le milieu ambiant. L'élément mâle apporterait alors dans l'élément femelle le centre moteur qui lui manque et rendrait ainsi possible, dans l'œuf, le double courant nutritif et excrémentitiel indispensable à l'assimilation.

Pour des raisons que j'ai exposées ailleurs [1], je crois plus vraisemblable la première interprétation. La découverte de Loeb a d'ailleurs permis de porter la question sur le terrain expérimental. Par des actions osmotiques, c'est-à-dire d'ordre molaire, le savant américain a, en effet, rendu capables de développement, d'assimilation, des ovules d'oursins non fécondés. Et cela paraît au premier abord fournir un argument contre la théorie chimique du sexe ; mais en y regardant de près, on voit que Loeb a, par l'intervention de phénomènes osmotiques, non pas complété des éléments femelles, mais empêché des ovules en voie de maturation, de devenir femelles. Autrement dit, par suite de la déshydratation des ovules qui étaient en train de perdre une partie de leurs substances chimiques, il a arrêté cette déperdition et les ovules sont restés des éléments plastidaires ordinaires, des œufs parthéno-

---

1. *La sexualité*. Collection Scientia. Paris, Carré et Naud, 1900.

génétiques. Je traite cette question avec plus de détail dans l'appendice intitulé : *La maturation de l'œuf*.

* * *

Les diastases. — J'ai signalé cette question du sexe parce qu'elle donne un exemple des problèmes qui se posent constamment en biologie et que notre connaissance insuffisante de la chimie des substances vivantes ne nous permet pas encore de résoudre directement. Tel corps, qui agit remarquablement sur une espèce vivante, exerce-t-il son action sur les phénomènes chimiques de l'assimilation ou sur les conditions chimico-physiques du courant d'échanges établi entre l'être considéré et le milieu ? Les poisons, par exemple (et sous cette dénomination très générale on comprend les matières les plus diverses) détruisent-ils par réaction chimique les molécules vivantes ou bien modifient-ils simplement les conditions réalisées au niveau de la surface des plastides de manière à rendre impossible la circulation nutritive ? Il est probable que parmi les poisons il y en a qui répondent à l'une et à l'autre de ces définitions.

Certains composés, fort complexes d'ailleurs, ont acquis récemment une grande célébrité à cause de leur manière de se comporter, dans beaucoup de cas, d'une manière analogue à celle des êtres vivants : je veux parler des *diastases* ou *enzymes*. Quelques auteurs ont été jusqu'à accorder à ces substances un rudiment de vie ; ils ont voulu y voir un premier effort de la matière vers l'organisation.

Sans aucun doute, les diastases sont des corps éminemment remarquables par leur prodigieuse activité, mais je crois (et jusqu'à présent aucune fabrication directe de diastase n'a démenti cette opinion), que les diastases sont des dérivés des substances vivantes et non autre chose. Je m'explique : lorsque nous disons que les substances vivantes sont caractérisées par l'assimilation, nous entendons que le résultat *final* des réactions de la vie élémentaire manifestée est une augmentation de la quantité des substances vivantes qui sont intervenues dans la réaction, mais, de même que dans la plupart des réactions chimiques ordinaires, nous ne tenons compte que du point de départ, savoir, les réactifs en présence au commencement de l'opération, et du point d'arrivée, savoir, les substances obtenues quand la réaction est terminée. Or cela n'empêche pas qu'il n'y ait eu un certain nombre de réactions intermédiaires dont les produits ont été partiellement employés dans les réactions ultérieures et partiellement conservés pour figurer au tableau définitif; les diastases font partie de ces produits intermédiaires dont il subsiste une certaine quantité dans les réactions définitives, et, conséquemment, il ne faut pas s'étonner qu'elles puissent contribuer à la préparation de certaines substances accessoires à l'assimilation, puisque, précisément, elles ont fabriqué ces substances au cours d'une des réactions partielles intermédiaires. Par exemple, on a pu fabriquer de l'alcool au moyen d'une diastase extraite de la levure ; cela n'a rien d'étonnant si l'on pense que la diastase a été fabriquée au cours de réactions desquelles sont résultés et de la levure et de l'alcool, et que ce dernier alcool pouvait provenir d'une des réactions partielles dans laquelle la diastase jouait le rôle principal.

Quant à la quantité minime de diastase qui suffit à assurer une réaction, elle peut provenir de ce que la diastase n'a pas une action véritablement chimique, mais une action de l'ordre des phénomènes de chimie physique (osmose, variation de tension superficielle, etc.).

Le Dantec. — Le connaissable.

En tout cas, il n'est nullement légitime d'attribuer aux diastases même une ébauche de vie : la vie est caractérisée par l'assimilation.

.*.

Conclusion. — Résumons maintenant cette déjà si courte revue des phénomènes caractéristiques de la vie :

1° La vie est une propriété chimique ; la vie manifestée est une réaction chimique dont le résultat, l'assimilation, différencie tous les corps vivants d'avec tous les corps bruts ; la vie est donc essentiellement d'ordre moléculaire, de *dimension* moléculaire.

2° Mais les conditions spéciales dans lesquelles a lieu l'assimilation entourent ce phénomène moléculaire de mouvements molaires qui en sont assez inséparables pour avoir souvent été considérés, à tort, comme constituant la vie elle-même ; la possibilité de l'assimilation est liée à la possibilité de ces mouvements molaires de telle façon que tous les agents qui pourront influencer ces mouvements molaires seront capables, secondairement, d'influencer les phénomènes moléculaires essentiels. Ces mouvements molaires réalisent l'échange nutritif entre les êtres vivants et le milieu, la limitation des éléments plastidaires, la forme spécifique, etc., toutes choses d'un ordre plus grossier, dans l'échelle des phénomènes naturels, que l'essence même de la vie. Dans les êtres pluricellulaires, des phénomènes encore plus grossiers se manifestent ; les mouvements molaires dont je viens de parler se produisant entre les éléments cellulaires et le milieu où ils baignent, c'est-à-dire, dans l'espèce, le milieu *intérieur* de l'agglomération pluricellulaire ; il y a en outre des échanges d'ensemble entre ce milieu intérieur et le milieu ambiant, échanges d'ensemble qui, en fin de compte, dominent jusqu'aux phénomènes chimiques intimes de l'assimilation ; or, ces échanges d'ensemble constituent des actes éminemment grossiers (respiration pulmonaire, ingestion, absorption, excrétion, etc.), de sorte que des actions grossières peuvent intervenir activement dans la vie des êtres supérieurs ; ainsi, un coup d'épée, incapable par lui-même de modifier une réaction chimique, déterminera *secondairement*, en faisant couler le sang, l'arrêt des échanges entre les cellules du corps humain et le milieu intérieur et, par une conséquence encore plus éloignée, la destruction chimique des molécules vitales, la mort des tissus.

Il s'établit d'ailleurs, dans les agglomérations pluricellulaires comme l'homme, d'autres relations entre les éléments associés que celles qui résultent simplement de l'existence d'un milieu intérieur commun ; je veux parler des relations par conduction nerveuse. Ces relations dépendent encore des phénomènes chimiques de l'assimilation qui seuls peuvent les entretenir, mais elles se manifestent sous une forme un peu plus subtile et qui se rapproche davantage, en apparence au moins, des transmissions purement *physiques* de mouvement. Il n'est pas certain d'ailleurs que la transmission par voie nerveuse est d'ordre purement physique ; peut-être y a-t-il là un phénomène d'ordre chimique se transmettant de proche en proche comme cela aurait lieu, d'après Grotthus, dans l'électrolyse[1]. Quoi qu'il en soit, l'influx nerveux se manifeste toujours à nous par son résultat qui est d'ordre chimique. Si donc cet influx est simplement un phénomène vibratoire, la *dimension* de son mouvement est telle qu'il a une action évidente sur la stabilité des édifices moléculaires ; c'est une dimension d'ordre chimique.

1. V. *Théorie nouvelle de la vie*, op. cit., p. 137 et 218.

D'ailleurs, dans l'organisme et en dehors des expériences de laboratoire, l'influx nerveux va toujours d'une cellule vivante à une cellule vivante et sa production est d'origine chimique comme le résultat définitif de son activité est de nature chimique.

Il ne faut pas oublier, cependant, que, comme toutes les réactions chimiques, les phénomènes vitaux *s'accompagnent* de manifestations physiques (chaleur, électricité, lumière) que d'autre part, comme toutes les réactions chimiques, ils ne peuvent s'accomplir que dans certaines conditions physiques (chaleur) ; il est donc naturel aussi que les agents physiques susceptibles d'influencer les réactions chimiques, l'électricité, par exemple, puissent déterminer des modifications dans les réactions vitales ; l'action de l'électricité sur un nerf détermine à l'extrémité de ce nerf une activité analogue à celle qu'y provoque l'influx nerveux, mais cela ne prouve pas que l'influx nerveux soit analogue à l'électricité : cela prouve seulement que l'électricité peut intervenir dans les phénomènes chimiques de la vie, de même qu'elle détermine, dans l'électrolyse, des décompositions de sels.

* *

L'évolution phénomène chimique. — Pour le moment nous avons localisé objectivement la vie parmi les phénomènes naturels, ainsi que Lamarck a le premier enseigné qu'il est légitime de le faire ; mais le grand évolutionniste ne s'est pas borné à affirmer que les actions vitales sont la répercussion des mouvements de la matière ambiante ; il a montré aussi que l'influence du milieu, outre qu'elle déterminait l'activité des organismes, pouvait également modifier les *propriétés* de ces organismes au point de rendre leur activité *différente* de ce qu'elle était précédemment.

Pour nous qui avons vu comment toutes les manifestations de la vie dérivent, en fin de compte, de la nature des phénomènes chimiques de l'assimilation, une modification des propriétés d'un organisme n'est autre chose qu'une modification des molécules vivantes qui le constituent. De même que l'activité vitale, l'évolution des êtres organisés est un phénomène d'*ordre chimique*.

Dans cette synthèse très rapide des phénomènes biologiques, il ne sera pas inutile de donner un exemple, purement théorique, mais extrêmement synthétique, de la *variation* d'une espèce par adaptation au milieu. Supposons une masse plastidaire sphérique à l'état de vie manifestée, dans un milieu donné : que cette masse soit sphérique cela veut dire que les courants molaires d'échanges nutritifs (courants qui résultent de l'activité chimique assimilatrice et qui en même temps entretiennent cette activité) déterminent un mouvement qui rend sphérique la forme [1] du protoplasma.

Je comprime cette sphère dans un grillage cubique ; je modifie ainsi les conditions molaires d'équilibre ; j'influe donc sur les courants d'échange qui ne sont plus ce qu'ils auraient été sans mon intervention et il est tout naturel que les réactions chimiques, liées à ces courants, en soient elles-mêmes modifiées. Souvent, les substances vivantes seront détruites par cette brusque modification des circonstances ; mais il sera possible que, au lieu de se détruire, ces substances se modifient et s'adaptent à ce nouveau régime de manière à

---

[1]. Il ne faut pas oublier, en effet, que la forme d'une masse plastidaire résulte d'un mouvement constant, tant qu'elle n'est pas fixée par un squelette encroûtant ; là encore, l'immobilité molaire apparente nous trompe sur la nature réelle des faits.

rendre ensuite normale la forme cubique du plastide, même en dehors de l'intervention du grillage[1]. Il se sera manifesté ainsi une *réversibilité* encore plus merveilleuse que celle de la machine Gramme et du téléphone. Une substance chimique *a* détermine par son activité assimilatrice des mouvements qui lui donnent la forme A ; on lui impose la forme B et elle se transforme en une substance *b* qui est liée à B comme *a* l'était à A. Mais cette réversibilité est loin d'être générale; bien peu d'adaptations sont possibles pour une espèce donnée ; le plus souvent, les modifications trop profondes dans les conditions du milieu entraînent la mort de ses habitants ; mais il y a des adaptations possibles et c'est là l'origine de l'*évolution* et la clef du phénomène si merveilleux connu sous le nom d'hérédité des caractères acquis, savoir, le retentissement réversible du molaire sur le moléculaire.

[1]. J'ai longuement développé cet exemple en montrant le rôle de la sélection naturelle dans l'établissement de la réversibilité. (V. *L'Unité dans l'Être vivant*.)

CHAPITRE II

ÉTUDE DE LA CONNAISSANCE CHEZ LES ÊTRES VIVANTS

§ I. — Nous ne connaissons que le mouvement de la matière

L'homme *connaît* beaucoup de choses qui se passent autour de lui. Pour un grand nombre de gens, cette connaissance arrive, non pas au corps même de l'homme, mais à un principe immatériel qui l'habite, sorte de divinité statique qui jouit, entre autres propriétés toutes admirables, de la faculté d'être renseignée sur les phénomènes extérieurs. Nous avons vu plus haut ce qu'il faut penser de ce principe immatériel comme de tous les autres ; il résulte uniquement d'une conception physique erronée. Remarquons d'ailleurs que ce principe immatériel qui, à ce qu'il paraît, *connaît* par lui-même, quand il a quitté sa prison animale, ne peut rien savoir du monde extérieur, tant qu'il habite le corps de l'homme, sans l'intermédiaire tout imparfait des organes de ce corps ; il ignore fatalement tout ce qui est sans action sur la substance de son hôte : il n'est au courant que des *mouvements* qui influencent les terminaisons nerveuses, chose vraiment bien mesquine pour un pur esprit.

Comme, d'autre part, ce pur esprit jouit de la singulière propriété de ne se manifester en aucune manière, comme nous ne nous rencontrons jamais avec la moindre trace de son activité lorsque nous étudions les phénomènes objectifs, il sera plus sage d'essayer de nous rendre compte des choses exactement comme s'il n'existait pas et de supposer que l'homme ou l'animal, formé de matière humaine ou animale, connaît, par lui-même, ce qu'il connaît. Les partisans du principe immatériel pourront, s'ils le veulent, le supposer embusqué derrière toutes les réactions matérielles grâce auxquelles l'homme connaît; cela n'enlèvera rien de leur précision aux faits que nous allons passer en revue.

La grande loi qu'il faut établir au début de cette étude est que, seule, la matière en mouvement peut être connue de nous. NOUS NE CONNAISSONS QUE LE MOUVEMENT DE LA MATIÈRE. On pouvait croire le contraire lorsque l'on admettait la théorie des actions à distance, on pouvait penser que tel corps situé là-bas, avait le pouvoir intrinsèque de faire naître en nous la notion de son existence. Il faut renoncer aujourd'hui à cette manière de concevoir les choses ; si nous connaissons l'existence d'un corps qui nous paraît immobile, c'est que son repos molaire dissimule des mouvements particuliers capables de se transmettre jusqu'à nous. Notre connaissance de ce corps lointain résulte uniquement *des modifications apportées dans notre substance par le mouvement émané de lui* et nous allons avoir à passer en revue les divers mouvements qui peuvent modifier notre substance.

***

Nature de la conscience. — Mais immédiatement se pose une question : comment se fait-il que d'une modification de notre substance résulte en nous une sensation, une connaissance de quelque chose ? C'est là le grand point d'interrogation. Nous devons nous borner à constater sans chercher à expliquer, car les explications humaines ne sont que des comparaisons et avec quoi comparerions-nous la faculté de connaître si ce n'est avec elle-même ? C'est là le triomphe des partisans du principe immatériel. Il y a en nous, disent-ils, un principe immatériel qui connaît, par essence, ce qui se passe en nous et ainsi la difficulté est écartée ; mais elle est remplacée par la difficulté plus grande de comprendre ce qu'est un principe immatériel et de le comparer avec quelque chose de connu.

Raisonnons, plutôt, comme nous l'avons fait jusqu'à présent. L'homme est une synthèse d'activités moléculaires et de mouvements molaires résultant de ces activités. *Tous* les actes humains qui peuvent être soumis à une analyse objective résultent d'activités synergiques ; ce qui heurtera le moins le sens que nous avons déjà acquis de la nature de l'homme, ce sera donc de supposer que le phénomène purement subjectif de la connaissance est également une synthèse de phénomènes élémentaires, mais ce sera là une pure hypothèse, non susceptible de démonstration directe ; cependant, cette hypothèse tirera une grande vraisemblance du fait que les mêmes modifications de notre organisme, chaque fois qu'elles se produisent dans des conditions comparables (ce qui est d'ailleurs fort difficile à réaliser d'une manière parfaite à cause de la variabilité incessante de l'organisme) produisent en nous les mêmes sensations. Et ainsi nous sommes amenés à penser (je ne saurais trop répéter que ceci est hypothétique) que les éléments matériels dont est composé notre organisme contiennent *les éléments de la connaissance*. Il y a d'ailleurs un moyen de contenter les amateurs de principes immatériels en traduisant cette hypothèse de la manière suivante :

A chaque atome matériel est attaché indissolublement un pur esprit atomique qui a la propriété de connaître les diverses péripéties de l'histoire de cet atome. Dans une molécule, assemblage d'atomes, il y a un esprit moléculaire, synthèse des esprits atomiques, et ainsi de suite, dans l'homme, synthèse des molécules, il y a un esprit humain, synthèse des esprits moléculaires; seulement cette hypothèse aurait un désavantage, c'est que la mort de l'homme, désagrégeant sa synthèse matérielle, désagrégerait aussi l'esprit humain correspondant, et cela est contraire au dogme de l'immortalité. De plus, si nous supposons l'esprit atomique *indissolublement* lié à l'atome, il vaut autant dire que l'atome a en lui-même un élément de connaissance. Cela paraît inadmissible à beaucoup de gens; comment, disent-ils, un morceau de charbon aurait de la conscience? Nous ne pouvons pas savoir ce que sent un morceau de charbon, nous ne pouvons savoir que ce qui se sent en nous-mêmes, et nous constatons que nous-mêmes, synthèses d'atomes, sommes conscients.

Nous admettrons donc, jusqu'à nouvel ordre, que chaque atome possède un élément de conscience atomique et cette hypothèse invérifiable, mais qui n'est en contradiction avec aucun fait connu, nous permettra de concevoir que l'homme puisse connaître les mouvements qui modifient sa substance.

Il est bon d'ailleurs de constater, et cela plaira sans doute aux vitalistes, que, même dans cette hypothèse, les êtres vivants se comporteront, au point de vue de la conscience, tout autrement que les corps bruts. En effet, nous avons dit que l'atome possède un élément de conscience qui est tenu au courant de l'histoire de cet atome. Mais un atome qui fait partie d'un édifice moléculaire *n'a pas d'histoire,* pas plus que la lune dans sa rotation autour de la terre ; l'élément de conscience n'a quelque chose à enregistrer que lors d'une dislocation moléculaire ; à ce moment il se produit une *sensation* dans la molécule, agglomération d'atomes, mais nous devons remarquer que cette sensation moléculaire, dans les corps bruts, est *extemporanée*. En effet, elle ne se produit qu'au moment d'une réaction et les corps bruts se détruisent toujours chimiquement en réagissant ; à une conscience moléculaire succéderait donc, par suite de la réaction accompagnée de sensation, une *autre* conscience moléculaire n'ayant plus rien de commun avec la première.

Au contraire, les substances vivantes ont la propriété de réagir dans certaines conditions, en *assimilant* ; c'est-à-dire que les molécules sont remplacées par des molécules *identiques* en plus grand nombre et ceci se produit *sans cesse*, de telle manière que la sensation, dans la substance vivante, est *continue* ; il y a mémoire élémentaire, et l'on comprend qu'une modification quelconque, apportée du dehors et influençant la marche de ce phénomène continu, soit *connue* de la substance vivante.

Je n'insiste pas sur ces considérations assez délicates ; j'ai exposé ailleurs comment on peut concevoir la synthèse des consciences moléculaires dans le plastide, puis la synthèse des consciences plastidaires dans l'individu[1]. Nous allons maintenant nous demander, étant donné ce que nous savons de la nature des phénomènes vitaux, quels sont ceux des phénomènes cosmiques qui peuvent les *influencer* et par conséquent être connus des êtres vivants.

**

---

1. *Le déterminisme biologique et la personnalité consciente.* Paris, F. Alcan, 1897.

Quels mouvements pouvons-nous connaître ? — Pour faire cette étude nous devons nous rappeler que le phénomène essentiel de la vie, l'assimilation, est un phénomène moléculaire ou chimique, mais que les conditions de ce phénomène chimique sont en relation étroite avec des mouvements *molaires* d'échanges, de telle manière que, d'une part, les réactions assimilatrices sont la source qui entretient les mouvements d'échange et que, d'autre part, ces mouvements d'échange sont indispensables à la continuation de l'assimilation. Donc, pourront être connus d'un être vivant, tous les phénomènes qui seront susceptibles d'influencer ses réactions chimiques, soit directement, soit par l'intermédiaire d'une modification des mouvements molaires qui y sont liés.

La connaissance la plus immédiate viendra à l'être par contact, soit qu'une simple pression mécanique s'exerce à sa surface et modifie ainsi les mouvements molaires d'échange (écrasement, tact élémentaire), soit qu'une substance chimique répandue dans le milieu ambiant intervienne dans les réactions mêmes de l'être ou, tout au moins modifie le régime osmotique des échanges avec l'extérieur (goût élémentaire, odorat élémentaire).

Je parle de ces impressions au contact comme si tous les êtres étaient de simples plastides ; chez les animaux supérieurs, pourvus d'un système nerveux, il y a des surfaces sensorielles spéciales dans lesquelles est localisée la possibilité d'être impressionné par les actions de contact (organes du tact, du goût, de l'odorat), mais il existe néanmoins, dans le reste de l'organisme, une sensibilité plus obtuse à ces mêmes actions.

Je ne veux pas d'ailleurs m'occuper ici de la précision plus ou moins grande des connaissances de l'être vivant : il faudrait faire une étude complète du système nerveux et des organes des sens ; je veux seulement m'enquérir de l'*ordre* des phénomènes connaissables.

Si ces actions par contact mécanique ou chimique étaient les seules qui puissent être senties par un organisme vivant, le monde connu par cet organisme serait limité à l'organisme lui-même. Ce qui élargit le champ de ses connaissances, c'est le transport à distance de certaines substances ou de certains mouvements capables d'impressionner.

D'abord, la diffusion de substances chimiques à partir d'un certain point peut faire connaître à l'animal l'existence lointaine du centre de diffusion ; la mouche *sent* la viande ; le poisson goûte (?) (ou sent) l'appât faisandé, etc.. ; le plastide chimiotactique est attiré vers le tube capillaire dans l'expérience de Pfeffer. Pour ce qui est de la mouche ou du poisson, nous ne doutons pas un instant de l'existence d'une *sensation* olfactive ou gustative ; pour le plastide chimiotactique nous devons être plus réservés, mais il me paraît vraisemblable qu'il a la connaissance plus ou moins obtuse de l'action chimique nouvelle à laquelle il est soumis et probablement de la direction de la diffusion.

Passons maintenant aux transmissions ayant lieu par suite d'un déplacement molaire de deuxième espèce, c'est-à-dire de proche en proche. Il est probable que les poissons sont renseignés, grâce à leur *ligne latérale*, sur les plus lentes de ces vibrations ; les vibrations un peu plus rapides sont perçues par ce qu'on appelle l'organe auditif des animaux. Que cet organe soit rudimentaire ou fort compliqué, son fonctionnement consiste toujours, plus ou moins grossièrement, dans la mise en mouvement, sous l'influence des vibrations sonores, d'une masse solide ou liquide constituant un récepteur ; le mouvement de ce récepteur détermine des pressions capables d'impressionner les échanges molaires qui ont lieu entre les cellules et l'extérieur et c'est ainsi que l'organisme en subit la répercussion ; je ne fais que signaler ce mécanisme et je renvoie encore une fois à l'excellent livre du D⁺ Pierre Bonnier, l'*Audition*.

La perception des vibrations sonores élargit un peu le cercle des connaissances permises à l'animal, cependant il faut avouer que, réduit à ce moyen de renseignement, cet animal aurait encore un horizon fort borné. On entend des coups de canon à plusieurs lieues ; l'éruption du Krakatoa a été entendue à Saïgon ; mais outre qu'il faut un bruit d'une formidable intensité pour qu'il soit encore sensible à une si grande distance, le renseignement qui résulte de son audition est bien peu de chose, sauf quand il s'agit de communications phonétiques entre individus d'une même espèce, et alors encore la distance permettant ces communications est très restreinte. Restent donc les vibrations de l'éther, vibrations infiniment plus rapides et se transmettant beaucoup plus vite. Ce sont elles qui permettent l'établissement de communications entre des points très éloignés, mais comment sont-elles connues de l'homme et des animaux ? Les vibrations sonores, mouvement molaire, agissaient sur les conditions molaires de vie des cellules ; les vibrations particulaires de l'éther ne pourront impressionner, directement au moins, ces conditions molaires et par conséquent ne pourront pas être perçues par l'organe adapté à l'audition. L'homme a cependant pu imaginer des appareils *transformateurs*, grâce auxquels le mouvement particulaire produit un mouvement molaire susceptible d'impressionner l'oreille. Tel, par exemple, le canon du Palais-Royal qui transmet aux habitants du quartier l'indication de la direction des rayons calorifiques quand le soleil passe au méridien. Mais le meilleur exemple de cette transformation d'un mouvement particulaire en mouvement molaire est fourni par le téléphone dont la réversibilité fait l'admiration du monde. Des vibrations sonores de l'air mettent en mouvement une plaque légère devant un électro-aimant ; les vibrations de la plaque se répercutent dans le courant électrique qui traverse l'électro-aimant et ce courant, arrivant n'importe où dans un appareil semblable au premier, restituera à une seconde plaque le mouvement vibratoire de la première. Ainsi, grâce au téléphone, les communications d'homme à homme par le moyen de l'audition deviennent beaucoup plus étendues ; elles s'étendent presque indéfiniment, maintenant que Poulsen a inventé le relais téléphonique.

Parmi les vibrations de l'éther, quelques-unes ne peuvent être connues de l'homme qu'indirectement, par l'intermédiaire d'un transformateur ; telles sont par exemple les oscillations hertziennes qui viennent à notre connaissance par l'intermédiaire d'un résonateur ou d'un radio-conducteur ; mais il y a aussi des mouvements éthérés *que nous pouvons connaître directement* et c'est par ceux-là que nous sommes le mieux renseignés sur le monde extérieur. A cette catégorie appartiennent les vibrations lumineuses.

La connaissance *directe* d'un mouvement particulaire de l'éther ne peut se produire chez nous que si ce mouvement particulaire est capable d'influencer les réactions chimiques de l'assimilation, le phénomène *essentiel* de la vie cellulaire. Or, même chez les espèces animales ou végétales les plus inférieures, on constate une sensibilité à la lumière (phototactisme, phototropisme, héliotropisme) qui est une preuve certaine de son influence chimique. Le plastide attiré par la lumière éprouve-t-il de ce fait une sensation spéciale ? Nous ne pouvons l'affirmer, mais il me paraît très probable qu'il acquiert une notion plus ou moins obtuse de la direction des rayons incidents dont l'action sur son mouvement est si manifeste.

Chez les animaux supérieurs, la possibilité d'être impressionnés par les rayons lumineux est localisée à certains tissus particuliers, du moins en ce qui concerne la sensibilité spéciale, car les faits actuels de photothérapie prouvent que les autres tissus ne sont pas non plus tout à fait indifférents à l'action de la lumière.

La rétine, placée chez nous derrière un appareil optique de premier ordre, reçoit des impressions tout à fait précises, grâce auxquelles nous avons notre connaissance de beaucoup la meilleure du monde ambiant. Par elle nous connaissons la forme des objets au repos molaire et le mouvement molaire de ceux qui bougent : et cette connaissance s'étend extrêmement loin, puisque nous pouvons *voir* directement, par une nuit claire, les étoiles les plus prodigieusement éloignées. Par l'addition d'appareils optiques spéciaux (lunettes, microscopes) à ceux qui existent naturellement devant notre rétine, nous développons encore le champ des investigations possibles à l'organe admirable de la vision, soit dans le très lointain, soit dans le très petit.

Pas plus que pour l'audition, je n'entrerai ici dans l'étude du mécanisme nerveux par lequel l'image rétinienne vient à notre connaissance définitive. Je ne veux envisager dans ce chapitre que la question de savoir quels mouvements *peuvent*, directement ou indirectement, être connus des êtres vivants. J'étudierai dans un chapitre ultérieur la nature des moyens par lesquels nous pouvons avoir la notion de la *forme* des objets extérieurs.

Parmi les vibrations de l'éther, d'autres que les

lumineuses impressionnent peut-être aussi nettement certaines espèces animales, mais à ce sujet nous ne pouvons en ce moment faire autre chose que des hypothèses; en tout cas ces impressions, si elles existent, sont vraisemblablement des actions chimiques directes comme celle de la lumière sur les animaux pourvus d'yeux.

Quant à ces vibrations hypothétiques qui seraient la source de l'attraction universelle, trop petites pour déterminer des dislocations moléculaires, dépourvues par conséquent d'activité chimique, elles ne sauraient être connues *directement* de nous. Nous ne pouvons les connaître que par leur effet molaire, c'est-à-dire par la pesanteur, par la chute des corps. Et, sur cette chute des corps, nous pouvons être renseignés de deux manières différentes : 1° par l'intermédiaire d'organes des sens adaptés à autre chose ; par le tact qui nous permet de percevoir une pression résultant de la pesanteur ; par la vue qui permit à Newton de *voir* tomber une pomme ; 2° par un organe adapté spécialement à cette fonction, l'appareil des canaux semi-circulaires, dans lequel le mouvement molaire du liquide nous renseigne sur la direction de la pesanteur par rapport à nous, c'est-à-dire, en réalité, sur notre direction par rapport à la pesanteur. Mais il nous est impossible d'avoir, des vibrations mêmes de l'attraction universelle, une autre connaissance que celle que nous donne le mouvement molaire d'attraction. Nous ne connaissons aucun transformateur de ces vibrations en quelque chose, autre que la gravitation, qui puisse être connu de nous. Ces vibrations agissent uniformément sur tous les corps que nous connaissons, sur les êtres vivants comme sur les corps bruts, sur les corps simples comme sur les corps composés ; elles n'ont pas de manifestation spécifique sur un objet particulier. C'est pour cela que, contrairement aux autres vibrations de l'éther, dont quelques-unes, ne nous influençant pas directement, ont pu être étudiées par leur action spécifique sur des objets connus de nous, les vibrations de l'attraction universelle resteront toujours hypothétiques pour nous et ne nous seront connues que par l'effet molaire attribué autrefois à la pesanteur considérée comme une *propriété inséparable* de la matière !

§ III. — Limites du connaissable. — Métanthropie

Nous avons passé en revue l'ensemble des procédés par lesquels les êtres vivants peuvent être mis au courant des événements du monde extérieur[1]. Suivant le cas, ce sera le tact, le goût, l'odorat, l'ouïe, la vue, ou tel autre sens n'existant pas chez l'homme, qui donnera l'indication la plus précieuse, mais toujours, en fin de compte, ce sera un phénomène chimique qui renseignera l'animal. Voyons maintenant, étant donnée la nature de nos modes de connaissance, quelles sont les limites du monde *connaissable* pour nous.

Les distances stellaires sont *énormes* si on les compare aux dimensions des objets familiers qui nous entourent. Dans beaucoup de cas, l'homme a pu calculer avec une approximation relative ces distances évaluées en prenant comme unité le chemin parcouru en une seconde par la lumière. Elles dépassent toute imagination, et cela confond notre manie de vouloir toujours nous faire une représentation des choses dont nous connaissons l'existence. Mais néanmoins, malgré notre impuissance à *concevoir* les dimensions prodi-

---

1. Je laisse de côté le *sens des attitudes segmentaires*, par lequel l'animal est au courant, non des événements extérieurs, mais de sa propre disposition dans l'espace.

gieuses du monde connu de nous, notre ambition va encore plus loin et se préoccupe de connaître *tout* ce qui est. Nous nous grisons de grands mots, nous parlons d'infini et les gens sages nous font remarquer que nous ne pouvons nous imaginer ni un monde fini, car qu'y aurait-il au delà ? ni un monde infini. Nous retrouverons ce besoin tout à l'heure, du côté de l'infiniment petit. Il me semble que ces questions, irritantes pour le bon sens, ne se posent plus quand, au lieu de se perdre dans des considérations nuageuses, on se place sur le terrain de la nature de nos moyens de connaître. C'est la lumière qui nous renseigne sur les objets très éloignés, il y a donc une limite à la distance des objets que nous pouvons percevoir, fussent-ils d'immenses soleils, puisque l'intensité de la lumière décroît proportionnellement au carré de la distance ; ou encore, autrement : supposons que notre monde soit contenu dans une bille d'éther, séparée d'autres billes analogues par un milieu cosmique qui soit à l'éther ce que l'éther est à l'atome pesant et qui ne transmette pas la lumière. Notre connaissance sera forcément limitée à notre bille d'éther ; et il pourra y en avoir des milliards de semblables sans que nous soyons jamais avertis de leur existence. C'est une pure folie que de penser à ce qui, en vertu de la nature même de l'homme, est inconnaissable à l'homme ; mais l'homme est plus fier de son imagination que de ses organes des sens !

Voilà pour le très grand.

Pour les objets qui ont des dimensions d'un ordre de grandeur analogue au nôtre, c'est la vue principalement qui nous renseigne ; mais il y a une limite inférieure à la dimension des objets que nous pouvons voir, même au moyen des meilleurs microscopes. Les objets les plus petits qui soient justiciables de l'observation directe sont encore *beaucoup plus grands* que des molécules. A partir de cette limite inférieure nous pouvons encore être renseignés sur la nature des corps par le goût et par l'odorat et d'une manière plus générale, par les méthodes de la *science chimique*. Mais ces renseignements, très précis d'ailleurs, ne nous donnent aucune connaissance de la *forme* des molécules ; nous avons d'ailleurs vu plus haut que la notion optique de forme[1] tire son importance de ce que nous avons, dans la vie ordinaire, bien plus d'occasions d'être renseignés par la vue que tout autrement et que la vue nous donne une *image* des objets en repos molaire apparent. Dès que l'on arrive à des objets dont la dimension est égale ou inférieure à l'amplitude d'une vibration lumineuse, il ne peut plus être question de forme au sens habituel du mot. Par exemple, je suppose qu'un corps visible soit limité par une surface donnée par une équation algébrique connue, et ait environ un millimètre de diamètre. Avec une unité de grandeur qui serait le trillionième de celle qui était employée dans le premier cas, la même équation représenterait une surface semblable algébriquement à la première et qui aurait un trillionième de millimètre de diamètre. Eh bien, nous n'avons pas le droit de dire que nous *nous imaginons* cette surface semblable à la première, car elle est trop petite par rapport aux vibrations lumineuses et elle ne peut donner d'image visuelle.

Il faut nous défier du langage mathématique, grâce auquel nous pouvons parler de corps qui auraient ces dimensions infinitésimales, absolument comme s'ils étaient comparables aux corps macroscopiques. Déjà pour les atomes, nous avons une tendance instinctive à

---

1. Cette question sera longuement étudiée dans un chapitre spécial : *Notion de forme.*

nous *représenter* de petites masses en repos molaire, comme des grains de plomb et c'est là une erreur certaine. Le pouvoir représentatif de l'imagination humaine est aussi borné du côté de l'infiniment petit que du côté de l'infiniment grand. Nous connaissons les atomes, mais nous ne pouvons nous les représenter. A partir d'une certaine dimension minima, notre connaissance des corps prend donc un autre caractère, et *rien n'est plus dangereux* que les comparaisons, proposées pour satisfaire l'imagination, entre ces corps invisibles et les objets macroscopiques familiers.

Dans l'état actuel de la science, nous pouvons affirmer l'existence des atomes, sans nous imaginer ce qu'ils sont. J.-J. Thomson a même démontré récemment que les atomes sont probablement eux-mêmes de petits microcosmes dont des corpuscules planètes peuvent être détachés (rayons cathodiques, par exemple)...

Disons-nous bien cependant que, malgré toutes les découvertes admirables de la science moderne, il est aussi chimérique de songer à connaître la structure de la matière dans l'infiniment petit, que de vouloir scruter l'infiniment grand. Notre connaissance est forcément limitée, vers le petit, comme vers le grand, par la nature même de notre être. Nous considérons l'atome ou tout au moins le corpuscule de J.-J. Thomson comme ce qu'il y a de plus petit ; mais n'oublions pas que ce corpuscule, très petit par rapport à nous, n'est pas *petit* d'une manière absolue. Il nous est *impossible* de savoir si ce corpuscule n'est pas lui-même un monde d'une complexité analogue à celle de la bille d'éther que j'imaginais tout à l'heure et qui comprend les planètes et les soleils ; il nous est impossible de savoir ce qui se passe à son intérieur puisque ces phénomènes intracorpusculaires ne retentissent aucunement sur les phénomènes qui impressionnent notre substance vivante. Quand nous disons que l'atome est immuable, cela veut dire surtout que ce qui se passe à son intérieur nous est inconnu et inconnaissable, *ne nous regarde pas*.

Nous avons vu plus haut que, parmi les vibrations de l'éther, quelques-unes nous sont directement connaissables par leur activité chimique sur la substance vivante ; d'autres nous sont indirectement connaissables parce que, trop petites pour agir sur les phénomènes chimiques qui sont l'essence de notre vie, elles peuvent encore avoir une action molaire synthétique qui est connue de nous ; mais s'il y en a de plus petites encore, et rien ne nous permet de l'affirmer ou de le nier, elles ne retentissent plus sur rien de ce que nous pouvons connaître ; elles sont en dehors de ce qui nous concerne dans le monde.

Une remarque s'impose encore au sujet de ces divers mouvements vibratoires de l'éther. Nous ne savons pas ce que c'est que l'éther et nous n'avons aucun droit de faire des hypothèses à son sujet, mais nous pouvons nous demander s'il n'est pas illogique d'attribuer au *même* corpuscule[1] des mouvements vibratoires de vitesses aussi diverses que celles des oscillations hertziennes, de la lumière, des rayons X. Je ne fais cette remarque que pour répondre à l'étonnement que manifestent ordinairement ceux à qui l'on parle pour la première fois des vitesses prodigieuses des mouvements vibratoires. Une vibration lumineuse se fait, par

1. S'il est inutile pour les mathématiciens de se demander quelle est la nature des corps dont ils étudient le mouvement dans leurs équations, il n'en est plus de même quand on essaie de se représenter les choses, et quand nous parlons de vibration, nous ne pouvons nous empêcher de nous demander quel est l'objet qui vibre, à moins que ces vibrations ne représentent l'oscillation de l'*état* de quelque chose comme dans le conducteur de Hertz.

exemple, 700 trillions de fois à la seconde, et l'on s'effraie de ce chiffre surtout parce qu'on oublie qu'il est en rapport avec la dimension très petite du corps vibrant. Nous appliquons notre notion humaine du temps à des choses qui sont tout à fait hors de proportion avec les dimensions humaines.

L'atome, nous l'avons vu, ou le corpuscule de J.-J. Thomson, pour être très petits par rapport à nous, ne sont pas petits d'une manière absolue. Ceux qui aiment à croire que les petites choses sont comparables aux grandes imagineront volontiers que l'atome est habité par des êtres qui lui sont ce que nous sommes à la terre (hypothèse tout à fait illégitime : je n'ai pas besoin de le démontrer). Ces êtres feraient la géographie de l'atome en prenant pour unité l'atome-mètre qui serait la quarante millionième partie de son méridien... Mais voici que je me laisse entraîner à parler du méridien d'un atome comme s'il ressemblait à un petit pois ou à un grain de plomb! Il y a des comparaisons vraiment dangereuses.

Quoi qu'il en soit, nous pourrions, à un autre point de vue, établir la chronologie du corpuscule dont la vibration donne la lumière rouge (en admettant que la lumière résulte du déplacement d'un corpuscule, ce que nous allons discuter dans un instant) en prenant comme unité de temps, au lieu de notre *seconde* humaine, la durée d'une de ses vibrations, c'est-à-dire un sept-cents trillionième de seconde. Ceci nous permettra de mettre les choses au point. Une de nos secondes comprendrait sept cents trillions de secondes du corpuscule en question. Or il faut environ 30 millions de nos secondes pour faire une de nos années; si donc, nous composons l'année pour le corpuscule comme nous la composons pour nous (ce qui est d'ailleurs parfaitement illogique) une de nos secondes correspondra à un peu plus de 20 millions d'années pour le corpuscule qui nous donne la lumière. Nous serons moins étonnés en pensant au nombre formidable des mouvements qui doivent s'exécuter pour que, pendant une seconde, nous voyions le paysage qui nous entoure, lorsque nous nous placerons au point de vue des corpuscules qui nous donnent la lumière et que nous nous dirons que notre seconde n'a pas duré pour eux moins de 20 millions d'années.

Tout ce calcul est ridicule et cependant je ne le crois pas inutile pour montrer que, lorsqu'on veut se rendre compte des choses, il faut toujours prendre une unité de temps qui corresponde à l'unité d'espace ; n'oublions pas que nous mesurons le temps pour nous hommes, et avec une mesure choisie à notre taille.

Je reviens maintenant à la difficulté que je signalais tout à l'heure et que l'on rencontre lorsque l'on compare les vitesses des mouvements vibratoires connus. Les radiations hertziennes varient de 60 millions à 240 milliards par seconde. Les radiations lumineuses, dans le spectre visible, varient de 600 à 750 trillions. Les rayons Röntgen sont encore plus rapides...

Dans la théorie de Fresnel, on devait supposer que la lumière est réellement due au déplacement d'un corpuscule qui vibre perpendiculairement à la direction du rayon lumineux. La théorie de Maxwell nous a fait penser que cette vibration, qui s'exécute à la vitesse de 700 trillions à la seconde, n'est pas effectivement le déplacement d'un corpuscule, mais une variation périodique de l'état électrique de quelque chose, variation dont la période est précisément d'un septcentstrillionième de seconde. Hertz a paru démontrer le bien-fondé de la théorie de Maxwell en fabriquant une lumière nouvelle (moins rapide il est vrai et non sensible à l'œil de l'homme) par une décharge qui établit dans un conducteur électrique un état oscillatoire...

Mais qu'est-ce alors que l'état électrique ? Si nous voulons à toute force le comparer aux choses de notre monde, nous serons obligés de penser encore que cet état électrique (l'état d'un conducteur électrisé positivement, par exemple) résulte d'un mouvement de quelque chose, mouvement qui se transmet par l'éther et détermine à distance des phénomènes d'attraction et d'influence. De sorte que la lumière proviendrait d'une variation oscillatoire très rapide dans un *état* qui résulterait lui-même d'un mouvement oscillatoire probablement plus rapide encore. Et, en définitive, quel serait le *corpuscule* qui serait l'objet de ce mouvement ? Nous nous perdons ; nous ne pouvons plus nous figurer ces choses... Et si ce corpuscule existe, n'est-ce pas lui-même un univers ? Et ne sont-ce pas des phénomènes de mouvement dans ces univers d'ordre inférieur qui produisent, si elles existent les variations *qualitatives* de l'Énergie ?

Tout ceci soit dit surtout pour montrer que l'abus des comparaisons mathématiques nous entraîne aisément, par suite des règles de similitude, à voir dans les petites choses la répétition des grandes. J'ai supposé un homme habitant l'atome ; de même je pourrais supposer sans plus de fondement que les billes d'éther imaginées tout à l'heure font partie du nez d'un géant...

Notre logique, si impeccable lorsque nous l'appliquons aux objets directement sensibles à l'homme (et cela est fort naturel par suite de sa genèse même : la logique est le résumé héréditaire de l'expérience humaine, mais l'homme n'a eu affaire dans son évolution qu'aux corps dont le repos ou le mouvement peuvent l'impressionner), notre logique, dis-je, et la langue mathématique qui en est la forme parfaite, ne peuvent être d'aucun secours à notre imagination quand nous voulons franchir les limites du domaine qui nous est directement connaissable...

Si l'on tient néanmoins à considérer l'univers comme formé de mondes emboîtés les uns dans les autres, chacun de ces mondes étant l'atome du monde immédiatement supérieur, il faudra prendre comme point de départ le monde moléculaire de notre chimie et c'est à partir de ce point origine que l'on limitera, vers le grand et vers le petit, le domaine de la connaissance.

.*.

J'ai cru devoir m'étendre longuement sur toutes ces considérations et si j'ai fait quelques hypothèses en les exposant, ces hypothèses étaient uniquement destinées à faciliter le langage en nous donnant une représentation concrète des choses ; mais, je le répète, le plus ou moins de légitimité de ces hypothèses ne saurait infirmer notre conclusion.

Or, la conclusion de toute cette enquête est que la vie est d'essence chimique ; elle peut donc être impressionnée par tout ce qui, dans la nature, est capable d'influencer les réactions moléculaires, soit directement, soit indirectement. Grâce au fait que les radiations lumineuses sont précisément douées d'activité chimique, le domaine de la connaissance de l'homme s'étend fort loin, mais cela n'empêche pas qu'il soit limité, d'une part du côté du très grand, d'autre part du côté du très petit. Tout ce qui est en dehors de ces deux limites est inconnaissable à l'homme ; on ne saurait dire que cela constitue un domaine métaphysique car rien ne peut être en dehors de la nature, mais il est logique de dire que c'est un domaine *métanthropique*. D'ailleurs, si l'homme ne peut connaître ce domaine, *cela lui est bien indifférent,* les mouvements qui lui sont inconnaissables l'étant uniquement parce que, précisément, ils ne peuvent pas agir sur lui. Malheureusement l'esprit humain se préoccupe volontiers de ce qui ne le regarde pas.

§ III. — La notion de forme [1]

Avez-vous observé le fonctionnement d'un phonographe ? Vous prononcez une phrase devant l'appareil, avec le timbre de voix et les intonations qui vous sont propres. Cela ébranle l'air atmosphérique et les vibrations de ce milieu élastique mettent en mouvement, d'une certaine manière, une plaque mince qui porte un stylet. L'agitation du stylet est donc une conséquence de la phrase prononcée par vous. Jusqu'ici, rien d'étonnant. Mais, devant le stylet et contre sa pointe, tourne avec une certaine vitesse un cylindre enregistreur recouvert d'une substance que le stylet peut rayer ; de sorte que, quand vous avez fini de parler, le stylet a tracé sur le cylindre une ligne sinueuse, et cette ligne sinueuse est la transcription fidèle de ce que vous avez dit ; c'est là qu'est la merveille. Si vous répétez la même phrase, avec les mêmes intonations et la même intensité devant le même appareil tournant avec la même vitesse, le stylet tracera une ligne sinueuse identique à la première. Si, au contraire, une autre personne que vous parle devant le cornet avec un timbre et des intonations différant des vôtres, la ligne sinueuse sera différente. Elle le sera encore plus si la phrase prononcée n'est pas la même. A une phrase prononcée d'une manière donnée devant un appareil

---

1. *Revue Blanche,* 1er octobre 1902.

donné, correspond rigoureusement une certaine rainure sinueuse qui en est la représentation graphique ; et la réversibilité de l'appareil prouve que cette représentation est parfaitement précise. Sauf des imperfections de mécanisme, qui d'ailleurs n'existent plus dans le phonographe électro-magnétique de Poulsen, il suffit en effet de forcer le stylet à suivre la rainure tracée, pour restituer à l'air atmosphérique la phrase prononcée avec toutes ses particularités.

Qu'est-ce que cela prouve ? Tout simplement que le son a une forme ! mais n'allons pas trop vite. Nous avons, au moyen du phonographe, tracé une courbe qui est liée à une phrase donnée de telle manière que, d'une part, cette phrase seule, avec toutes ses particularités phonétiques, est capable de produire cette courbe, que d'autre part cette courbe, lorsqu'elle est suivie par le stylet, donne à la plaque une série de mouvements restituant la phrase. Nous avons donc établi une correspondance entre un phénomène qui arrive à notre connaissance par le secours de notre oreille, la phrase prononcée, et un autre phénomène qui arrive à notre connaissance par le secours de notre œil, la course du stylet sur le cylindre. Et cette correspondance est d'une précision parfaite.

Aujourd'hui, nous sommes trop habitués à ce mécanisme pour nous en étonner, mais il n'en a pas toujours été de même, parce que l'homme a une tendance invincible à juger de la forme d'un objet par l'intermédiaire de la vue ou, à la rigueur, du tact. Tout phénomène qui échappe à ces deux sens particuliers ne saurait se présenter à nous avec une figuration quelconque, et l'on rirait d'entendre parler de la forme d'une odeur ou d'un goût. Il faut que nous nous fassions une image visuelle de quelque chose pour lui accorder une forme.

Pour le son, qui résulte d'un mouvement, nous n'éprouvons pas trop de peine à généraliser la notion de forme ; quoique nous ne puissions pas nous faire une représentation visuelle des mouvements vibratoires de l'air, nous concevons que ces mouvements particuliers puissent déterminer dans une plaque des mouvements visibles ou tout au moins enregistrables sous une forme visible. Mais le fait seul d'avoir enregistré, c'est-à-dire, en réalité, d'avoir fixé le temps sur un papier, nous donne une impression très différente de celle que nous aurions si nous pouvions effectivement voir les mouvements moléculaires de l'air ; en effet, nous voyons sur le cylindre, tout à la fois, l'ensemble des positions qu'a occupées le stylet dans l'espace pendant toute la durée de l'expérience, tandis qu'en réalité il n'a occupé ces positions que successivement. La forme de notre ligne n'a jamais existé dans l'espace ; elle n'a existé, si j'ose ainsi dire, qu'en fonction du temps, et à chaque instant le stylet occupait une position et une seule. Avant donc que les appareils enregistreurs eussent été inventés, il était impossible de parler de la forme d'un son.

Aussi, tout ce que je viens de dire n'aurait pas le moindre intérêt, n'était une conception vraiment géniale du mécanisme de notre audition, conception trop neuve pour avoir été adoptée (a-t-elle été bien comprise ?), mais que Pierre Bonnier a exposée il y a sept ans déjà et développée l'année dernière en l'entourant de considérations qui ne laissent aucun doute sur sa légitimité. La structure de notre oreille est telle que, des ondes sonores arrivant à l'orifice externe, il y a transmission vers le limaçon et que, en définitive, l'empreinte de l'ondulation, c'est-à-dire *la forme* de l'ébranlement *s'étale sur une grande surface sensorielle*. Quoique cette surface sensorielle ne conserve pas l'empreinte, comme l'enregistreur du phonographe fixe la trace du stylet, on ne peut nier que la forme de l'ébranlement ne soit pour ainsi dire dessinée dessus, par des pressions, comme on dessinerait du doigt, sur une table, une ligne sinueuse...

Il n'y a pas enregistrement, en réalité, pas plus qu'il n'y aurait enregistrement si le stylet du phonographe ne mordait pas dans la surface du cylindre, et, même avec un microscope et dans les conditions les plus favorables, l'œil ne pourrait pas voir, sur la surface sensorielle de l'oreille, la ligne sinueuse qui traduit la phrase entendue.

Mais cette surface est *sensorielle*, c'est-à-dire semée de terminaisons nerveuses d'une sensibilité spéciale, et chacune de ces terminaisons transmet au cerveau l'impression qu'elle reçoit. De telle manière que le cerveau *lit*, au fur et à mesure qu'il se produit, le dessin fugitif tracé dans le limaçon ; c'est cette lecture qui est l'audition. Elle ne nous *montre* pas, comme le ferait un organe visuel, la *forme* de l'ondulation ; elle nous traduit cette forme dans un langage différent, mais également précis, puisque à une forme donnée correspond une impression auditive donnée et réciproquement. Et c'est cette impression auditive qui est *le son*. En dehors d'elle il n'y a que des mouvements vibratoires se transmettant dans l'atmosphère. Le son, c'est la lecture faite, au moyen de notre organe auditif, de la forme d'une ondulation aérienne.

Ainsi donc, si un perroquet crie sur son perchoir : « As-tu déjeuné, Jacquot? » il se produit un mouvement vibratoire de l'air. Ce mouvement vibratoire de l'air a une forme que nous pouvons connaître de deux manières : 1° au moyen de notre organe visuel, si ce mouvement s'enregistre sur un phonographe ; 2° au moyen de notre organe auditif, si ce mouvement se dessine dans notre oreille et nous fait entendre la phrase : « As-tu déjeuné, Jacquot ? »

Avant l'invention des cylindres enregistreurs, nous n'avions qu'une manière de *connaître* la forme du mouvement produit par le perroquet, la manière auditive. Et cette connaissance était plus *directe* et aussi *précise* que celle qui nous vient par les yeux avec l'intermédiaire du phonographe, mais nous n'aurions jamais songé à dire que notre sens auditif nous faisait connaître des formes, parce que nous n'avons pas l'habitude d'appeler *forme* quelque chose dont nous ne nous faisons pas une image visuelle. Le langage courant diffère en cela du langage mathématique. La forme d'une surface est définie algébriquement par une équation qui suffit à préciser entièrement la nature de la surface sans que nous ayons besoin de nous en faire une représentation optique. « As-tu déjeuné, Jacquot ? » définit la forme d'un mouvement aérien exactement au même titre que l'équation de la ligne sinueuse inscrite sur le phonographe ; mais il est probable que, sans le phonographe, nous n'aurions jamais su expliciter, au point de vue visuel, le seul qui nous paraisse suffisant, la forme de ce mouvement.

Toutes ces considérations, un peu longues, ont pour but d'amener à une conclusion que je crois de première importance au point de vue biologique, c'est que l'homme et les animaux peuvent, au moyen de certains sens, avoir une *connaissance précise* de formes qu'ils ignorent au point de vue visuel. S'il ne s'agissait que de l'homme, cela n'aurait pas grand intérêt, mais il nous arrive souvent de nous demander avec étonnement comment quelques animaux peuvent accomplir certains actes, et nous nous étonnerions moins si nous n'attachions pas une attention aussi exclusive à l'emploi des méthodes optiques.

Le retour des pigeons voyageurs ne nous paraîtra plus aussi prodigieux si nous songeons qu'un organe spécial peut leur fournir (sous quelle forme subjective, nous l'ignorons) l'équivalent de l'équation du chemin parcouru. Les fourmis savent reconnaître une piste suivie par leurs congénères et distinguent même dans quel sens la piste a été suivie ; cette particularité attribuée par Forel à un « odorat topochimique » nous paraît incroyable parce qu'aucun organe ne nous permet de *connaître* ce que connaissent les fourmis. Les chiens aussi savent suivre une piste dans le sens convenable, mais ils savent également reconnaître leur maître à l'odeur, et c'est là une chose non moins remarquable.

Mon chien me reconnaît à travers une porte ; il me reconnaît sous n'importe quel déguisement, tandis qu'il ne prendrait pas pour moi une statue de cire me ressemblant parfaitement. C'est donc qu'il se trouve bien mieux renseigné sur ma personnalité par son nez que par ses yeux. Peut-être se fait-il de moi, si j'ose m'exprimer ainsi, une image olfactive plutôt qu'une image visuelle. Cela nous paraît impossible parce que notre odorat est trop obtus et nous permet à grand'peine de distinguer l'*espèce* d'un animal que nous ne voyons pas, un rat musqué par exemple ou un cancrelas. Les fourmis se laissent aussi tromper par l'odeur ; il suffit de tremper une fourmi étrangère dans le jus obtenu en écrasant des individus d'une fourmilière donnée, pour que les autres habitants de la fourmilière considèrent cette étrangère comme leur sœur ; mon chien est, à cet égard, supérieur aux fourmis, car, s'il peut être trompé un instant sur la personnalité d'un individu revêtu de vêtements imprégnés de mon odeur, il ne tarde pas à reconnaître le subterfuge.

S'il attache d'ailleurs une importance plus grande

aux renseignements olfactifs, le chien ne méprise pas pour cela les documents fournis par les yeux ou les oreilles. Un dogue appartenant à un officier courait après tous les pantalons rouges ; les chiens de régiment connaissent la sonnerie spéciale de leur corps et le rejoignent toujours pendant les manœuvres ; tous les animaux de cette espèce viennent à la voix ou au sifflet de leur maître...

Mais nous-mêmes, nous reconnaissons nos amis autrement qu'en les voyant ; nous pouvons être renseignés sur leur approche par leur voix, par le bruit de leurs pas ; au sanatorium d'Hauteville nous nous reconnaissions à notre toux. En résumé, nous connaissons les individus à une particularité quelconque, mais suffisamment précise, de leur constitution ; c'est par l'œil que nous, hommes, recueillons le plus de documents précis ; nous en recevons cependant aussi par l'oreille ; seulement, nous l'avons vu, l'oreille nous fait seulement connaître la *forme* des sons émis par nos congénères ; ces sons diffèrent suivant les paroles prononcées ; mais il y a, dans la forme très complexe des ondes de notre voix, un ensemble d'éléments qui nous sont propres et qui se retrouvent dans toutes nos phrases ; ces éléments (timbre, intonation) renseignent celui qui nous écoute sur la structure de notre organe phonateur ; non pas que cela donne à notre voisin une image visuelle de notre larynx, mais cela lui fournit une image auditive qui est d'une précision admirable ; si admirable même qu'aucun autre détail *isolé* de notre structure anatomique, étudiée avec le seul secours de la vue, ne permettrait de nous reconnaître avec autant de certitude ; et cela nous amène à cette nouvelle conclusion que ce qui fait pour nous la supériorité de l'organe visuel, c'est le grand nombre de documents qu'il nous permet de recueillir à la fois, bien plus que la précision même de chaque document ; autrement dit, l'étude optique d'un être est celle qui nous donne, de cet être, la connaissance la plus synthétique ; c'est pour cela que, quand nous parlons de la *forme* d'un individu, nous entendons qu'il s'agit de sa forme pour notre œil. Quand nous reconnaissons un de nos amis à sa voix, nous évoquons immédiatement son image visuelle ; peut-être, quand un chien reconnaît son maître à sa voix, évoque-t-il en lui-même son *image olfactive*...

Cette expression « image olfactive » nous choque profondément parce que notre odorat est extrêmement obtus ; pour en comprendre la signification nous devons sortir de notre nature d'homme et nous reporter à ce qui se passe chez les chiens et les fourmis. Et d'ailleurs est-il bien légitime d'appeler du même nom, odorat, le sens localisé dans le nez du quadrupède et dans l'antenne de l'hyménoptère ? Au fond, qu'est-ce que l'olfaction ? Nous ne pouvons pas encore le dire d'une manière précise. On a attribué la sensation particulière que nous appelons ainsi à l'action, sur nos terminaisons nerveuses intranasales, de particules matérielles très ténues diffusées dans l'atmosphère autour des corps odoriférants, mais tout le monde n'est pas d'accord. On connaît la célèbre expérience dans laquelle un morceau de musc, abandonné pendant des mois sur le plateau d'une balance de précision dans une atmosphère renouvelée et ayant empesté des milliers de mètres cubes d'air, n'avait pas subi de perte de poids appréciable. Il y a là un mystère analogue à celui du *radium* éternellement rayonnant...

La seule chose que nous puissions affirmer relativement à l'olfaction, c'est que, contrairement à la vue et à l'ouïe, qui nous renseignent uniquement sur l'état physique des corps, le sens localisé dans notre nez nous renseigne (ainsi d'ailleurs que le goût) sur la nature chimique des substances odorantes. Et dans certains cas il est bien évident que ce document est plus précieux que la simple image visuelle. Combien de liquides ont l'aspect de l'eau, que l'odeur ou le goût nous permettent de distinguer malgré leur similitude optique ! Dans ce cas, la connaissance chimique est tout, le document fourni par l'œil est absolument insuffisant. Au contraire, si nous avons à étudier, par exemple, l'architecture du Louvre, peu nous importe d'être renseignés sur la nature chimique des pierres et des ardoises qui ont été employées pendant sa construction ; avec les mêmes pierres et les mêmes ardoises on eût pu construire toute autre chose. Il n'en est déjà plus tout à fait de même quand il s'agit de l'étude d'un cristal ; là, le renseignement chimique peut nous faire préjuger de la forme architecturale du corps ; en léchant, les yeux fermés, un cristal d'alun, nous pouvons deviner son aspect visuel. Il est vrai que nous pouvons nous tromper ; l'alun peut ne pas être cristallisé ; mais l'étude visuelle peut aussi nous tromper en sens inverse ; on peut avoir coulé une substance fusible dans un moule ressemblant à un cristal d'alun, et, à l'œil, nous prendrons pour de l'alun ce qui n'en sera qu'une pseudomorphose.

Cette remarque nous amène à étudier la possibilité d'un parallèle entre les divers renseignements que nous recueillons sur un corps donné au moyen de nos différents organes des sens.

Quand le corps à étudier est un corps brut, sauf le cas spécial de l'état cristallin, sa forme visuelle est sans relation aucune avec sa nature chimique ; on peut tailler un morceau de sucre comme l'on veut. Il n'en est plus de même lorsqu'il s'agit d'un corps vivant ;

quand nous voyons un chou ou une carotte, nous savons que la substance qui les constitue est de la substance de chou ou de la substance de carotte ; réciproquement, un botaniste exercé peut, dans l'obscurité, reconnaître une plante à son goût et, par conséquent, prévoir sa forme visuelle.

Restreignons-nous au cas où l'objet à observer est un homme. Nous savons le reconnaître en le regardant ou en l'entendant parler ; le chien en le sentant ; tel autre animal, par tel autre organe des sens que nous ne possédons pas et dont nous ignorons le fonctionnement. Si un observateur a trois moyens essentiellement différents de reconnaître un individu, il est indispensable que ces trois moyens ne lui fournissent pas des renseignements contradictoires. Dans le cas général aucune contradiction n'est possible ; nous prenons connaissance d'un homme en le voyant, puis nous l'entendons parler et nous associons dans notre mémoire le souvenir de la forme visuelle de son corps au souvenir de la forme auditive de sa voix ; ensuite, comme la voix et la forme d'un homme adulte ne changent guère, quand nous reconnaîtrons un individu à l'un de ces deux caractères, nous pourrons prévoir le second sans nous tromper. Mais nous aurons établi ainsi un lien *factice* entre les deux diagnoses de l'individu. Tout à l'heure, au contraire, quand nous avons reconnu, dans une phrase parlée, d'une part une forme auditive, d'autre part, au moyen de l'enregistreur, une forme visuelle, il y avait entre ces deux formes un lien naturel et *fatal* ; il était certain que la forme visuelle de l'enregistreur, actionnant le stylet d'un phonographe, redonnerait à notre oreille l'impression auditive déjà perçue ; l'une des deux formes étant connue, l'autre ne pouvait pas être différente de ce qu'elle est ; il n'y avait là qu'une forme *traduite* de deux manières.

En est-il de même pour la forme visuelle de l'homme et la forme auditive de sa voix ? Nous prévoyons immédiatement une différence, parce que la voix de l'homme est une manifestation, non pas de sa structure totale, mais de la structure d'une petite partie de son corps, savoir, l'appareil phonateur. D'autre part, ce que nous savons de la corrélation qui existe entre les diverses parties d'un individu nous pousse à croire qu'il y a un lien entre la structure de l'organe phonateur et la forme du corps. Ne vous est-il pas arrivé d'être stupéfait en entendant sortir une voix grêle du corps d'un géant ou une voix de stentor du gosier d'un pauvre être chétif ? Aucun physiologiste n'est capable, dans l'état actuel de la science, de prévoir la forme d'un homme à la simple audition de sa voix, ou réciproquement, de prévoir sa voix en connaissant seulement son corps. Mais enfin, chaque homme a une voix qui lui est propre et toute la biologie tend à nous faire penser qu'un individu est défini entièrement dans une partie quelconque de son être...

Pour l'odeur, les probabilités sont encore plus grandes ; l'odeur nous renseigne sur la nature chimique des corps vivants et, d'autre part, il est établi que la nature chimique des corps vivants *dirige* leur morphologie. Il paraît donc indéniable que la *forme olfactive* d'un individu est absolument liée à sa *forme visuelle*, sauf les mutilations qui peuvent transformer le corps, le rendre manchot ou boiteux, par exemple, le balafrer et le rendre méconnaissable, sans changer son odeur, caractéristique de sa composition chimique. Et ceci tendrait à prouver que l'on est mieux renseigné sur un individu quand on connaît *bien* son odeur que quand on connaît sa forme extérieure, laquelle est susceptible de se modifier sous l'influence des accidents extérieurs. Quand Ulysse revint à Ithaque, sa forme visuelle avait tellement changé qu'il fut méconnu des siens, mais il fut reconnu par un chien qui avait conservé le souvenir de sa forme olfactive. Si donc les chiens se font réellement de nous une *image olfactive*, ils nous connaissent mieux que ceux qui ont seulement fixé dans leur mémoire notre forme visuelle.

Maintenant une question se pose ; s'il y a un lien indissoluble entre la forme visuelle d'un être et sa forme olfactive, ou la forme auditive de sa voix, un observateur qui ne connaît qu'une de ces formes peut-il *évoquer* l'une des autres ? Comment un chien aveugle s'imagine-t-il son maître ? S'il s'en fait une image visuelle, quelle est cette image ? Il me paraît peu probable, étant donnée la manière dont s'est produite l'évolution des êtres, qu'il existe, entre les centres nerveux d'un animal, une liaison capable de lui permettre d'évoquer la forme qui correspond à une odeur déterminée ; car la relation entre la composition chimique cause de l'odeur et la forme visuelle du corps qui en est doué, *existe dans le corps observé et non dans l'observateur*. Et cependant, il est possible qu'une habitude héréditaire pendant un grand nombre de générations fixe, dans une espèce, une liaison entre la forme olfactive et la forme visuelle d'un animal souvent rencontré. Peut-être un jeune chien de chasse, d'une bonne race, évoque-t-il la forme visuelle d'une perdrix la première fois qu'il en sent une et la *reconnaît-il* quand elle se lève ? Il y a là beaucoup à penser. Mais le plus souvent, s'il s'établit entre nos divers centres nerveux, des relations de cet ordre, elles sont purement pathologiques et ne nous donnent pas de renseignements valables.

Les *images olfactives* sont de l'hébreu pour nous, hommes, qui avons un odorat détestable, mais peut-être pouvons-nous mieux concevoir les images auditives. Les habitants de l'Afrique australe désignent la mouche *Isé-Isé* par le bruit de son bourdonnement. Ils la connaissent mieux par cette image auditive que par sa forme visuelle peu différente de celle des autres mouches.

Comment les aveugles-nés s'imaginent-ils leurs proches? Ils n'ont guère pour les connaître que des images auditives ; évoquent-ils des formes *visuelles*? Il est bien difficile de le savoir ! Je connais un mendiant qui n'a jamais vu clair et qui se tient tous les jours au même endroit, loin de tout village, sur la route de Lannion à Pleumeur-Bodou. Sa spécialité est de dire l'heure aux passants, pour avoir deux sous. A cet effet, il écoute, n'ayant rien de mieux à faire, toutes les cloches des paroisses environnantes ; il les connaît à leur timbre et il remarque immédiatement si Brélevenez est en retard sur Servel. Je l'ai interrogé une fois, alors qu'aucune cloche ne sonnait, et il m'a *montré* de la main, sans hésitation et sans erreur, un clocher distant d'environ deux kilomètres ; or, il n'est pas immobile, il marche de long en large sur la route. Cela m'a beaucoup impressionné...

Nous ne savons donc pas tout ce que l'homme peut faire avec chacun de ses sens quand il est privé des autres ; nous ignorons encore bien plus le parti que peuvent tirer certains animaux de sens que nous ne possédons pas. Quelle forme de mouvement les poissons distinguent-ils au moyen de leur ligne latérale? La conclusion de tout cela, nous pouvons l'énoncer en paraphrasant Shakespeare ; il y a bien plus de *manières de connaître* que n'en rêve notre philosophie anthropomorphique. Nous avons restreint la signification du mot forme[1] à la forme visuelle ; il y a probablement

---

1. Le *Dictionnaire* Larousse (petite édition) définit *forme* « configu-

une forme auditive, une forme olfactive... etc. Il y a bien aussi, disent les scolastiques, la forme substantielle du corps, qui est l'âme, mais nous n'en parlerons pas puisqu'elle a la propriété de ne pas se manifester aux organes des sens.

ration des corps; apparence ». Le *Dictionnaire* de Littré et Beaujean donne au contraire la définition : « *forme*, l'ensemble des qualités d'un être », ce qui me paraît bien plus philosophique.

II

LES LIMITES DE LA BIOLOGIE
d'après m. grasset

La plupart des arguments que les vitalistes ont opposés aux partisans de l'explication mécanique de la vie viennent d'être rassemblés par le Professeur Grasset, de Montpellier, dans un livre intitulé *Les Limites de la Biologie*[1]. Ce livre, qui « est le développement d'une conférence faite à Marseille à une assemblée régionale de médecins catholiques », se compose surtout de citations empruntées aux philosophes les plus notoires. Sa lecture est donc fort instructive ; elle permettra peut-être de comprendre pourquoi l'entente est si loin de se faire malgré les progrès de la science, et il n'est pas inutile d'en parler assez longuement au début de ce chapitre.

Voici, par exemple, ce que l'auteur ajoute (p. 16) à une longue citation de Claude Bernard :

> Entendez bien le plus grand de nos physiologistes ; la biologie a pour objet d'étude les êtres vivants, l'évolution vitale, leur idée directrice, leur lien spécial..... Cela n'appartient ni à la physique, ni à la chimie. — Certes, vous entendrez tous les jours dire le contraire ; mais l'assertion ne me paraît pas ALORS établie scientifiquement.

Cet ALORS résume la méthode.

---

[1]. Paris, F. Alcan, 2ᵉ édition, 1903.

Restons fidèles aux vieilles traditions ! « C'est dans
« les vieux cadres travaillés et sculptés par toutes les
« générations passées qu'on doit placer les faits nou-
« veaux découverts par la génération actuelle. Il ne
« faut pas que nous oubliions jamais la pyramide des
« siècles écoulés au sommet de laquelle nous sommes
« hissés et du haut de laquelle nous voyons ainsi mieux
« et plus loin que nos devanciers. » (Préambule, p. 11.)
— Traduction libre : Stahl avait imaginé le phlogistique
qui était absurde. Lavoisier a découvert l'oxygène qui en a
démontré l'absurdité : croyons à l'oxygène, mais conser-
vons le phlogistique qui nous le fera mieux comprendre !

Et voyez la force des comparaisons ! Il a suffi de
représenter sous forme d'une pyramide l'accumulation
des erreurs ancestrales, pour conclure avec un semblant de logique que le passé éclaire l'avenir. Mais le
passé est bien plutôt un bourbier dans lequel la tradition nous enfouit et nous étouffe. La science ne marche
qu'en détruisant sans pitié. « La vérité d'aujourd'hui,
n'est-ce pas l'erreur de demain ? » s'écrie Ibsen. Considérons comme provisoires les vérités que nous acqué-
rons et n'attribuons pas aux conquêtes de nos prédé-
cesseurs une éternité qu'elles ne méritent peut-être pas.

La biologie, dit M. Grasset, laisse et laissera toujours en
dehors d'elle bien des questions qu'elle ne peut connaître,
mais qui n'en existent pas moins et ne sont pas pour cela
inconnaissables (p. 7)... Il n'y a pas de science unique qui
contienne toutes les autres, pas plus la biologie que les autres
(p. 8)... La biologie a des limites ; il y a des choses qui ne
sont pas de sa compétence, qu'elle ignorera éternellement
parce qu'elles sont *autres* ; ces choses sont cependant connaissables pour l'homme par d'autres méthodes, d'autres voies
intellectuelles ; elles sont l'objet d'autres sciences (p. 10).

Il y a *autre* chose ! voilà ce que veut *démontrer*
M. Grasset.

La biologie est, dit-il en commençant, la *science de la vie et des êtres vivants*. Il est donc bien nécessaire qu'il y ait, en dehors d'elle, la science des *êtres non vivants*. Cela saute aux yeux. Si un monsieur fait une collection de timbres-poste, il fait *autre chose* que s'il faisait une collection de cartes postales. Aussi n'est-ce pas cette vérité banale qu'a voulu prouver M. Grasset, quoi qu'on puisse croire le contraire quand il dit avoir généralisé (p. 169) la pensée suivante d'Auguste Comte : « La physique doit se défendre de l'usurpation des ma« thématiques ; la chimie, de celle de la physique ; « enfin la sociologie, de celle de la biologie. » C'est-à-dire qu'il y a dans la science de petits cantons séparés qui doivent avoir leurs moyens d'existence propres et rien emprunter. Peu de gens accepteront cette manière de voir.

M. Grasset a surtout voulu répondre à ceux qui croient qu'on peut expliquer les phénomènes vitaux par ceux de la physique et de la chimie ; il a voulu montrer aussi, je pense, que la biologie, *science de la vie et des êtres vivants*, ne comprend pas l'étude des moyens par lesquels les êtres vivants arrivent à la connaissance des choses de l'univers. « Il y a, dit-il, des « choses qu'elle ignorera éternellement parce qu'elles « sont autres. » Et je me demande comment il se fait qu'un *mode de connaissance* indissolublement lié à l'état de vie de l'individu qui s'en sert (*car on n'a pas le droit, jusqu'à nouvel ordre, de croire que les métaphysiciens et les théologiens seraient capables*, s'ils étaient morts, *de continuer à faire de la métaphysique et de la théologie*), soit en dehors du cadre de la « science de la vie et des êtres vivants ».

A ce point de vue, la biologie aurait droit de contrôle sur toutes les sciences, puisqu'il n'y a pas de science pour un être qui ne vit pas, et que, par conséquent, le

« mode de connaissance » appliqué à l'étude d'une science quelconque dépend forcément de la nature de celui qui étudie cette science. Quand nous attaquons un problème, nous n'avons pas seulement à rechercher la solution du problème, si elle est à notre portée; nous avons aussi à nous demander comment il se fait que ce problème se soit posé en nous, et je ne vois pas que personne puisse nier que notre « nature » y soit pour quelque chose.

*
* *

La biologie ne se ramène pas à de la physique et de la chimie : « Certes, dit M. Grasset, dans l'être vivant, « la chaleur, le son, la lumière, l'électricité restent « soumis à leurs lois propres, comme ces mêmes mou- « vements vibratoires dans le monde inanimé. Mais « l'être vivant, par essence et *par définition*, a aussi ses « lois propres, objet d'une science à part » (p. 11).

Par définition ! Cela est évident ! Comment n'y avions-nous pas songé ? Vous collectionnez des cartes postales, moi des timbres-poste; ce n'est pas la même chose. Il y a sur la terre des corps que nous appelons *vivants* et d'autres que nous appelons *bruts*; c'est une classification admise par tout le monde, et vous venez me dire ensuite que les corps vivants ne diffèrent pas essentiellement des corps bruts ! C'est contraire à la définition ; c'est absurde. La chimie est la science de certains phénomènes liés à la structure intime des corps bruts, et vous voulez m'expliquer la vie par la chimie ! C'est un défi au bon sens ; vous ne pouvez expliquer la vie, apanage des êtres vivants, par la chimie de corps qui, précisément, par définition, ne sont pas vivants.

Supposons qu'on ait classé les corps de la nature en trois catégories au lieu de deux : les corps vivants, les corps bruts et les alcools. Cette hypothèse n'a rien d'invraisemblable : les alcools ont en commun un certain nombre de propriétés qui appartiennent à eux seuls, comme la vie appartient aux seuls êtres vivants. Alors les alcools aussi seraient en dehors de la chimie des corps bruts, par définition. A côté du *vitalisme* il y aurait, par définition, l'*alcoolisme*, théorie philosophique aussi raisonnable que la première. Ne dit-on, d'ailleurs, *esprit* de vin, *esprit* de bois?...

M. Grasset cite avec admiration Barthez, le célèbre vitaliste de Montpellier : « Expliquer un phénomène, « dit cet auteur, se réduit toujours à faire voir que les « faits qu'il présente se suivent dans un ordre ana- « logue à l'ordre de succession d'autres faits qui sont « plus familiers et qui, dès lors, semblent être plus « connus. » Cela est malheureusement vrai le plus souvent : j'ai moi-même fait remarquer, dans plusieurs ouvrages, que cette comparaison avec des phénomènes familiers est déplorable; elle est la base de l'erreur anthropomorphique. Voici d'ailleurs de bons (?) passages d'Auguste Comte que M. Grasset ne manque pas de relever : « Les êtres vivants... nous sont d'autant « mieux connus qu'ils sont plus complexes..... L'idée « des animaux supérieurs est plus claire que celle des « animaux inférieurs..... La vie animale de l'homme « nous aide à comprendre celle de l'éponge, mais la « réciproque n'est pas vraie. »

Que penseriez-vous d'un savant qui, pour expliquer la plasticité de la glace, dans les expériences de Tyndall, ferait intervenir une comparaison avec le mouvement des glaciers? Il faut expliquer le phénomène synthétique par ses éléments et non l'inverse.

Les différents phénomènes sont différents; on ne peut que les comparer les uns aux autres, mais on n'est guère avancé quand on a expliqué un phénomène simple par une comparaison avec un phénomène plus complexe et plus familier. Le but des sciences est au contraire de décomposer un phénomène complexe en des phénomènes élémentaires comparables à des phénomènes simples. Mais, me répondra-t-on, la vie de l'homme est un phénomène *élémentaire* et indécomposable. C'est précisément ce qu'il s'agit de discuter. Dans tous les cas la vie de l'homme, phénomène simple (!), ne nous aiderait pas à comprendre la vie de l'éponge, phénomène également simple et *différent*.

Les explications ne sont que des comparaisons ; à quoi donc comparer la vie d'un être, si ce n'est à la vie d'un autre être ? La biologie est une science fermée ; on ne peut expliquer la vie que par la vie : voilà le thème vitaliste.

Or beaucoup de biologistes ont pensé que la vie est une résultante, une synthèse de phénomènes plus simples ; c'est là une opinion qui est née naturellement de l'observation même. En particulier, l'étude du développement de l'animal nous montre que l'œuf se divise successivement en deux parties, puis en quatre et ainsi de suite, et, dans certaines espèces, ces différentes parties sont nettement séparées les unes des autres, quoique restant juxtaposées. Un être adulte comme l'homme se montre lui-même formé d'un très grand nombre de cellules agglomérées ; d'où, évidemment, pour le naturaliste, une tendance à conclure que l'homme est une agglomération.

« Mais, dit M. Grasset (p. 14), l'unité individuelle
« que l'on trouve dans chaque être et dans la série
« des descendants ne peut pas se comprendre avec les
« seuls éléments physico-chimiques qui sont essentiel-
« lement hétérogènes. » Et, *à l'appui* de cette thèse, le savant professeur de Montpellier cite un passage d'un de mes livres : « Comment oser appeler unité, dit Le

« Dantec, un ensemble aussi complexe qu'un homme
« formé de plus de 60 millions de cellules appartenant
« à des types aussi différents ? » — « Rien de plus
juste », ajoute M. Grasset.

Voilà de bonne polémique. Il est vraiment élégant
d'emprunter aux adversaires d'une théorie des arguments qui permettent de soutenir cette théorie ; je ne
me serais jamais cru vitaliste et animiste ! Je me contenterai de compléter la citation précédente, empruntée
à un livre qui avait pour but et pour titre la démonstration de l'*Unité* de l'être vivant :

Comment oser appeler *unité* un ensemble aussi complexe
qu'un homme formé de plus de soixante trillions de cellules
appartenant à des types aussi différents ? Dans cet homme
donné, il y a des nerfs, des muscles, des tendons, des os, des
cartilages, des épithéliums, des membranes conjonctives, etc.
Chaque nerf, chaque muscle, chaque os est composé d'éléments cellulaires ayant chacun sa vie élémentaire propre ; et
cet assemblage hétérogène est un homme ! Quoi d'étonnant,
devant la constatation d'un fait aussi extraordinaire que l'on
ait songé à expliquer l'unité humaine, cette unité dont notre
moi nous donne à chacun l'exemple saisissant, par l'intervention dans chaque homme corporel d'une personnalité
immatérielle ! *L'unité qui ne semblait pas exister dans le
corps de l'homme, on la lui fournissait en lui donnant une
âme !* Eh bien ! cette unité si peu apparente dans le corps de
l'homme, nous la trouvons dans le caractère quantitatif
commun à tous les éléments de l'individu. Il ne faut plus
croire, comme on a eu longtemps une tendance à le faire,
que, étant donnés à l'avance des muscles d'homme, des nerfs
d'homme, des cartilages d'homme, on peut construire indifféremment Pierre et Paul avec ces mêmes muscles, ces mêmes
nerfs, ces mêmes cartilages. Les muscles du corps de Pierre
sont différents des muscles du corps de Paul, exactement
comme Pierre est différent de Paul. La personnalité de Pierre
ne réside pas seulement dans tel assemblage de muscles, d'os,
d'épithéliums, etc., elle est représentée dans chaque élément
de ses tissus. Les divers tissus ne sont pas des éléments de
natures différentes communs à tous les individus d'une

espèce ; ce sont des modalités diverses d'un élément unique qui détermine la personnalité de l'individu considéré. Voilà ce que l'histologie ne pouvait pas nous faire prévoir et ce qui ressort d'une étude logique de l'hérédité et de l'individualité[1].

Ainsi, la citation de M. Grasset indique uniquement comment j'ai posé le problème et laisse supposer que je l'ai résolu dans le sens vitaliste. C'est, je le répète, de bonne polémique. Je ne veux d'ailleurs pas m'étendre sur cette question ; c'est par hasard et en étudiant les phénomènes d'hérédité des caractères acquis que j'ai été amené à constater l'unité cachée sous l'hétérogénéité apparente de l'être vivant ; mais je crois que, pour un esprit libéré d'idées préconçues, cette unité de structure n'était pas indispensable à la compréhension de l'unité de fonctionnement ; une machine peut avoir des rouages de fer et des bielles de bois. Néanmoins cette unité imprévue rend plus certaine l'interprétation synthétique du mécanisme humain et il est plaisant que, de tout un livre destiné à l'établir, M. Grasset tire seulement trois lignes dont le sens paraît être en faveur de l'hétérogénéité !

D'un grand nombre de citations, empruntées à divers auteurs et parmi lesquelles j'ai signalé la précédente parce qu'elle m'intéressait plus directement, le professeur de Montpellier conclut (p. 22) :

Donc, la biologie ne doit pas être identifiée aux sciences physico-chimiques.

Je suis arrivé à une conclusion diamétralement opposée, mais je ne veux pas reprendre ici cette question que j'ai longuement développée dans plusieurs livres. Il me semble d'ailleurs que l'opinion de M. Grasset n'est pas aussi solidement étayée qu'il veut

---

[1]. *L'Unité dans l'Être vivant*, p. 159, Paris, F. Alcan, 1902.

bien le dire ; voici, en effet, comment il termine son chapitre ıı :

Je crois fermement que la biologie est et restera une science séparée, distincte, irréductible à la science physico-chimique.

Cependant, je dois ajouter que la limite qui sépare ces deux sciences est bien moins radicale, absolue et définitive que les suivantes.

On ne peut pas dire qu'il soit antirationnel de supposer qu'un jour on trouvera le moyen de passer d'un corps brut à un corps vivant et par suite d'unifier ces deux sciences. Je ne crois pas que cela arrive ; mais je reconnais que cela *peut* arriver (p. 22).

C'était bien la peine de tant batailler pour faire ensuite cette concession ! M. Grasset *croit fermement* que la biologie est et restera une science séparée ; M. Le Dantec *croit fermement* que la biologie est une partie de la physico-chimie ; ce sont là des croyances personnelles et qui proviennent d'un état particulier du cerveau ; elles seront acceptées ou repoussées par les gens suivant leurs tendances sentimentales ; il n'y a là rien de scientifique. Ce qui importe ce sont les arguments pour ou contre ces manières de voir. Or, ceux de M. Grasset ne lui paraissent pas à lui-même inattaquables, puisqu'après avoir démontré (?) que la biologie est une science à part, il admet qu'on arrivera peut-être un jour à la rattacher à la physico-chimie. Je ne pourrais pas juger avec assez d'impartialité les arguments de l'école à laquelle j'appartiens, mais j'affirmerai cependant, avec moins de modestie que M. Grasset, que ces arguments me paraissent irréfutables et que, dans l'état actuel de la science, on est en droit de rattacher aux phénomènes mécaniques *toutes* les manifestations vitales.

Si d'ailleurs M. Grasset nous fait cette concession relativement à la séparation de la biologie et des sciences physiques, c'est parce qu'il est beaucoup plus sûr de la séparer de tout un groupe d'autres sciences : « Je déclare rationnellement et définitivement impossible la suppression des limites que nous allons étudier maintenant sous le nom de *limites latérales* et de *limites supérieures* » (p. 22). Entendez par là les limites qui séparent la biologie de la morale, de la psychologie, de l'esthétique, de la sociologie, de la métaphysique et de la théologie. Voilà un programme bien vaste et bien fait pour effrayer ! Les spécialistes de chacune de ces branches de connaissances humaines ne manqueront pas, en effet, de taxer d'ignorance tout individu qui se permettra de ne pas penser comme eux. Écoutez M. Fouillée, cité par M. Grasset : « Seuls des « hommes *incompétents* peuvent... croire que des « atomes bruts, disposés d'une certaine manière, « comme les diverses pièces d'un moulin, arriveront à « penser » (P. 21.) Je suis incompétent, hélas, car je crois précisément que des atomes bruts, disposés de manière à faire un homme, font un homme qui pense. (Pour ce qui est du moulin, je ne sais pas, je l'avoue.) Me voilà donc hors de cause, et ceci sera vrai aussi pour la morale, l'esthétique, la métaphysique, etc... ! Mais je me demande si M. Fouillée a vu des atomes et a acquis par là une compétence particulière. Moi, je n'en ai jamais vu et je suis même sûr que je n'en verrai jamais ; je resterai donc incompétent. Ce qui me console c'est que toutes ces *sciences* qui, d'après M. Grasset, se séparent sûrement de la biologie, sont précisément des sciences qui, jusqu'à présent, n'ont jamais manifesté un caractère impersonnel. Je ne nie pas que plusieurs d'entre elles ne soient appelées à devenir des sciences exactes (qu'est-ce qu'une science qui n'est pas exacte?) mais, aujourd'hui, elles sont encore des sciences de sentiment. Au contraire, pour la physique et la chimie, qui sont véritablement des sciences impersonnelles, M. Grasset admet qu'il y a doute.

Or cela est très important, car si l'on admet que la vie est un phénomène physico-chimique, le déterminisme vital est absolu, la liberté est une illusion et il ne peut plus être question de la *morale*, au sens que lui donne M. Grasset. Cela n'empêche pas d'ailleurs qu'il y ait une morale, c'est-à-dire un ensemble de lois nécessaires à la vie en société, une *hygiène sociale*.

Je ne dis pas, évidemment, que la morale ainsi définie coïncidera exactement avec ce que nous appelons couramment de ce nom. Rien n'est moins sûr que la perfection de notre morale au point de vue du bonheur d'une société humaine. Peut-être pourrait-on tirer de l'étude approfondie de la nature de l'homme un ensemble de principes d'hygiène sociale dont quelques-uns seraient en contradiction avec notre conception actuelle du bien et du mal. Peut-être approuvons-nous des choses qui sont nuisibles, peut-être réprouvons-nous des choses qui seraient utiles.

Mais, dira-t-on, et c'est là la réponse ordinaire à ce sujet, l'homme sent en lui-même ce qui est bien et ce qui est mal sans avoir besoin de se demander si c'est utile ou nuisible à la société. Sans doute, mais il possède aussi des yeux qui se développent naturellement chez lui sans qu'il ait besoin de se demander, quand il est œuf, s'il est utile ou nuisible d'y voir clair. Et cela est vrai de tous les organes de l'homme. Un bon transformiste ne s'en étonne pas : il sait qu'il a un nez et des yeux à cause des hérédités accumulées par ses ancêtres au cours des périodes géologiques.

De même ce que nous appelons le sens du bien et du mal, c'est une particularité de notre cerveau qui résulte, comme nos autres caractères, des hérédités ancestrales. Et si ce sens intime s'est fixé dans le patrimoine de notre espèce au point d'être commun à tous les hommes sans exception, c'est sans doute qu'il a été utile pendant une période fort longue de notre histoire. Aujourd'hui, les conditions de la vie humaine se trouvent modifiées de fond en comble ; il est possible que telle ou telle partie au moins de notre morale héréditaire ne soit plus adéquate au milieu dans lequel nous vivons ; il est possible même qu'elle soit nuisible ; mais cela n'empêchera pas l'hérédité de la conserver encore pendant de longues générations ; ce n'est que très lentement qu'elle s'atrophiera sous l'influence de la désuétude, comme notre appendice cæcal, notre plantaire grêle et nos dents de sagesse.

Il n'est pas certain que notre sens intime ne nous trompe jamais en nous indiquant notre devoir dans des conditions *différentes* de celles où ce sens intime est né, de même que si nous devenions, par un cataclysme, des animaux marins, nos pieds, si utiles pour marcher sur le sol, gagneraient à se transformer en nageoires ; ils resteraient cependant pieds pendant de bien longues générations ! Les animaux domestiques ont conservé, de leur vie sauvage, une *peur* instinctive qui leur est aujourd'hui plus nuisible qu'utile.

Il est éminemment antiscientifique, si nous croyons à l'origine ancestrale de notre sens du bien et du mal, de le considérer comme un critérium absolu dans des conditions nouvelles. Notre morale, pour continuer à mériter ce nom, devra s'adapter aux circonstances dans lesquelles se perpétue notre espèce. Ce serait un respect exagéré de la tradition que la conservation, malgré tout, des lois de nos grands-parents ; ces lois seront peut-être nuisibles à nos arrière-neveux qui en auront, cependant, dans leur conscience intime, le respect héréditaire.

Mais si tout cela est vrai, l'étude de la morale est du domaine de la biologie! Aussi M. Grasset nous déclarera que nos raisonnements sont faux ; la liberté humaine n'est pas une illusion, l'homme est libre ; nous concluons des animaux à l'homme, ce qui est absurde. La morale, dit-il, est spéciale à l'homme : « Dans les « actes les plus intelligents de l'animal, il y a toujours « de l'automatisme, rien qui ressemble à l'acte libre et « voulu de l'homme responsable. » (p. 27.)

Il faut un parti pris évident pour nier l'existence chez les animaux d'une intelligence comparable à celle de l'homme, non pas comme développement, mais comme nature. Lisez le livre de Romanes sur l'intelligence des animaux, les faits qu'il rapporte vous convaincront. Il n'y a pas de milieu : si l'homme est libre, l'animal est libre ; si l'animal n'est pas libre, l'homme ne l'est pas davantage.

Les animaux ont-ils une morale ? Évidemment ils n'ont pas la même morale que les hommes ! Ce qui est le bien pour l'homme, peut être le mal pour le castor ou la fourmi ; mais je pense que les castors et les fourmis, dérivant, comme l'homme, d'ancêtres qui ont été soumis à la sélection naturelle, doivent en avoir conservé, comme l'homme, des traces héréditaires dans le cerveau : et ces traces héréditaires doivent s'appeler la conscience morale des castors et des fourmis. Je ne sais si leur conscience morale les trompe comme la nôtre peut nous tromper, ou si elle est parfaitement adaptée à leur genre de vie actuelle, mais, à en juger par les résultats, nous devrions envier les abeilles, par exemple, dont les sociétés feraient honte à la nôtre. Les abeilles vivent depuis longtemps dans des conditions invariables ; leur hygiène sociale doit être la même depuis d'innombrables siècles et il est probable que leur conscience morale y est adéquate[1]. Aussi quels

---

1. Maeterlinck a appelé « esprit de la ruche » la conscience morale des abeilles. Cet esprit de la ruche, résumé héréditaire des devoirs sociaux

admirables exemples d'abnégation et de dévouement à la prospérité de la ruche ! Mais vous avez lu le livre de Maeterlinck...

Voici maintenant la conclusion de M. Grasset :

Les esprits positifs et scientifiques (?) doivent simplement raisonner de la manière suivante. L'expérience nous montre l'existence chez nous et chez nos semblables des idées de bien, d'obligation, de libre arbitre (?). La biologie est impuissante à étudier ces idées, parce qu'elle n'étudie que les lois communes à tous les êtres vivants et qu'elle ne découvre (?) rien de semblable à la morale chez les animaux et les plantes.

La biologie n'est ni morale ni immorale ; elle est amorale...

Donc la biologie est impuissante à tout étudier ; donc quelque étendu que soit son domaine, il y a quelque chose qui lui échappe.

Ce quelque chose doit être l'objet d'une autre science distincte et séparée de la biologie, irréductible à la biologie. Cette science est la psychologie.

Il est inutile de suivre pas à pas M. Grasset dans l'étude des limites qui séparent la biologie tant de la psychologie que de la sociologie. Sa méthode de démonstration consiste en une accumulation de citations empruntées à divers auteurs ; parmi ces auteurs, les uns sont favorables, les autres opposés à la thèse qu'il soutient ; il choisit naturellement les conclusions des premiers, mais rien n'empêche le lecteur de faire le contraire, car les citations de M. Grasset résument des opinions et non des arguments. L'ensemble de ces

---

accomplis par les ancêtres, est bien plus écouté que notre conscience morale. Il joue un tel rôle dans le mécanisme des abeilles qu'aucune d'entre elles ne paraît capable de *désirer* autre chose que ce qu'elle doit précisément faire pour la prospérité de la communauté. De sorte qu'il n'y a pas besoin de coercition. Les hommes n'en sont pas là ! et cela tient vraisemblablement à ce que leurs ancêtres n'ont pas été soumis assez longtemps à des lois *uniformes* pour que l'*obéissance à ces lois* devînt un caractère héréditaire fixé dans l'espèce.

chapitres peut d'ailleurs se réduire à deux affirmations :

1° L'homme est libre ;

2° Il y a entre l'homme et les animaux des différences essentielles.

Les biologistes répondront à cela que les différences entre l'homme et les animaux ne sont pas essentielles, et tiennent, en particulier, à l'inégalité du développement cérébral. Mais qu'ont de commun le développement matériel du cerveau et ce quelque chose de spécial qui dirige notre activité ? « Seuls des hommes « incompétents, dit M. Fouillée, peuvent croire que « des atomes bruts, disposés d'une certaine manière, « comme les pièces d'un moulin, arriveront à penser. » *Donc* (c'est le mode de raisonnement de M. Grasset), il y a dans l'homme autre chose que de la matière. Le professeur de Montpellier ne s'étend pas sur ce sujet, mais il importe que nous y revenions encore une fois, laissant désormais de côté *les Limites de la Biologie*. C'est en effet sur ces mots *matière* et *pensée*, que l'on discute à perte de vue ; il n'est peut-être pas inutile de se demander si l'on sait bien ce qu'on dit quand on les emploie. Les sciences expérimentales ont fait beaucoup de progrès depuis que ces mots ont été employés pour la première fois et j'ai bien peur que l'on continue volontairement à donner au mot *matière* une signification identique à celle qu'elle avait du temps d'Aristote.

*
* *

Votre système, dit-on aux matérialistes[1], vous contraint d'affirmer que la matière doit produire la pensée, l'observation scientifique *nous* contraint d'affirmer que la matière

1. Abbé F. Chanvillard, « Le Conflit », *Revue du Clergé français*, avril 1902.

est incapable de produire la pensée. Nous savons en effet ce que c'est que de la matière et nous savons aussi ce que c'est que de la pensée ; l'observation externe nous renseigne sur le premier point et l'observation scientifique sur le second. La matière nous apparaît étendue, pondérable, divisible ; on peut la mesurer et elle est localisée dans le temps et dans l'espace. La pensée n'est ni pondérable, ni étendue, ni divisible ; elle exclut le mouvement et la mesure. Quelles seraient les dimensions d'une pensée, la force mécanique d'une volition, le côté droit d'un désir ? Il serait aisé de développer dans le détail ces caractères absolument irréductibles de la pensée et de la matière tels que l'observation nous les fournit. Cela a été fait cent fois. Je me contenterai de conclure : entre la pensée et la matière la différence ne saurait être plus grande ; elle se présente sous forme de *contradiction*. Voilà ce que l'observation nous révèle. Vous dites, au nom d'une thèse que gratuitement vous supposez démontrée : la matière doit contenir les éléments de la pensée. Au nom de l'observation et de la raison, je vous réponds : la matière ne peut contenir ce qui est la négation d'elle-même. Or la pensée nous apparaît comme la négation de la matière ; donc la matière ne peut contenir les éléments de la pensée.

Nous *savons*, dit l'auteur, ce que c'est que de la matière. Hélas ! je crains bien que nous ne le sachions jamais ! Reprenant la citation précédente de Barthez, « les explications ne sont que des comparaisons », je me demande à quoi on pourrait comparer la matière pour l'expliquer et la définir ! Le langage humain parle de matériel et d'immatériel ; il oppose sans cesse ces deux mots et il ne peut en donner la définition ; ou plutôt, il ne peut définir l'un d'eux que par rapport à l'autre, en l'opposant à l'autre. Pour ceux qui prétendent que le monde se compose uniquement de matière, que serait l'immatériel ? un simple concept humain qui, comme tant d'autres concepts humains, ne représente rien. Si en effet on déclarait appeler matière *tout ce qui est*, l'immatériel, par définition, serait *ce qui n'est pas*.

Ceci a l'air d'une plaisanterie ; évidemment, le mot matière n'a d'utilité que si l'on admet qu'il y a, dans le monde, autre chose que de la matière. C'est ce que font beaucoup de philosophes, les vitalistes, par exemple ; ils pensent qu'il y a dans le monde des éléments de deux essences différentes, la matière et l'immatériel, éléments qui n'en existent pas moins l'un et l'autre, mais qui diffèrent *essentiellement*. Et ils admettent que l'immatériel peut influer sur la matière ; *mens agitat molem !*

Je voudrais montrer que le sens du mot matière a changé depuis l'époque où l'on a commencé à l'employer et aussi que l'immatériel a reculé devant son extension.

Les anciens considéraient comme matériels les corps pesants ; ils croyaient que l'air ne pesait pas et admiraient comme un souffle divin le vent qui agitait les feuilles des arbres. En tout cas, l'air était quelque chose de plus *subtil* et qui pouvait agir sur la matière plus grossière. Les êtres vivants, formés de matière grossière, semblaient doués de mouvements spontanés ; naturellement, on pensa, par une comparaison facile avec les phénomènes familiers, que la cause de ces mouvements résidait dans une substance plus subtile qui agitait les corps comme le vent agite les feuilles. Les mots *animus* et *anima* ressemblent trop à *anémos* pour que nous ne soyons pas certains que cette comparaison a été faite. Aujourd'hui encore, le mot souffle est souvent employé, dans le style imagé, avec un sens analogue.

Plus tard, les physiciens démontrèrent que l'air est pesant ; il n'était donc plus possible de comparer l'âme à du vent, mais comme on ne pouvait pas encore trouver, dans le corps lui-même, les causes de son mouvement, on conserva, sans trop préciser, l'ancienne explication. Il y avait dans l'être vivant, *quelque chose de plus subtil* qui avait le pouvoir de mettre le corps en branle. Ce quelque chose de plus subtil, que l'on avait anciennement comparé à du vent, on ne le comparait plus à *rien de connu*, et cela était dangereux au point de vue scientifique ; mais on avait un mot, *âme*, pour représenter ce quelque chose de plus subtil et d'hypothétique, et, quand on a un mot, on se contente aisément.

Il n'y avait pas que le vent dont la nature fût inconnue aux anciens ; ils ignoraient les enchaînements de bien des phénomènes que nous comprenons aujourd'hui et ils les expliquaient par l'intervention de dieux dans lesquels ils personnifiaient les forces de la nature. Ce principe, plus subtil que la matière et qui anime les êtres vivants, l'âme, on le compara plus ou moins explicitement au principe d'action des dieux ; et ainsi se créèrent dans les langues humaines les deux mots *matériel* et *immatériel*, le second représentant en réalité un ensemble de principes *hypothétiques* imaginés pour expliquer les phénomènes qu'on ne comprenait pas. Depuis, les progrès de la science ont permis à l'homme de comprendre la plupart de ces phénomènes, mais des mots avaient été inventés pour les expliquer : ces mots ont été conservés, puisqu'ils étaient dans le langage courant et on a naturellement continué à s'en servir et à croire qu'ils signifient quelque chose ; voilà à peu près ce que représente aujourd'hui l'immatériel : un certain nombre de mots surannés.

Quant au mot *matière*, on ne saurait prétendre qu'il n'a pas changé de signification. Au début, il représentait les corps solides et les corps liquides ; plus tard il représenta aussi les gaz, c'est-à-dire l'ensemble des corps pesants et l'on considéra la *pesanteur* comme une propriété de la matière. Enfin les physiciens démontrèrent d'une manière irréfutable l'existence de *quelque chose de subtil*, qui ne se manifeste pas directement à nous, mais dont les *mouvements* peuvent influencer la matière pondérable et agir sur nos organes des sens ; j'ai nommé l'éther. L'éther n'est pas pesant. Est-ce donc de la matière ? Non, si l'on a défini la matière par la pesanteur. Mais alors, si ce n'est pas de la matière, c'est quelque chose d'immatériel ? Pas davantage ; le mot immatériel est déjà occupé ; il représente un certain nombre de principes *actifs*, de *causes*, au moyen desquels on expliquait, avant les découvertes de la science, les phénomènes qu'on ne comprenait pas. Tandis que l'éther des physiciens, c'est seulement quelque chose qui reçoit du mouvement et qui le transmet, mais qui n'en crée pas. C'est en un mot quelque chose d'*inerte*.

Il vaut donc mieux renoncer à donner la pesanteur comme propriété à la matière ; l'éther, impondérable, est de la matière. Et l'on dira seulement que la matière, pondérable ou impondérable, est *inerte*.

Je prévois la réponse triomphante des vitalistes : « Rien de plus juste ! la matière est inerte ! donc il y a quelque chose *qui n'est pas de la matière* et qui la fait sortir de son inertie ! *mens agitat molem !* »

* *

Je m'excuse de revenir encore sur cette question que j'ai traitée précédemment au chapitre premier, mais je ne puis m'empêcher de considérer que c'est là, dans une question de mots, qu'est le fond du débat. Je le répète, nous ne savons pas ce que c'est que la matière ; pour toute la matière qui n'est pas *nous*, nous ne pouvons ni affirmer ni nier qu'elle soit consciente, puisque nous ne sommes pas *elle* ; quant à la matière qui nous constitue, la seule dont nous pourrions remarquer la conscience, si elle en avait une, nous constatons précisément qu'elle est consciente! Les vitalistes disent qu'elle ne l'est pas par elle-même, mais ils l'affirment sans le démontrer et, jusqu'à nouvel ordre, nous pouvons dire que la seule observation intime qui nous soit permise sur de la matière n'est pas de nature à prouver que la conclusion des déterministes soit absurde.

***

Je me contente en terminant de rappeler la conclusion à laquelle nous sommes arrivés dans le chapitre premier.

L'homme est, dans la matière en mouvement, un groupement momentané ou plutôt une succession de groupements momentanés d'éléments matériels.

Il est entouré d'inconnaissable, mais cet inconnaissable lui est indifférent par cela même qu'il lui est inconnaissable, puisqu'il n'agit aucunement sur les mouvements dont résultent la vie et la conscience humaine. Et il serait absurde, par conséquent, d'attribuer à cet inconnaissable une action directrice sur les phénomènes matériels dont nous sommes témoins. *Il est inaccessible à l'homme, mais l'homme aussi lui est inaccessible.*

Il ne faut pas parler de métaphysique : rien n'est en dehors de la nature ; mais il y a une *métanthropie*, c'est-à-dire un ensemble de faits qui sont sans action sur l'homme et ne peuvent être connus de lui. La science n'a pas à s'en préoccuper ; c'est au contraire un sujet dans lequel l'imagination peut se donner libre cours, sûre de n'être jamais arrêtée et contredite par les faits.

Si en effet, tout un ensemble d'éléments de notre cerveau, ceux qui sont en rapport par les organes des sens avec les phénomènes extérieurs, est naturellement devenu, sous l'influence de la sélection et de l'évolution, apte à nous renseigner sur les choses avec lesquelles notre organisme est en conflit, s'il est naturellement *raisonnable*, il peut n'en être pas de même des autres éléments du cerveau, de ceux qui ne sont pas directement intéressés à nos relations avec le monde ambiant. Une erreur d'adaptation dans les premiers aurait été funeste à l'homme, tandis qu'une imagination fantasque n'est pas une cause de destruction.

Aussi, que de questions ne nous posons-nous pas, relativement surtout à l'inconnaissable ?

« La connaissance scientifique et philosophique « étant, dit M. Fouillée, toujours bornée, il restera « toujours au delà une sphère ouverte à des *croyances*[1]. » Ces croyances n'auront, par définition, rien de scientifique : c'est pour cela que nous y tenons tant. Les hommes se sont entre-tués pour savoir si ce qui s'était passé dans l'imagination de l'un valait mieux que ce qui s'était passé dans l'imagination de l'autre[2].

Il y a de la matière en mouvement, mais d'où vient cette matière ? d'où vient ce mouvement ? Cela ne me *regarde* pas ; cela ne regarde aucun homme : cela est *métanthropique*. L'homme est une succession d'agglomérations momentanées d'éléments matériels ; il ignore ce qui n'influence pas directement ou indirectement le mouvement de ses éléments. Mais l'imagination peut inventer des *croyances*. L'homme qui, ignorant

---

1. M. Grasset cite (p. 255) ce passage de M. Fouillée, mais dans le but de l'opposer aux déterministes.
2. Ou plutôt encore si les mots vides de sens qu'on avait enseignés à l'un d'eux dans son enfance valaient mieux que ceux qu'on avait enseignés à l'autre à un âge où il était également incapable de discerner.

son déterminisme, croit créer du mouvement, imagine un *créateur* de mouvement. Nous savons que nous ne pouvons pas créer de matière, mais nous prêtons au créateur du mouvement le pouvoir de créer de la matière. En sommes-nous plus avancés ? Nous avons seulement ajouté un mot à d'autres mots ! Est-il plus simple de dire : « Il y a de la matière en mouvement », ou bien : « Il y a eu quelqu'un que nous ne connaissons pas et qui a créé de la matière et du mouvement ? » C'est affaire de goût.

On aura beau raisonner, on n'empêchera pas les hommes de se prendre à la magie des mots et des comparaisons.

Je me rappelle avoir appris au lycée qu'on donne le nom de *force* à toute *cause* capable de modifier l'état de repos ou de mouvement d'un corps. Cette définition me laissait assez froid, car les mots *force* et *cause* me paraissaient équivalents ou à peu près. Mais le professeur ajouta : « Il faut distinguer dans la force le point d'application, l'intensité et la direction », et il dessina sur le tableau une flèche dont l'extrémité postérieure représentait le point d'application de la force, la direction, la direction de la force, et la longueur, l'intensité de la force rapportée à une certaine unité. Oh ! alors, je fus convaincu ! Cela existe sûrement, une force, puisqu'on peut la figurer sur un tableau ! Comment supposer qu'une chose qu'on peut représenter n'existe pas !

C'est ainsi que s'introduit dans le cerveau des jeunes gens une notion qui leur permettra ensuite de croire aux principes immatériels. Une force c'est *quelque chose de fort* qui agit sur la matière. La vie, c'est *quelque chose de fort* qui agit sur les corps.

On comprendra plus tard que ce qu'on appelle force est en réalité une résultante de mouvements, que ce qu'on appelle *vie* est également une résultante de mouvements, mais on continuera à dire que la force et la vie engendrent des mouvements. Et puisqu'on aura des mots pour le dire, on croira que cela a un sens. Le Dr Bard a démontré que la vie est une force à direction circulaire ! Le mot *direction* est contradictoire du mot *circulaire*, mais peu importe ! Beaucoup de gens ont admiré la définition du Dr Bard.

*
* *

Le Dr Grasset conclut, de son étude sur les limites de la Biologie, que « chacun peut, s'il le croit bon et sans contradiction, aller SUCCESSIVEMENT à son *laboratoire* et à son *oratoire* » (p. 161). Évidemment, il est permis à un savant d'avoir de l'imagination ; il est même impossible qu'il n'en ait pas, mais il n'y a aucune raison pour que l'imagination d'un savant soit meilleure ou plus mauvaise que celle des autres hommes. Le savant qui entre à son oratoire laisse son esprit scientifique à la porte. Voilà ce qui me paraît ressortir de la présente discussion.

III

LE DIVIN

« Le mot *Dieu*, dit Renan, ayant pour lui une longue prescription, ce serait dérouter l'humanité que de le supprimer. »

Le mot *Roi* avait une prescription aussi longue, et cependant certains peuples ont réussi à s'en débarrasser sans paraître trop en souffrir. « C'est, dit l'abbé Marcel Hébert[1], d'après le type de gouvernement arbitraire, tyrannique, des barbares despotes de la Chaldée, que l'humanité primitive a conçu et que la grande majorité de l'humanité civilisée conçoit encore le *gouvernement divin*. Sans doute, en passant par la conscience des prophètes et du Christ, l'implacable Javeh est devenu le *Père céleste*; mais que de fois, sous le père, réapparaît le despote oriental! Aussi, l'humanité pensante proteste-t-elle énergiquement au risque de rejeter à la fois l'image et l'idée. » Et c'est pourquoi le courageux abbé croirait « commettre une faute contre la raison en n'habituant pas l'humanité, peu à peu, à une formule religieuse *plus loyale et moins dangereuse* dans ses conséquences pratiques, que celle du passé. »

« Beaucoup, dit ailleurs le même auteur, n'arrivent à conclure à un Dieu personnel que parce qu'ils dési-

---

1. Abbé Marcel Hébert, *La Dernière idole*, Étude sur la Personnalité divine (Extrait de la *Revue de métaphysique et de morale*, p. 7-8-9).

rent, ils veulent *a priori* que Dieu soit personnel. » Et il démontre que les fameux syllogismes dont se composent les *Preuves* de saint Thomas d'Aquin ne sont que *d'inconscients sophismes*. Si tant d'hommes, doués de sens pratique, ont accepté ces Preuves comme suffisantes, c'est surtout parce qu'ils les considéraient comme inutiles, étant convaincus d'avance et, sans démonstration, de l'existence de Dieu.

Les raisonnements de l'abbé Hébert sont très justes, mais les docteurs en théologie ne seront pas embarrassés pour lui prouver qu'il se trompe grossièrement ; il leur suffira pour cela de substituer à certains mots dépourvus de sens d'autres mots d'une signification également inexistante, et pour peu que leur argumentation soit un peu longue, les plus malins n'y verront que du feu. Je crois qu'il est facile de mettre en évidence l'erreur fondamentale du raisonnement de saint Thomas en montrant qu'elle résulte d'une ignorance, fort légitime d'ailleurs, à l'époque où syllogisait le Docteur angélique.

Le point de départ de toute la Preuve est l'affirmation suivante : *Omne quod movetur ab alio movetur*[1]. Une pierre qui gît sur le chemin se mettra en mouvement si je lui donne un coup de pied ; voilà la comparaison grossière de laquelle on conclut que si mon corps bouge, c'est parce que j'ai une âme qui le meut, que s'il y a du mouvement au monde, c'est parce qu'il y a un *primum movens* qui est Dieu.

La pierre qui gît sur le chemin nous paraît sans mouvement, saint Thomas la croyait telle ; *elle ne l'est pas*, et c'est là ce qui fausse tout le raisonnement. S'il n'y avait au monde que des corps fluides comme l'air atmosphérique et l'eau des rivières, nous n'aurions

---

[1]. Tout être mis en mouvement est mis en mouvement par un autre être.

peut-être pas eu aussi facilement l'idée instinctive *que la matière est immobile par elle-même*; et cependant, l'eau d'une barrique, l'air enfermé dans une bouteille, nous paraissent au repos absolu, mais c'est surtout de l'observation des corps solides qu'est provenue cette notion funeste de l'immobilité des choses. Le corps des animaux, en particulier, nous paraît dépourvu de mouvement quand il est au repos, et c'est pour cela que nous lui attribuons *la création d'un mouvement* quand il se déplace pour donner un coup de pied à une pierre sur la route. Or, l'observation la plus grossière nous prouve que, même en repos apparent, le corps des animaux est le siège d'un mouvement incessant; le cœur bat, le sang et la lymphe circulent dans tout l'organisme avec une grande rapidité, et, phénomène moins facile à observer mais non moins certain, des mouvements chimiques *incessants* (oxygénation, assimilation), ont lieu dans l'intimité de tous les tissus. Suivant les cas, ces petits mouvements microscopiques se traduisent, ou non, par des mouvements macroscopiques, mais le mouvement d'ensemble n'est qu'une synthèse de petits mouvements qui ne cessent jamais.

La matière vivante est donc le siège d'un mouvement incessant, *la matière brute l'est aussi.*

Je *vois* cette pierre, parce que ses éléments vibrent sans cesse avec une effrayante rapidité et transmettent leur mouvement à mon œil ; cette pierre a une certaine température, parce que ses éléments vibrent sans cesse d'un mouvement qui se traduit chez nous par une *sensation* de chaleur; cette pierre pèse, sans cesse, sur le sol, parce que ses éléments sont le siège d'un mouvement incessant dont la synthèse se traduit par une pression; de même l'eau de la barrique presse sur les parois de la barrique, parce que ses éléments se meuvent sans cesse ; si je pratique un trou dans la paroi de la barrique, ces mouvements élémentaires, au lieu de déterminer une pression, produiront un mouvement d'ensemble ; l'eau s'écoulera par le trou.

Nous ne connaissons pas de matière immobile ; il en existe peut-être, mais nous ne pouvons pas la connaître, puisque nos organes des sens, par lesquels nous sommes avertis de ce qui se passe autour de nous, ne peuvent être impressionnés que par des mouvements. On a cru à l'immobilité de la matière avant de s'être rendu compte de la nature des phénomènes lumineux ; on a comparé grossièrement le caillou de la route à l'oiseau qui peut s'envoler, et on a considéré le premier comme inerte, le second comme créateur de mouvement ; l'un et l'autre sont le siège de mouvements incessants.

Il n'y a pas création de mouvement chez les animaux ; il y a seulement transformation de mouvement, mais cette transformation nous semble une création, comme tout ce qui est de nature chimique. Quand nous tirons un coup de canon, avec de la poudre qui paraissait immobile, nous transformons en un mouvement linéaire d'ensemble, savoir le transport du boulet, tous les petits mouvements qui, dans chacun des éléments au repos chimique, caractérisaient précisément la nature chimique de ces éléments. De même l'homme, nourri d'aliments et d'oxygène, transforme en activité humaine toutes les activités latentes de ces substances alimentaires.

Nous ne connaissons que de la matière en mouvement ; nous n'assistons qu'à des transformations de mouvement. Où donc pouvons-nous trouver la raison d'être de l'affirmation de saint Thomas : *Omne quod movetur ab alio movetur ?* Uniquement dans l'histoire du caillou auquel nous donnons un coup de pied ; c'est peu de chose, et nous avons vu ce qu'il faut en penser.

De même que les petits ruisseaux font les grandes rivières, de petits mouvements, que nous ne voyons pas, peuvent se synthétiser en grands mouvements que nous voyons et que nous croyons voir *naître* ; voilà la source de l'erreur de saint Thomas.

L'idée de mouvement est donc inséparable pour nous de l'idée de matière ; je pense que la plupart des théologiens continueront néanmoins, pour le besoin de la cause, à considérer la matière comme essentiellement immobile et ne pouvant être agitée que par l'esprit ; *mens agitat molem* ! Et cela démontre l'existence de l'*esprit*, puisqu'il y a du mouvement. Ce n'est pas plus difficile que cela.

Il y a de la matière en mouvement ; voilà ce que nous apprend la science ; les mouvements élémentaires se synthétisent de diverses manières et produisent des mouvements d'ensemble, mais nous ne constatons que des transformations, pas de créations de mouvement. Nous sommes nous-mêmes des agglomérations transitoires et perpétuellement changeantes de matière en mouvement ; le mouvement extérieur à nous retentit sur celui de nos éléments propres et voilà comment nous *connaissons* le monde.

Nous pouvons comparer entre eux certains phénomènes qui agissent sur nous d'une manière analogue ; toutes nos explications sont des comparaisons, mais toute comparaison n'est pas légitime ; nous venons de voir que la *Preuve* de saint Thomas repose sur la notion erronée d'une création de mouvement dont nous n'avons aucun exemple dans la nature. La fameuse Preuve de l'horloger est aussi peu valable. « De même que l'horloge nécessite un horloger, de même le monde nécessite un Dieu. »

L'horloger n'a rien créé ; agglomération transformatrice de mouvements, il a transformé en horloge des matériaux préexistants et préparé une synthèse du mouvement de ces matériaux qui se traduisit par le mouvement de l'horloge ; au contraire, Dieu aurait fait le monde avec rien, ce qui n'est pas du tout comparable au cas de l'horloger. Mais justement, me dira-t-on, c'était bien plus difficile et cela prouve la toute-puissance de Dieu. C'était même trop difficile, répondrai-je.

C'est un travers de l'esprit humain que de se poser des questions comme celle de l'origine de la matière. Quelle réponse appelle cette question ? Évidemment une comparaison avec quelque chose de connu, avec l'origine d'un animal, d'un cours d'eau, etc... Or, il est certain *a priori* qu'aucune de ces comparaisons ne sera légitime ; on les fait néanmoins, beaucoup de gens trouvant cela scientifique, et c'est ainsi que les petits enfants des écoles religieuses sont plus instruits que les plus illustres philosophes qui refusent de se payer de mots [1].

* **

L'abbé Hébert conclut donc que les Preuves de saint Thomas sont des sophismes ; il ne peut pas croire à un Dieu personnel ; l'existence du *mal* lui paraît en contradiction avec celle de Dieu : « Il est devenu à jamais impossible de dire en les prenant à la lettre, ces mots : Je crois au Père céleste, à l'amour Infini créateur de la phtisie, de la peste, du cancer, des cyclones et des volcans [2]... » J'aime mieux le raisonnement que fait le même auteur quelques pages plus loin (p. 11) : « Con-

---

[1]. Lettre pastorale de l'évêque de Belley, 1902 : « ... Le plus petit enfant de nos écoles, la plus simple femme de la campagne, a des notions plus claires, plus certaines, sur Dieu, sur le monde, sur son âme, que les plus illustres philosophes. »
[2]. *Op. cit.*, p. 5.

clure que le divin est personnel... c'est oublier... que la personnalité humaine (à laquelle nous le comparerions) nous apparaît comme quelque chose d'essentiellement variable qui se fait, se réalise sans cesse. Il s'ensuit donc que nous ne pouvons affirmer la personnalité de Dieu, pas plus que nous ne pouvons lui appliquer les catégories d'espace et de temps. » J'ai moi-même soutenu cette même idée dans *Le Conflit* (pp. 251-252), et je pense que c'est un des meilleurs arguments contre ceux qui personnifient Dieu.

Mais je me sépare de l'abbé Hébert quand, au Dieu personnel, il veut substituer le Divin impersonnel.

Avouons-le donc, dit-il (p. 6) : la Réalité, en tant qu'elle se manifeste comme puissance active, ne représente ni une toute-puissance, ni une toute-science, ni une toute-bonté, bien plutôt une gigantesque, une incommensurable *force* qui, à tâtons, sans jamais se lasser, poursuit, à travers d'innombrables essais, son incessant effort vers le mieux, vers l'Idéal. Cet Idéal, loi vivante, vraie vie de toute vie et non loi abstraite comme celles d'un manuel de physique ou de chimie, la Réalité le porte en elle-même comme la loi propre de son évolution ; voilà pourquoi, en définitive, la résultante des forces du monde est orientée dans le sens du Bien.

Enlevez de cette phrase les mots qui n'ont pas de sens précis, il n'en restera plus rien. Avoir nié l'existence d'une personnalité directrice du monde, pour admettre ensuite celle d'une *force* directrice, c'est se payer de monnaie bien légère ; car si l'on veut chercher aujourd'hui ce que signifie le mot *Force*, on est bien obligé d'admettre que ce mot représente précisément la personnification, dans le langage, d'une résultante de mouvements. La notion de force est venue de la constatation de l'effort produit par l'homme ; elle a une origine anthropomorphique comme la notion de Dieu, et elle est du même ordre. Quand on parle de la *force*, appelée poids, qui, sans cesse, sollicite une masse vers la terre, on pense à une personne qui *tire* sur le centre de gravité de cette masse ; cela peut être commode, dans le langage, pour représenter une résultante de mouvements compliqués, mais c'est dangereux pour les discussions philosophiques ; dans la phrase précédente, l'abbé Hébert considère évidemment cette force gigantesque et incommensurable comme une personnalité à laquelle il refuse la toute-science et la toute-bonté, mais à laquelle il accorde néanmoins la notion du mieux, de l'idéal, vers lequel tend son *incessant effort*.

Et qu'est-ce que « cet Idéal, loi vivante, vraie vie de toute vie ? » Ce sont là de jolies expressions pour une période oratoire, mais qui ne signifient rien. Rechercher le *but* du monde est le résultat d'un travers d'esprit analogue à celui qui pousse à vouloir expliquer l'origine de la matière, c'est vouloir comparer le monde à une rivière, à un jeune animal, à une flèche lancée par un homme, toutes comparaisons notoirement illégitimes ; c'est vouloir appliquer au monde le langage destiné à raconter l'histoire de l'homme ; c'est une erreur anthropomorphique.

L'usage même du mot « Loi » expose à des erreurs analogues ; le mot loi a été emprunté à l'histoire de l'homme et a tiré son origine de la croyance à l'existence d'un homme immortel, d'un Dieu créateur et législateur du monde. Ce que nous appelons « les lois naturelles », cela se réduit en fin de compte à la constatation de transformations de mouvements, transformations qui se produisent en nous comme au dehors de nous et grâce auxquelles nous sommes et connaissons ; c'est sortir volontairement de la logique que de rechercher l'essence de choses dont nous sommes nous-mêmes une résultante, nous et notre conscience investigatrice ; cela ne peut conduire qu'à des divagations sans fondement ; c'est métanthropique.

Ce qui est important, pour le philosophe, dit l'abbé Hébert, « c'est seulement affirmer la *réalité, l'objectivité* de l'Idéal » (p. 6). Cela est important, me semble-t-il, beaucoup plus pour le poète que pour le philosophe ; aussi est-ce à un poète que s'adresse l'auteur quand il veut trouver une justification de la substitution du Divin à Dieu.

Dire *le Divin* au lieu de *Dieu*, c'est sacrifier l'image pour sauver l'idée. Question de mots, objectera-t-on ? Nous répondrons avec un penseur moderne (Maeterlinck) : « Il est bien rare qu'un mystère disparaisse ; d'ordinaire il ne fait que changer de place. Mais il est souvent très important, très désirable qu'on parvienne à le changer de place. D'un certain point de vue, tout le progrès de la pensée humaine se réduit à deux ou trois changements de ce genre ; à avoir délogé deux ou trois mystères d'un lieu où ils faisaient du mal dans un autre où ils deviennent inoffensifs, où ils peuvent faire du bien. Parfois même, sans que le mystère change de place, il suffit qu'on réussisse à lui donner un autre nom. Ce qui s'appelait « les dieux » aujourd'hui on l'appelle « la vie ». Et si la vie est aussi inexplicable que les dieux, nous y avons du moins gagné que personne n'a le droit de parler ou de nuire en son nom.

Il s'agit de s'entendre sur le mot mystère. Les mystiques, comme l'auteur du *Temple enseveli*, aiment à en voir partout ; mais il y a mystère et mystère ; il y a des choses restées encore inconnues dans le monde accessible à l'homme, et il y a en outre des questions, notoirement insolubles, que l'homme se pose dans des accès de fureur poétique ; l'existence des dieux était un mystère de la seconde catégorie ; la vie est de la première, et dire que la vie est aussi inexplicable que les dieux, c'est se tromper volontairement. La chimie ne nous permet pas encore de répondre d'un seul mot aux poètes qui nous interrogent sur la nature de la vie, mais nous sommes déjà en mesure d'affirmer que la vie consiste en transformations de mouvement exactement du même ordre que celles dont la matière brute est l'objet; ces transformations, on les étudie, et on les connaîtra un jour en entier. Il restera ensuite, pour la vie comme pour la matière brute, le mystère de l'existence même des choses, mystère de la seconde catégorie de tout à l'heure, et que les philosophes négligeront comme métanthropique. Cela ne les empêchera pas d'ailleurs de goûter la fiction des poètes et leur belle langue imagée, mais ils se défieront précisément de la magie de cette belle langue qui a souvent été si nuisible à la clarté des discussions [1].

L'abbé Hébert ayant démontré qu'il est illogique de croire à un Dieu personnel, y substitue le *Divin* qui guide le monde vers le mieux, vers le plus parfait. Croire que le monde s'améliore sans cesse, c'est une illusion agréable et susceptible de donner lieu à des développements littéraires, mais il n'est pas scientifique de faire de cette croyance le point de départ d'un raisonnement. *Qu'est-ce qui est mieux?* Est-ce que la disparition des iguanodons et des plésiosaures a été une

---

[1]. Dans le *Temple enseveli*, ouvrage poétique mais philosophique aussi, Maeterlinck s'étonne que nous ne connaissions pas l'avenir qui, dit-il, doit exister aujourd'hui de même qu'existe une ville lointaine *avant que nous l'ayons vue*. Il y a des comparaisons dangereuses, et celle-ci en est une ; on ne saurait établir d'analogie entre la situation de l'homme dans l'espace et sa situation dans le temps. En particulier, ce que nous appelons le passé, c'est l'ensemble des mouvements desquels résulte le présent ; nous-mêmes, dans le présent, résultons d'un certain nombre des mouvements passés et c'est pour cela que nous *connaissons* quelques-uns des mouvements passés : au contraire, l'avenir, ce sont des mouvements qui résulteront des mouvements présents et qui, entre autres choses, feront que certains êtres *connaîtront* plus tard, des événements actuels. Vouloir connaître l'avenir, c'est oublier, de parti pris, le mécanisme même de la connaissance humaine. (Voyez plus loin : *La connaissance de l'avenir*).

amélioration ? Est-ce que l'écrêtement des montagnes par les actions atmosphériques rend le monde plus parfait ? J'admets qu'il y a un perfectionnement de la condition des hommes à mesure que l'humanité vieillit ; je souhaite de toutes mes forces que ce perfectionnement aille croissant de jour en jour, mais ce n'est là qu'une notion purement anthropocentriste et qui ne permet pas d'affirmer avec l'abbé Hébert : « La résultante des forces du monde est orientée vers le bien. » Et même, si nous regardons plus loin, quelle nous paraît être la destinée de l'homme ? Les générations naîtront et mourront successivement, jusqu'au jour où il n'y aura plus d'êtres humains, les conditions de la vie humaine n'étant plus réalisées sur la Terre ; la Terre elle-même deviendra un astre froid comme la lune ; puis ce sera le tour du soleil ; est-ce là le parfait rêvé ? Un univers peuplé d'astres morts ! Trouvez-vous avec Erasme que : « le Bien, c'est le repos, le silence et la nuit » ? *Words ! Words !* Affirmer la « réalité, l'objectivité de l'Idéal, du Divin », c'est commettre une erreur de même ordre que de croire à la personnalité divine. C'est partir d'un postulat analogue à celui de Bernardin de Saint-Pierre admirant « l'Harmonie de la nature », Harmonie qui signifie simplement que « les choses sont comme elles sont et non autrement ». Et quant à l'adaptation des êtres à leur milieu, Lamarck et Darwin nous ont appris à y voir un résultat fatal des mouvements naturels. Alors, quoi ?

Renan admet qu'il faut un Dieu pour le peuple, pour les simples ; « Dites-leur (aux simples) d'aimer Dieu, de ne pas offenser Dieu, ils vous comprendront à merveille...... Mais c'est une faute contre toute critique que de prétendre ériger une telle méthode en méthode scientifique. » Je ne discute pas ici la question de savoir s'il est bon de tromper les pauvres gens et de leur raconter que « Dieu place son arc dans les nues », uniquement parce que Moïse, ignorant, a méconnu le phénomène de l'arc-en-ciel ; je crois qu'il est préférable d'éduquer le peuple de manière qu'il n'ait plus besoin de croquemitaine pour être sage ; mais en dehors de cette question, il est bien évident que l'on doit écarter toute concession utilitaire de la discussion scientifique ; et ayant supprimé Dieu, maintenir « le Divin », c'est perdre le terrain gagné.

Il y a cependant de l'Inconnaissable, me dira-t-on ; sans doute, je suis le premier à l'affirmer, et dans cet inconnaissable, il y a tout ce qui *n'agit pas* sur l'homme, tout ce qui est, par suite, indifférent à l'homme. Il y a aussi dans l'inconnaissable un certain nombre de réponses à des questions que l'homme se pose à tort et que son « mode de connaissance » même lui interdit de résoudre ; tel est par exemple le problème des origines ! « Mais, me disait récemment un ami, c'est là, précisément, le Divin ! » Le mot inconnaissable vaut certes mieux, car on ne pourra empêcher d'appliquer au mot « Divin », qui étymologiquement vient de Dieu, quelques-uns des attributs que l'on prêtait autrefois à Dieu (but, puissance directrice, d'après l'abbé Hébert).

La lune nous montre toujours la même face ; nous ignorons ce qui se passe de l'autre côté de notre satellite et ce qui s'y passe nous est indifférent. Dirons-nous que le derrière de la lune est divin parce que nous sommes sûrs de ne jamais le voir ?

IV

LE MOUVEMENT RÉTROGRADE EN BIOLOGIE

Il y a quelques années, M. Armand Gautier faisait, à la ligue contre l'athéisme, une conférence ayant pour objet la discussion de cette question : « Les manifestations de la vie dérivent-elles toutes de forces matérielles ? » Et, naturellement, comme on devait s'y attendre dans une conférence faite à ce public choisi, l'orateur concluait par la négative : il y avait *autre chose*, dans la vie, que de la physique et de la chimie ; les matérialistes ne pouvaient rester matérialistes qu'en restreignant *volontairement* leur examen à la partie inférieure des phénomènes vitaux, au substratum de la vie qui n'explique pas la vie.

J'ai repris point par point l'argumentation du savant professeur[1] et j'ai essayé de montrer que si M. A. Gautier est, sans contredit, un grand chimiste, ses opinions biologiques ne sont guère fondées et ne peuvent s'expliquer que par un parti pris provenant de convictions dont la source n'est pas le laboratoire. Cette conférence de M. A. Gautier n'a d'ailleurs pas été perdue ; plusieurs auteurs s'en sont servis victorieusement contre le dangereux monisme de l'école moderne, et je n'ai pas

---

[1]. *L'Individualité et l'erreur individualiste*. Paris, F. Alcan, 1898.

besoin de dire que ces auteurs n'ont pas fait allusion aux réfutations des arguments dont ils avaient besoin[1].

Plus récemment, M. Grasset, le célèbre professeur de médecine de Montpellier, a repris la même thèse dans un livre intitulé : « Les limites de la Biologie », ouvrage fait en grande partie de citations et qui, pour un esprit non prévenu, démontre seulement la solidité des croyances religieuses de l'auteur ; il sera néanmoins utilisé, lui aussi, dans la lutte contre les monistes. J'ai consacré tout le chapitre II à l'étude du livre de M. Grasset.

M. Grasset est médecin, M. Gautier est chimiste, mais leur réputation de *savants* permettra d'opposer leur opinion à celle d'autres hommes de science, même quand il s'agira d'un domaine scientifique pour lequel ils n'ont pas de compétence spéciale. Voici maintenant qu'un biologiste de profession se joint à eux, ce qui est bien plus important, quoique le biologiste en question n'ait pas encore leur notoriété scientifique malgré une communication retentissante, faite à l'Académie des sciences, au sujet de l'origine miraculeuse du suaire de Turin.

Dans une thèse pour le doctorat, modestement intitulée : « Recherches de cytologie générale sur les Épithéliums » M. Paul Vignon s'attache à démontrer qu'il y a, dans l'être vivant, une *cause centrale* : « La notion de cause centrale est, à nos yeux, d'une impérieuse nécessité » (p. 377). C'est surtout dans le chapitre III de la deuxième partie de son travail que l'auteur s'occupe de cette intéressante question, et l'on ne peut s'empêcher d'attacher une grande importance à ses conclusions après avoir lu (p. 632) cette promesse d'impartialité : « Je m'efforcerai d'oublier que des

---

[1]. V. Godard, *Le positivisme chrétien*. Paris, Bloud et Barral.

préoccupations philosophiques ont pu intervenir dans un problème si positif. »

Voici d'ailleurs comment il pose le problème du mouvement ciliaire : « Étant donné que le mouvement du cil dérive évidemment des propriétés du cytoplasma, lesquelles propriétés sont, non moins évidemment, conditionnées à chaque instant par les relations qui existent entre l'élément biologique et le milieu ambiant, doit-on admettre que le cytoplasma, *dirige ce mouvement*, comme nous dirigeons les mouvements de nos membres, ou bien la direction des vibrations dépend-elle des réactions de surface effectuées entre le cil et le milieu ambiant? Autrement dit : les particularités du mouvement ciliaire sont-elles l'effet d'une coordination, ou échappent-elles à toute action centrale consciente ou inconsciente, peu importe — de l'être biologique? » (P. 631.)

Je crains que, même dans la manière dont la question est posée, il n'y ait une source d'erreur. L'existence d'une coordination n'entraîne pas celle d'une cause centrale. Un piège à rats est formé d'un ensemble de parties coordonnées, dont le fonctionnement emprisonne le rat aventureux qui a rongé l'appât, et cependant un piège à rats n'a pas d'âme. Si une observation bien faite prouve qu'il y a coordination des mouvements d'un Protozoaire, par exemple, cela n'indiquera pas que la cause de ces mouvements coordonnés n'est pas extérieure au Protozoaire. Il peut y avoir mouvement *d'ensemble* sous l'action d'un certain nombre d'agents extérieurs, sans que cela démontre l'existence d'une cause intérieure d'action.

Qu'il y ait une liaison des diverses parties du Protozoaire, liaison telle que les différentes parties soient sous la dépendance les unes des autres, au point de vue de l'activité fonctionnelle, cela ne fait aucun doute pour moi à cause de cette conclusion des expériences de mérotomie : « qu'il y a un rapport établi entre la forme spécifique et la composition chimique, et que, la composition chimique se conservant par assimilation, la forme spécifique se régénère après une mutilation. » Il me semble évident que si les diverses parties d'un Protozoaire étaient indépendantes les unes des autres, on pourrait en supprimer une quelconque sans gêner le reste de l'animal. Non seulement il n'y aurait pas régénération de la forme, *il n'y aurait pas de forme !* Le fait que, dans les conditions données, de la substance de *Stentor* prend la forme d'un Stentor, prouve une coordination nécessaire à l'équilibre même de cette substance. Si donc nous observons, dans les mouvements d'ensemble d'un Protozoaire, les traces d'une coordination, nous ne devons pas nous en étonner, puisque la genèse même de la forme de cet animal prouvait la nécessité de cette coordination. Et cette observation ne nous donnera aucunement le droit de supposer, dans ce Stentor, une cause *centrale* des mouvements coordonnés.

Voyons d'ailleurs les observations qui ont permis à M. Vignon d'*établir* l'existence de cette cause centrale chez les Protozoaires. Il n'y en a que trois dans son travail et je ne puis résister au désir de reproduire les deux plus courtes d'entre elles :

« Un petit Infusoire holotrichide, que je n'ai pas eu la possibilité de déterminer avec une parfaite exactitude (*Holophrya* ?), se tient immobile dans le champ du microscope, avec tous ses cils en extension. Un autre Infusoire le heurte dans sa course, en un point très limité. Le premier fuit immédiatement, en agitant tous ses cils à la fois. Il est parfaitement certain que le stimulus ne s'est pas transmis d'un cil au cil voisin, à partir du point du corps qui a été touché. La vibration ne s'est pas établie de proche en proche ; tout se passe comme si le stimulus était parvenu à une région ganglionnaire, jouant le rôle d'un organe nerveux central et d'où un ordre de mouvement aurait été transmis à l'ensemble des cils » (p. 653).

Cette observation (?) ne diffère en rien de celles que l'on fait à chaque instant en mettant l'œil au microscope pour regarder une goutte d'eau à Infusoires. Les conditions sont très complexes dans cette goutte d'eau ; on voit des mouvements divers que l'on est dans l'impossibilité d'analyser et la seule conclusion que l'on puisse tirer de ce que l'on voit, c'est qu'on ne sait pas du tout quelles sont les causes des mouvements observés. Des expériences de Pfeffer, de Verworn, etc... ont permis d'analyser, de décomposer les causes de mouvement et l'on en a conclu qu'il était possible de comprendre que les Protozoaires exécutent, même leurs mouvements les plus compliqués, sous l'action des agents extérieurs.

Une observation (?) comme celle que je viens de rapporter ne prouve rien. Quant à savoir si, chez ce petit Infusoire, les cils sont partis tous à la fois ou successivement, M. Vignon ne le sait malheureusement pas, ni moi non plus.

Pour un Infusoire aussi petit que celui dont il est question ici, et qui a comme longueur quelques millièmes de millimètre, il paraît en effet bien difficile d'apprécier une différence entre la durée de la transmission du stimulus, par l'intermédiaire du cytoplasme, du ganglion hypothétique de l'auteur et celle de sa transmission par les vibrations du milieu ambiant. Et cependant, c'est là la première des trois observations sur lesquelles M. Vignon base sa démonstration.

La seconde est trop longue pour que je la reproduise, mais n'est pas plus probante (et d'ailleurs que prouverait-elle ?) que la troisième dont voici la reproduction fidèle :

« Nous suivions un jour les mouvements d'une Paramécie qui nageait, en apparence au hasard, dans le champ du microscope. Sa course était limitée rapidement de tous côtés par des débris de zooglée. L'animal, obéissant à une de ces excitations premières difficiles à définir, et qui faisaient dire à Engelmann que les Protozoaires étaient doués d'automatisme, voulut franchir le rempart qui s'opposait à son passage. Ce sont les efforts qu'il fit pour y parvenir que nous allons relater. Si la Paramécie n'avait pas été capable de plus de coordination que ne l'est un muscle coupé (ainsi que le veut Jennings), parvenue au contact du rempart de zooglée, elle se serait arrêtée, comme le font souvent les Infusoires lorsqu'ils rencontrent des corps solides. Ou encore elle aurait exécuté la série de mouvements soi-disant machinaux que le même Jennings a détaillés : elle aurait reculé, aurait fait un demi-tour dans un sens déterminé, puis serait repartie tout droit devant elle. Or l'animal se comporta sous nos yeux, tout autrement. *Il effila sa partie antérieure* de façon à la faire pénétrer comme une trompe, dans la masse de zooglée; pour y mieux parvenir, *il combina les contractions de ses téguments* avec les battements énergiques de ses cils. Après quoi, *il renfla la portion du corps* qui s'était déjà créé un passage, de façon à élargir la brèche et se *hâla de son mieux* sur le bourgeon charnu ainsi incrusté dans l'intérieur de l'obstacle. Ces efforts combinés demeurant infructueux, la Paramécie recula et reprit, en arrière de la muraille qu'elle n'avait pu franchir, sa forme ovale ordinaire. Mais ce fut pour recommencer, un peu plus loin, la même série d'opérations. La résistance de la zooglée se trouvant moins forte, ou l'animal ayant mieux manœuvré, il réussit à se frayer un chemin, et, du côté opposé, parvenu dans des eaux plus libres, reprit sa course errante (p. 655). »

J'ai moi-même employé bien des heures à regarder des Paramécies ; je les ai vues passer d'un point à un autre, soit à travers des obstacles apparents, soit dans un milieu purement liquide et je n'ai pu me défendre d'admettre que lorsqu'elles étaient arrivées à un certain point, *tout* s'était évidemment passé de manière à ce qu'elles y arrivassent ; et quand je dis *tout*, j'entends aussi bien ce qui s'était passé dans le milieu que ce qui s'était passé dans la Paramécie. Quant à savoir si la Paramécie avait fait exprès d'aller là où je la voyais, si elle y avait intérêt et si elle en avait le désir, je ne le sais pas plus que M. Vignon ne peut savoir quel avantage avait sa Paramécie à franchir son rempart de zooglée. Il y avait là des conditions telles que l'Infusoire a été transporté de son point de départ à son point d'arrivée et rien n'est plus intéressant que de décomposer, par des expériences bien conduites, les causes complexes de ces mouvements. M. Vignon trouve plus commode de raconter l'histoire de sa Paramécie comme il raconterait celle d'un homme qui voudrait passer à travers un fourré. C'est en effet plus facile et beaucoup d'autres auteurs ont fait de même. Un illustre micrographe a décrit les élans passionnés des Infusoires en rut. Cela est fort intéressant à lire, mais cela n'avance guère. On pourrait aussi raconter l'histoire d'une goutte d'eau de la manière suivante :

« Un jour, je regardais une goutte d'eau qui tremblotait sur une planche inclinée. Je ne savais pas ce qu'elle allait faire. Brusquement elle se décida et prit sa course, mais elle se ravisa un instant après et s'arrêta. J'étais de plus en plus intrigué, mais je compris bientôt ce qu'elle voulait. La planche était percée d'une fente à jour, la goutte se dirigea vers la fente avec l'intention évidente de passer de l'autre côté (pour éviter le soleil ?). Là, chose étonnante, elle prit, pour traverser, *exactement la forme de la fente* ; je crus qu'elle avait réussi quand je la vis avec stupéfaction revenir sur ses pas et reprendre la forme sphéroïdale (j'ai su depuis que c'était le vent qui, en soufflant dans la fente, lui avait fait changer sa détermination). Elle ne se tint pas pour battue et continua de rouler jusqu'à ce que trouvant une autre fente plus propice elle réussit enfin à passer de l'autre côté de la planche. »

Évidemment, je ne prétends pas que les agents du mouvement de la Paramécie soient aussi simples que ceux du mouvement de la goutte d'eau ; pour la goutte d'eau il n'y a que la pesanteur et les frottements ; pour la Paramécie il y a un grand nombre de réactions chimiques et en outre, des réactions d'ensemble dues à ce que la Paramécie a une forme et que la goutte d'eau en change sans cesse. Mais il est bien certain que l'on a autant le droit de raconter en langage anthropomorphique l'histoire de la goutte d'eau que celle de la Paramécie. M. Vignon fait remarquer que dans le petit drame dont nous venons d'être témoins, « il n'y a rien de plus extraordinaire que dans les mouvements dont sont capables les animaux fouisseurs quelconques, les Arénicoles, les Balanoglosses, etc... » Il est évident qu'avec ce dont est capable l'homme, on peut raconter ce dont est capable un animal moins bien doué que lui, voire même ce dont est capable une goutte d'eau ; mais cela est peu utile à la compréhension du mécanisme de l'homme, compréhension qui est le but de la biologie, et en tout cas, cela n'autorise pas à voir un homme dans l'Arénicole, la Paramécie, l'Amibe.

Je n'insiste pas sur cette discussion ; elle est bien inutile puisque M. Vignon ne nous apporte sur les Protozoaires que des faits dont nous sommes témoins tous les jours ; ce qui est particulier dans son travail, c'est seulement la manière de raconter ; il raconte l'histoire des Protozoaires comme s'il y avait un homme dans chacun d'eux. C'est justement ce que faisait Ehrenberg il y a près d'un siècle ; M. Vignon ne s'en cache pas : « Il y a quelques années, dit-il (p. 670), les naturalistes étaient très favorables aux idées auxquelles les faits nous ont amenés. Aujourd'hui, ils concluent le plus souvent dans le sens opposé, mais ils s'écartent en cela des réalités, pour se plier aux exigences de certaines doctrines *a priori*. »

Je ne crois pas que ce soit « pour se plier aux exigences de certaines doctrines » que les naturalistes d'aujourd'hui essaient de *comprendre* la nature des phénomènes vitaux. Je crois seulement que les sciences naturelles se sont substituées à l'histoire naturelle. Les naturalistes ne sont plus seulement des gens qui décrivent des formes et admirent avec Bernardin de Saint-Pierre la sublimité du plan de la providence, ce sont des savants, et ils ne se paient plus de mots. Aujourd'hui on fait de la physique et des mathématiques avant d'entreprendre l'étude de la biologie ; on n'emploie plus à tort et à travers les mots *force, énergie, potentialité*, mots avec lesquels on dissimulait habilement autrefois l'absence totale d'explication des faits. Les doctrines nouvelles, dit M. Vignon, « se présentent à nous avec un patronage physico-chimique qui fait leur force apparente. Si donc nous devions les soumettre à un examen tant soit peu approfondi, il faudrait demander aux physiciens et aux chimistes ce qu'ils en pensent réellement. C'est dans un mémoire ultérieur que nous nous efforcerons d'effectuer cette enquête » (p. 379).

Espérons que cette enquête nous donnera l'explication des conclusions de l'auteur ; il a voulu, nous dit-il,

« mettre à son rang, c'est-à-dire au premier rang, le rôle de la coordination biologique. Cette coordination est bien une force, *unificatrice de la matière de l'être* » (p. 691). Je souhaite que les physiciens et les chimistes nous expliquent ce que cela veut dire. Mais j'ai bien peur que ces pauvres savants ne soient fort en peine devant la conclusion ultime de M. Vignon : « *L'individu est une force qui cherche à entrer en tension ; la vie est l'acte de cette force* (p. 691) ».

M. le D' Bard nous a naguère appris que la vie est une « force à direction cyclique » ce qui n'était déjà pas mal. « La force qui cherche à entrer en tension » est mieux. Attendons-nous à entendre dire que la vie est une accélération qui cherche à entrer en vitesse, ou toute autre chose du même ordre. Rabelais a mis des phrases aussi raisonnables dans la bouche de ses deux plaideurs, mais c'était seulement « pour ce que rire est le propre de l'homme ».

M. Vignon nous dit que nous ne sommes pas favorables aux idées auxquelles les faits l'ont amené, parce que nous voulons « nous plier aux exigences de certaines doctrines a priori ». Je crois plutôt que si la plupart des naturalistes modernes ont renoncé aux prétendues explications d'autrefois, c'est parce qu'ils ont vu que ces explications se réduisent à des modes vides de sens, comme les définitions de M. Vignon.

V

L'ÉVOLUTION ET LES APOLOGISTES [1]

Fabrice Tacaud était bon prophète, quand il disait, il y a à peine deux ans, à son ami l'abbé Jozon [2] :

Ainsi vous reniez aujourd'hui ceux qui ont autrefois voulu rendre la terre fixe malgré les astronomes. C'est qu'aujourd'hui, vous ne pouvez plus lutter contre l'évidence, vous n'êtes plus assez forts. Pour un peu vous démontreriez qu'en interprétant convenablement la Bible on y trouve la rotation de la Terre autour du Soleil. Vous avez accepté péniblement les conquêtes de l'astronomie ; puis il a fallu vous résigner à accepter celles de la géologie ; *je ne désespère pas de vous voir accepter un jour celles de la biologie et déclarer que Moïse a été un précurseur de Darwin.*

Voici justement que M. Brunetière [3] a réalisé la prédiction de M. Tacaud. Et M. Brunetière n'est pas un homme dont les opinions soient indifférentes à l'Église. Son « célèbre discours de Lille » marquera, suivant son éditeur (*Les Motifs d'espérer*, p. 4), « une date dans l'histoire de l'apologétique ». Je pense que son non moins célèbre discours de Lyon, celui qui est reproduit dans la nouvelle brochure de la collection

---

1. *Revue Blanche*, 15 mars 1902.
2. Le Dantec, *Le Conflit*, p. 62.
3. Brunetière, *Les Motifs d'espérer*. Paris, Bloud et Barral, 1902.

« Science et Religion », sera également apprécié des apologistes. Écoutons donc M. Brunetière (p. 41) : « redresser les fausses interprétations qu'on en donne et faire à son tour servir l'évolutionnisme au progrès de l'apologétique. »

Je ne remonterai pas pour cela, dit-il, jusqu'à l'origine des choses, et c'est à peine si j'insisterai sur les remarquables endroits de leurs œuvres où un Renan, par exemple, et même un Hæckel ont, à leur manière, assez inattendue, justifié, contre les chicanes d'une vaine exégèse, le récit biblique de la création. « Dans le récit mosaïque de la création, dit Hæckel, deux des plus importantes propositions fondamentales de la théorie évolutive se montrent à nous avec une clarté et une précision surprenantes : ce sont l'idée de la division du travail ou de la différenciation et l'idée du développement progressif ou du perfectionnement. » On lit d'autre part, dans l'*Histoire d'Israël*, un passage curieux « sur le génie des Darwin inconnus », — c'est l'expression même de Renan, — qui, les premiers, ont conçu cette idée « que le monde a un *devenir*, une histoire où chaque état sort de l'état antérieur par un développement organique » ; et ces Darwin, selon sa supposition, ce sont précisément les rédacteurs de la *Genèse*. Et je n'ai garde, messieurs, de donner à ces aveux plus de portée qu'ils n'en ont ! Je ne veux pas essayer d'en tirer plus de conséquences qu'ils n'en contiennent ! Mais n'ai-je pas le droit de les retenir, et, comme on dit, d'en faire état ? Admettons que l'évolution soit plus qu'une hypothèse. Il ne m'est pas indifférent, il ne peut pas nous être indifférent que les « propositions fondamentales les plus importantes de la théorie » se montrent à nous dans la *Genèse* « avec une clarté et une simplicité surprenantes », et qu'ainsi, dans ses grandes lignes, le récit mosaïque de la création concorde avec les conclusions de la science la plus moderne, pour ne pas dire la plus avancée.

N'est-ce pas là ce qu'avait annoncé M. Tacaud ? Je dois avouer, en revanche, qu'il n'avait pas prévu l'éloquence avec laquelle M. Brunetière a tiré d'un Renan et d'un Hæckel la démonstration de cette éclatante vérité. Mais ce n'est pas tout ; écoutez encore l'éloquent apologiste (p. 43) :

> Une autre observation vous frappera peut-être davantage, c'est le nom de Charles Darwin, qui est présentement, *et à bon droit*, inséparable de l'idée d'Évolution, mais dix ou douze ans avant Darwin, — dans un livre qui fit presque autant de bruit à son heure que le livre fameux de l'*Origine des espèces*, — un autre Anglais, qui n'était pas un naturaliste, avait déjà plus qu'entrevu toute la fécondité de l'idée : je veux parler de celui qui devait être un jour le cardinal Newman, et du livre auquel il a donné le titre d'*Essai sur le développement de la doctrine chrétienne*. Vous en connaissez sans doute la thèse essentielle. « Je soutiens, y disait l'auteur, qu'en raison de la nature de l'esprit humain, le temps est nécessaire pour l'intelligence complète et le perfectionnement des grandes idées, et que les vérités les plus élevées, encore que communiquées au monde une fois de plus par des maîtres inspirés, ne sauraient être comprises tout d'un coup par ceux qui les reçoivent. » N'est-ce pas là, messieurs, toute l'évolution ? « *Il y a temps pour tout* », selon le mot même de l'Ecclésiaste ! « L'oiseau en état de voler diffère de la forme qu'il avait dans l'œuf. Le papillon est le développement, mais en aucune manière l'image de sa chrysalide. La baleine est classée parmi les mammifères, et cependant nous devons penser qu'il s'est opéré chez elle quelque étrange transformation pour la rendre à la fois si semblable et si contraire aux autres animaux de sa classe. » C'est toujours Newman qui parle, messieurs, et non Darwin, — on pourrait aisément s'y tromper.

Voyez comme cela est important ! Quelques pages plus haut (p. 37), à propos d'Auguste Comte, M. Brunetière disait :

> Reprenons d'abord notre bien dans le positivisme ! Mais ensuite et puisqu'il s'agit ici du plus grand philosophe que la France ait connu depuis Descartes, si peut-être il avait ajouté quelque chose à ce qu'il nous empruntait, ne faisons pas les dégoûtés, — passez-moi l'énergie familière de l'expression — et approprions-le-nous à notre tour.

C'est ce que j'appelle, Messieurs, se servir de ses adversaires.

Et puisque Newman, futur cardinal, a parlé d'évolution dix ans avant Darwin, la théorie de l'évolution n'appartient-elle pas à l'Église ? Darwin y a peut-être ajouté quelques mauvaises choses (p. 45) :

> Darwin ira sans doute plus loin ; mais tout justement, c'est en allant plus loin qu'il faussera la doctrine et que ses disciples, à leur tour, en compromettront jusqu'à la vérité.

Ainsi donc, ce qu'il y a de bon dans la théorie de l'Évolution appartient au cardinal Newman. L'Église peut reprendre son bien dans Darwin. Voilà qui n'est pas douteux et je ne discuterai pas l'importance plus ou moins considérable des fragments empruntés à l'*Essai sur le développement de la doctrine chrétienne*.

Mais vraiment, cher maître, je m'étonne que votre patriotisme éclairé semble ignorer une de nos plus grandes gloires nationales. C'est en 1809 que Lamarck publia son immortel ouvrage, la *Philosophie zoologique*. Vous n'ignorez sans doute pas que Gœthe s'est vivement intéressé au début du xix° siècle au grand mouvement transformiste étouffé sous le despotisme de Cuvier. Si Newman pouvait réellement être considéré comme un évolutionniste, la théorie de l'Évolution n'en appartiendrait pas davantage à l'Église, car si, comme vous dites, le nom de Charles Darwin est, *à bon droit*, inséparable de l'idée d'Évolution, l'illustre auteur de l'*Origine des espèces* n'en est pas moins venu cinquante ans après Lamarck — qu'il a d'ailleurs méconnu, ce qui est une tache à sa gloire. Ah ! si Lamarck et G. Saint-Hilaire avaient été cardinaux, ou même simplement curés ! l'Évolution appartiendrait à l'Église ! Hélas ! il faut en faire votre deuil, à moins que vous ne remontiez à Moïse, comme l'annonçait le prévoyant M. Tacaud.

Mais que dis-je ? Si Lamarck n'était pas tonsuré, du moins pourra-t-on tirer de ses œuvres quelques bons passages au moyen du système des citations tronquées que préconise M. Brunetière (p. 24) après avoir reproduit un passage d'Auguste Comte :

> Et à la vérité, j'ai dû, messieurs, en citant ces lignes, supprimer quelques membres de phrase et je ne saurais omettre de dire que, dans le texte du philosophe, elles sont précédées et suivies de considérations bien étranges ! Mais, précisément, c'est ce que j'espère et ce que je vous propose : dans ce grand et massif édifice de la *Philosophie positive*, il y a lieu de faire un choix des matériaux. Faisons-le. Distinguons et séparons. N'hésitons pas à nous approprier ce qui peut nous en servir. Mettons-y hardiment notre marque. La vérité est à tout le monde, et s'il arrive que nos adversaires l'aient éloquemment exprimée, ne la repoussons, ni ne la dédaignons, ni ne la méconnaissons parce qu'ils sont nos adversaires, ni parce qu'elle est mélangée d'erreur.

Voilà de bons principes — une fructueuse méthode ! On élaguera l'*erreur* et on fera dire aux gens précisément le contraire de ce qu'ils ont pensé. En appliquant la méthode à Lamarck, on pourra trouver, en particulier, un certain nombre de passages qu'il a glissés dans son ouvrage pour qu'on en autorisât la publication et avec l'ensemble de ces passages on pourra faire une brochure pour la bibliothèque *Science et Religion*.

Par exemple, page 349, il commence un admirable exposé de l'origine commune de l'homme et des singes, mais il commence par ces mots prudents : « *Si l'homme n'était distingué des animaux que relativement à son organisation, il serait aisé de montrer que les caractères d'organisation dont on se sert pour en former, avec ses variétés, une famille à part, sont tous le produit* d'anciens changements dans ses actions et des habitudes qu'il a prises et qui sont devenues particulières aux individus de son espèce. » Puis viennent huit pages dans lesquelles il n'est plus question de restrictions et dans lesquelles l'auteur démontre admirablement notre parenté avec les anthropoïdes. Ensuite vient la conclusion prudente : « Telles seraient les réflexions que l'on pourrait faire si l'homme n'était distingué des animaux que par les caractères de son organisation et si son origine n'était pas différente de la leur. » Avec la *méthode* de M. Brunetière, on conservera le début prudent et la conclusion prudente, on supprimera les huit pages intermédiaires et l'on fera ainsi des *morceaux choisis* de Lamarck à l'usage des écoles primaires. Voilà, sûrement, un excellent *motif d'espérer*.

A propos de la citation du cardinal Newman, M. Brunetière trouve une difficulté :

> ... une difficulté qu'on éprouve, c'est de concilier l'immutabilité du dogme avec la possibilité du progrès dans le christianisme ; et, en effet, si la vérité est venue de Dieu et a d'abord toute sa perfection, comment concevez-vous que le temps puisse y ajouter quelque chose ? Il me semble, messieurs, que la théorie de l'évolution nous offre un moyen de lever l'obstacle. Un philosophe a jadis essayé de nous dire : *Comment les dogmes finissent,* et un autre philosophe s'est efforcé de montrer : *Comment ils renaissent* : la théorie de l'évolution nous enseigne : *Comment les dogmes vivent* ; — je n'ose dire encore, et de peur d'être mal compris : *Comment les dogmes évoluent...* Les dogmes sont toujours en substance ce qu'ils seront et cette substance ne variera pas. Mais ce sont des hommes qui reçoivent ou qui conçoivent les dogmes ; ce sont des êtres contingents et ce sont des êtres successifs...

Heureusement que M. Brunetière est un apologiste qualifié ! A-t-on assez reproché à ce pauvre M. Tacaud d'avoir dit[1] : « Et le dogme reculera toujours, toujours, devant les conquêtes progressives de la science, mais en conservant toujours son autorité et son intangibilité primitives. » Avec de l'habileté on peut tirer plusieurs moutures du même sac. Une vérité est une vérité à condition qu'on s'en serve pour le bon motif. En voici un autre exemple que nous fournit M. Brunetière (p. 35) :

> Si cependant il [Auguste Comte] a enseigné que le véritable progrès, et — ne nous lassons pas de le dire, — le seul qui soit digne de ce nom, est le progrès moral ; que la science ne devait se proposer d'autre objet que de le réaliser ; et que toute philosophie ne saurait avoir de plus haute ambition que de se terminer à la morale, qu'il appelait seulement du nom de *sociologie*, est-ce que ce n'est pas, messieurs, ce que nous croyons comme lui ?

M. Grasset, dans un livre que j'analysais dans un précédent chapitre[2], disait exactement le contraire. La morale, ce n'est pas du tout ce que d'aucuns ont appelé l'hygiène sociale. Ce serait trop commode pour ceux qui veulent expliquer la morale par la biologie. Voilà donc deux apologistes qui se contredisent ; ce n'est pas la première fois, mais on conservera tout de même les arguments de l'un et de l'autre. Il ne faut pas, d'ailleurs, s'attaquer à un apologiste ; si par hasard on réussit à montrer le peu de fondement de ses arguments, il cesse d'être *persona grata* et ainsi celui qui l'a attaqué a perdu son temps. J'ai étudié récemment des arguments du cardinal Manning ; « mais, m'a répondu une bonne Revue, le cardinal Manning n'est pas une autorité. » Espérons que M. Brunetière en restera une.

M. Brunetière prétend que les transformistes enseignent les causes finales (p. 54). Il le prétend à propos

---

1. *Le Conflit*, op. cit., p. 72.
2. *Les Limites de la Biologie*.

de la fameuse formule « la fonction crée l'organe ». Cette formule n'est pas de Darwin; elle résume trop brièvement un principe de notre grand Lamarck[1] que M. Brunetière veut ignorer. Quant à Darwin, il suffit de lire attentivement ses œuvres pour s'apercevoir qu'aucun autre ouvrage scientifique n'est moins entaché de finalisme. Mais tel est l'amour de certains hommes pour les vieux dogmes qu'ils trouvent naturellement, de la meilleure foi du monde, des tares intellectuelles incurables chez ceux qui essaient de substituer le règne de la logique à celui de la tradition.

1. V. plus haut, *Introduction*, p. 27.

VI

LA CONNAISSANCE DE L'AVENIR

Le Dr Socrate Trublet, dans l'*Histoire Comique* d'Anatole France, émet une opinion singulière :

> Comme nous percevons les phénomènes successivement, nous croyons qu'en effet ils se succèdent les uns aux autres. Nous nous imaginons que ceux que nous ne voyons plus sont passés et que ceux que nous ne voyons pas encore sont futurs. Mais on peut concevoir des êtres construits de telle façon qu'ils découvrent simultanément ce qui pour nous est le passé et l'avenir. On en peut concevoir *qui perçoivent les phénomènes dans un ordre rétrograde et les voient se dérouler de notre futur à notre passé...* Croire que l'avenir n'est pas, parce que nous ne le connaissons pas, c'est croire qu'un livre est inachevé parce que nous n'avons pas fini de le lire.

Maeterlinck est du même avis :

> Il est à certains égards tout à fait incompréhensible, écrit-il dans le *Temple enseveli*, que nous ne connaissions pas l'avenir. Il suffirait probablement d'un rien, d'un lobe cérébral déplacé, de la circonvolution de Broca orientée de façon différente, d'un mince réseau de nerfs ajouté à ceux qui forment notre conscience, pour que l'avenir se déroulât devant nous avec la même netteté, avec la même ampleur majestueuse et immuable que le passé s'étale, non seulement à l'horizon de notre vie individuelle, mais encore de celle de l'espèce à laquelle nous appartenons... Du point de vue absolu où notre imagination parvient à se hausser, bien qu'elle n'y puisse vivre, il n'y a aucune raison pour que nous

ne voyions pas ce qui n'est pas encore, attendu que *ce qui n'est pas encore par rapport à nous, doit forcément exister déjà et se manifester quelque part.* Sinon, il faudrait dire que, en ce qui concerne le Temps, nous formons le centre du monde, que nous sommes les témoins uniques qu'attendent les événements pour avoir le droit de paraître et de compter dans l'histoire éternelle des effets et des causes.

Il est bien difficile de ne pas accorder quelque fondement à une assertion aussi clairement exprimée par deux auteurs de tendances si différentes ; et cependant, en y regardant de près, on voit que la magie du langage dissimule un sophisme. Puissé-je trouver pour le démontrer un peu de la limpidité avec laquelle le Dr Trublet énonce ses amusants paradoxes !

Et d'abord, je ne suis pas scandalisé de la nécessité où me place M. Maeterlinck de me considérer comme le centre du monde en ce qui concerne le temps comme en ce qui concerne l'espace. Le monde est tout autre pour moi qu'il n'est pour l'empereur de la Chine, j'entends *le monde que je connais,* car je ne connais du monde que ce qui, du monde, se reflète en moi et je suis tout à fait insensible à ce qui se passe dans une île, non encore découverte, de l'hémisphère austral. Je ne dirai pas cependant que cette île n'existe pas, mais seulement que tout se passe pour moi comme si elle n'existait pas ; elle n'existe pas pour moi, elle n'est pas du monde dont je suis le centre parce que j'en suis le reflet. Un pauvre centre d'ailleurs ! qui se déplace dans le temps et dans l'espace et qui, de plus *se modifie* sans cesse, et perçoit différemment à des moments différents le reflet des choses qui l'entourent. Le monde change et je change aussi, et je ne crois pas que les événements extérieurs à moi attendent mes changements personnels pour se produire, pas plus qu'ils n'attendaient naguère les changements de mon grand-père qui, lui aussi, était sûrement un centre de l'univers. Il se produisait des événements du temps de mon grand-père comme il s'en produit de mon temps ; je pense qu'il s'en produira encore quand je ne serai plus, et qu'il y aura alors d'autres êtres vivants (je dis être vivant et non homme, car tout être qui perçoit le reflet des événements est par là même le centre du monde que limite sa perception), il y aura, dis-je, d'autres êtres vivants qui seront d'autres centres du monde et les événements continueront de se dérouler et chaque être jouera, à chaque instant, dans ces événements futurs, le rôle que lui assignera sa nature propre.

Quoique centre du monde qui se reflète en moi, je n'ai pas la prétention de jouir des mêmes prérogatives centrales dans le monde qui se reflète en mon voisin ; pour mon voisin, ma vie est une succession d'événements *extérieurs* au même titre que la rotation de la terre et le temps qu'il fait ; si je me trouve à un certain moment en dehors de sa sphère de perception directe, il ne s'intéresse guère à mon activité ; si je le rencontre dans la rue, il est frappé du synchronisme de notre présence en ce point. comme il serait frappé, s'il recevait une tuile sur la tête, du synchronisme de sa présence en un lieu donné et de la chute de la tuile en ce lieu précis. Je pense cependant qu'il ne croirait pas que la tuile a attendu son passage pour tomber ; du moins, je ne le croirais pas si j'étais à sa place...

A propos de ce synchronisme, le D⁽ʳ⁾ Trublet fait une remarque intéressante :

> Nous-mêmes, par une nuit claire, le regard sur Véga de la Lyre, qui palpite à la cime d'un peuplier, nous voyons à la fois ce qui fut et ce qui est..... L'astre qui, de loin, nous montre son petit visage de feu, non tel qu'il est aujourd'hui, mais tel qu'il était lors de notre jeunesse, peut-être même avant notre naissance, et le peuplier, dont les jeunes feuilles

tremblent dans l'air frais du soir, se rejoignent en nous dans un même moment du temps et nous sont présents l'un et l'autre à la fois. Nous disons d'une chose qu'elle est dans le présent quand nous la percevons précisément.

Voilà une remarque que n'eût pas pu faire un philosophe à une époque où l'on croyait aux actions à distance et où l'on ne pensait pas à la nécessité du transport de *quelque chose* de Sirius à nous pour que nous vissions Sirius. Nous savons aujourd'hui que ce transport est nécessaire et qu'il n'est pas extemporané. L'espace à travers lequel nous nous mouvons est sillonné en tous sens de mouvements ondulatoires qui se transmettent avec des vitesses très grandes ; c'est la rencontre de notre œil et de ces vibrations qui fait que nous voyons les objets ; mais si le synchronisme existe entre la présence de notre œil en un point et la vibration qui s'exécute en ce point, la vision qu'il nous donne d'un objet éloigné nous représente forcément cet objet tel qu'il était *quelque temps auparavant* ; quoique rapide, la transmission de la lumière n'est pas immédiate. Le son est beaucoup plus lent et nous entendons le tonnerre longtemps après que nous avons vu l'éclair briller. La connaissance que nous avons, à un moment donné, du monde dont nous sommes le centre se compose donc d'un ensemble de renseignements qui sont *tous en retard*, mais d'un retard variable avec la distance des objets. Pratiquement, pour les objets terrestres, pour l'observation d'un paysage par exemple, la vitesse de la lumière peut être considérée comme infinie ; si ce paysage très vaste a huit lieues d'étendue, le synchronisme s'établit entre lui et notre perception à moins d'un *dix millième* de seconde près, et, pendant ce temps très court, nous n'avons pas pu changer suffisamment pour nous en apercevoir. C'est pour cela que l'œil nous renseigne si bien sur le monde terrestre ; si la lumière n'allait pas plus vite que le son, un chasseur ne pourrait pas tirer une perdrix au vol.

Pratiquement donc, pour la vie terrestre, la vitesse de la lumière est suffisante parce qu'elle est infiniment rapide par rapport à nos déplacements et à nos changements. Il n'en serait plus de même pour un être qui se mouvrait lui-même avec une vitesse comparable à celle de la lumière. Le Dr Trublet prétend qu'un tel être « se ferait de la succession des phénomènes une idée très différente de celle que nous en avons. » En réalité, un tel être, du moins s'il n'avait pas le moyen de percevoir les vibrations autres que les vibrations lumineuses, ne se ferait, des phénomènes, *aucune idée du tout.* Quand il marcherait vers un point lumineux, *il ne le verrait plus*, par suite de l'exagération du phénomène de Doppler ; quand il s'en éloignerait il ne le verrait pas davantage, par suite de l'exagération du même phénomène en sens contraire[1].

---

1. Si, nous baignant au bord de la mer, nous attendons, sans bouger, les vagues qui viennent vers nous, nous en recevons, par exemple, six à la minute ; si nous marchons vers elles avec une vitesse égale à la leur, nous en recevons douze dans le même temps.

De même quand une locomotive vient vers nous en sifflant, si sa vitesse est considérable, non négligeable par rapport à celle du son, nous recevons *à la seconde* bien plus de vibrations sonores que nous n'en aurions reçu de la locomotive au repos dans le même temps ; le son nous paraît donc plus aigu quand la locomotive s'approche, plus grave au contraire quand elle s'éloigne.

Pour la lumière, les vibrations sont beaucoup plus rapides et se transmettent bien plus vite ; cependant Doppler a remarqué que quand certaines étoiles sont dans des conditions telles qu'elles se rapprochent de nous ou s'éloignent de nous avec une vitesse comparable à celle de la lumière, leur couleur change ; c'est l'équivalent de la hauteur du son pour le sifflet de la locomotive.

Supposons-nous maintenant capables de nous mouvoir avec la vitesse de la lumière ; si nous marchons vers un point lumineux, notre œil au lieu de recevoir 600 trillions de vibrations à la seconde, en recevra 1 200 trillions, ce qui est en dehors du spectre visible ; il ne verra donc rien. Au contraire, si nous nous éloignons de ce point, les vibrations ne nous atteindront plus et nous ne verrons rien non plus. Notre vision des objets dépendra donc du sens de notre promenade ; nous serons aussi mal ren-

Il va plus loin, le bon Dr Socrate ! Il nous laisse entendre que si cet individu se déplaçait plus vite que la lumière, il la verrait avant qu'elle fût produite ; il entrerait alors dans la catégorie de ceux qui « perçoivent les phénomènes dans un ordre rétrograde et les voient se dérouler de notre futur à notre passé ».

Je me rappelle qu'étant enfant, j'eus un jour à traiter le problème suivant : Un train part de Brest pour Paris à 6 heures du soir avec une vitesse de 20 kilomètres à l'heure ; un autre train est parti à 6 heures du matin de Paris pour Brest avec une vitesse de 40 kilomètres à l'heure, et la distance de Paris à Brest est de 600 kilomètres : où se rencontreront les deux trains ? Ayant mal pris l'énoncé du problème, j'attribuai au train partant de Paris une vitesse de 400 kilomètres au lieu de 40 et j'en conclus, par l'application de ma formule algébrique, que la rencontre aurait lieu dans l'Océan Atlantique, en un point où ni l'un ni l'autre train n'avaient jamais été attendus.

Il y a des cas où, en mathématiques, les solutions négatives ont une signification ; dans le cas de mes trains de chemin de fer, comme dans celui de l'individu imaginaire du Dr Trublet, ces solutions n'ont aucun sens. Il faut se défier des généralisations.

Ce n'est pas que nous ne puissions nous faire une représentation d'un monde identique au nôtre et où tout marcherait à rebours ; rien n'est amusant comme de voir fonctionner à l'envers le cinématographe Lumière ; on admire des plongeurs qui sortent de l'eau les pieds en avant et sautent d'un bond sur le rivage ;

seignés sur les faits extérieurs que pourrait l'être un homme dont les sens ne percevraient pas de mouvements ondulatoires plus rapides que les vagues de la mer ! Il ne faut pas oublier d'ailleurs que si les conditions de vie étaient, dans le monde, différentes de ce qu'elles sont, les hommes, résultat de l'évolution sous l'influence des phénomènes naturels, seraient, eux aussi, différents.

on voit des buveurs qui vomissent dans leur verre. Les boîtes à musique aussi permettent de moudre en commençant par la dernière note le célèbre morceau de *La Traviata*. Puisqu'il est si facile de nous donner une image du monde renversé quant à l'ordre chronologique des faits, il est encore plus facile de le raconter avec des mots, mais il faut se défier des mots ! « *On peut concevoir*, dit le Dʳ Trublet, des êtres construits de telle façon..., etc. » ; « *il n'y a aucune raison* pour que nous ne voyions pas ce qui n'est pas encore », dit M. Maeterlinck. Ce sont là des phrases très faciles quant à la construction grammaticale, mais la construction effective de l'être idéal qui verrait l'avenir est plus difficile. Le poète de *Pelléas* nous laisse entendre qu'il suffirait d'orienter autrement la circonvolution de Broca, et je crois que, présentée ainsi, l'erreur est manifeste.

Comment, en effet, *connaissons-nous* ? Nous ne devons pas oublier d'y penser quand nous nous demandons ce que nous pouvons espérer connaître. Nous connaissons directement et indirectement. Étudions d'abord les procédés de connaissance directe : centre du monde que je connais, je perçois par mes organes des sens des mouvements (vibrations lumineuses, sonores) ou des apports de substances (goût, odeur) qui proviennent de l'extérieur et mettent plus ou moins de temps à arriver jusqu'à moi. Je reçois de ces mouvements ou de ces apports de substance des impressions actuelles, mais elles me renseignent sur des faits qui sont *passés* au moment où je reçois ces impressions, c'est-à-dire que je suis toujours forcément un peu en retard dans la connaissance des événements du monde extérieur ; des événements que je connais au même moment peuvent être plus ou moins anciens : ainsi le Dʳ Socrate Trublet voyait à la fois Sirius et un peuplier, le premier ayant mis de nombreuses années, le second un millionième de seconde à lui envoyer sa lumière ; il voyait donc des choses inégalement anciennes, *mais passées* ; et quand il disait qu'il voyait ainsi « ce qui est et ce qui sera, car si l'étoile, telle qu'elle nous apparaît, est le passé par rapport à l'arbre, l'arbre est l'avenir par rapport à l'étoile », le bon docteur raisonnait comme celui qui aurait prétendu connaître l'avenir parce qu'il avait vu le général Boulanger qui est postérieur à Louis XIV et qui par conséquent est l'avenir pour Louis XIV. Il nous est facile de connaître des choses passées plus récentes que d'autres plus anciennes, mais ce n'en sont pas moins, pour nous, observateurs, des choses passées. Si les habitants de Sirius voient jamais le peuplier du Dr Trublet, ce sera dans bien des années, mais de ce qu'ils ne l'ont pas vu plus tôt, il ne s'ensuit pas que le bon docteur a connu l'avenir. A des voyageurs débarquant en 1848 dans l'Ile des Chasseurs, les habitants demandèrent des nouvelles de Bonaparte, et ces voyageurs, qui n'avaient pourtant pas la double vue, ne furent pas embarrassés pour répondre.

Il ne s'agit plus d'ailleurs ici de connaissance directe ; le mode de connaissance qui consiste à recueillir le témoignage d'un autre individu est essentiellement indirect, mais entre le premier mode de connaissance et le second, il y a un intermédiaire, *la mémoire*. Notre connaissance *directe* est actuelle et extemporanée. Je connais à chaque instant ce que je perçois à cet instant même par mes organes des sens ; je suis ainsi à chaque instant le centre d'un monde qui m'envoie des mouvements et des substances. Un instant après, je suis devenu autre, en un endroit différent, et je me trouve centre d'un monde différent, dont j'ai encore à ce moment précis la connaissance directe ; je suis ainsi une succession d'états momentanés dans chacun desquels je suis au courant de phénomènes extérieurs par connaissance directe; ma connaissance directe de chaque instant est comparable à chacune des photographies successives du cinématographe. Mais je suis une machine plus intéressante que le cinématographe; *je me construis moi-même*, au cours de ces états successifs et j'appelle à chaque instant *mon passé* l'ensemble des faits qui ont influé sur moi et dont la répercussion s'est gravée en moi.

De ces faits passés, quelques-uns ont laissé dans ma mémoire une trace solide, d'autres ont effleuré sans graver. Je *connais* donc, à chaque instant de ma vie, d'abord, *directement*, tout ce qui, à ce moment précis, frappe mes sens, ensuite, par la mémoire, tout ce que j'ai retenu de ce qui a frappé mes sens précédemment. Je ne connais donc que le passé, par suite même de mon moyen de connaître, et l'on modifierait ma circonvolution de Broca, que cela ne me ferait pas connaître autre chose.

Mais nous avons dans notre organisation un mécanisme merveilleux, le langage articulé, qui nous permet de représenter par des mots des choses qui n'existent pas; nous parlons donc de l'avenir *qui n'existe jamais* pour celui qui parle.

Autre point de vue : « Les choses futures sont déterminées, elles sont dès lors terminées », dit le Dr Socrate, et il conclut que « nous sommes tous morts depuis longtemps ». L'excellent docteur me fait l'effet d'un agréable fumiste.

Évidemment, dans cent ans, tout ce qui doit se passer d'ici-là se sera passé, en vertu des lois naturelles, et aucun de nous ne sera plus à même de recueillir par connaissance indirecte le souvenir de ce qui est aujourd'hui le présent; n'attachons donc pas trop d'importance à nos petites querelles ou à nos ambitions mesquines; voilà de bonne philosophie; mais n'en concluons pas que cette cartouche de fusil a déjà éclaté parce qu'il est vraisemblable qu'elle éclatera le jour où on voudra bien s'en servir.

Les phénomènes sont déterminés et si nous connaissions *toutes* les conditions d'un phénomène, nous pourrions *prévoir* ce phénomène en toute sécurité. Cela arrive dans les expériences bien conduites : « Savoir c'est prévoir », a dit Auguste Comte. Encore reste-t-il, même dans les cas les mieux étudiés, la possibilité de l'imprévu. Le meilleur tireur n'est pas sûr de tuer l'oiseau posé sur la branche tant que la chose n'est pas faite ; la terre peut trembler au moment même où il pressera la détente. Il y a de l'imprévu, même dans les cas très simples où nous nous sommes entourés de toutes les précautions imaginables. Comment alors se proposer de prévoir ce qui arrivera dans quelque chose d'aussi complexe que la vie d'un homme, problème dans lequel entrent tellement d'éléments divers qu'il ne s'y trouve plus, pour ainsi dire, que de l'imprévu et du hasard ? Quel est celui de nous qui peut affirmer connaître aujourd'hui l'être dont l'influence changera peut-être demain toute sa destinée.

Les choses sont déterminées, cela est sûr ; il n'y a pas d'exception aux lois naturelles et nous sommes tous des pantins soumis à ces lois ; mais il y a trop de ficelles et personne ne peut les tenir toutes à la fois ; c'est pour cela que nul ne peut prévoir l'avenir.

Quant à admettre que « ce qui n'est pas encore par rapport à nous doit forcément exister déjà et se manifester quelque part », cela revient à *affirmer* que ce monsieur qui tombe de cheval sous ma fenêtre au moment même où j'écris est déjà tombé de cheval précédemment ; et cela, d'ailleurs, n'est pas impossible...

Le mystique chantre des abeilles *veut* croire aux sorcières qui prédisent l'avenir ; mais il ne me semble pas que le joyeux Dr Trublet ait parlé sérieusement quand il a dit que « les choses futures existent déjà ».

APPENDICES

I. — DARWIN [1]

Lamarck, dès le début du XIXe siècle, avait enseigné que les espèces aujourd'hui vivantes descendent d'espèces différentes ayant vécu antérieurement et dont la plupart ont disparu ; il avait même énoncé deux principes admirables au moyen desquels on pouvait comprendre simplement le mécanisme de l'évolution progressive des êtres. Une pléiade de savants illustres avait adopté la théorie de Lamarck, et, de l'autre côté du Rhin, Gœthe applaudissait aux efforts de la jeune école transformiste. Mais le moment n'était pas venu ; la *preuve* du transformisme ne pouvait pas encore être donnée d'une manière assez frappante : l'autorité de Cuvier étouffa dans le germe cette nouveauté dangereuse et l'enterra si bien qu'on put la croire définitivement éliminée de la science. C'est en 1859 seulement que le livre de Darwin la fit sortir du tombeau ; elle eut une renaissance si brillante que l'on oublia facilement les efforts des Lamarck et des Saint-Hilaire et que l'on considéra la théorie nouvelle comme fille de Darwin ; cependant l'illustre naturaliste anglais n'en était que le père adoptif, mais un père adoptif capable de donner, pour toujours, à une enfant moralement abandonnée droit de cité dans le domaine scientifique.

Il y a dans l'œuvre de Darwin deux parties très distinctes, qui méritent d'être étudiées à part, bien qu'elles soient étroitement mêlées dans son livre. La première et la plus importante, c'est une colossale accumulation de faits admirablement observés et ingénieusement rapprochés, qui constituent ce que l'on peut appeler *la preuve du transformisme* ; la deuxième est le principe de la *sélection naturelle*, par lequel

---

[1]. *Revue de Paris*, 1er octobre 1901.

l'auteur relie et explique tous ces faits. En réalité, le principe de la sélection naturelle, tel que l'a utilisé son auteur, n'explique pas tout, mais il paraît tout expliquer, et cette illusion a, sans doute, été pour beaucoup dans le succès du livre de Darwin. Il est probable que, en 1859, bien peu de gens eussent été capables d'accepter les *preuves* du transformisme sans une explication qui parût satisfaisante ; d'ailleurs, indépendamment de sa valeur explicative, le principe de la sélection naturelle relie admirablement les faits accumulés dans l'*Origine des Espèces*, qui, sans ce fil d'Ariane, eût été un dédale inextricable où les plus ingénieux se seraient perdus. Il est donc indispensable d'exposer d'abord ce principe, qui relie toutes les pièces de l'édifice.

*
* *

On a critiqué la *sélection naturelle* ; des hommes occupant une haute situation scientifique, tels que Flourens, ont essayé d'en ridiculiser l'auteur ; or, le principe de Darwin est une vérité évidente. Il n'en est pas de même de l'explication de la formation des espèces à l'aide de ce principe, ou du moins de ce principe seul ; ici, la discussion est permise, et il est même facile de réfuter victorieusement l'argumentation de Darwin. Dans l'*Origine des Espèces*, le principe et les applications du principe sont si intimement mélangés que l'on a pu croire que la sélection naturelle était inséparable du transformisme. Or, cela est faux, et je dirai même que ces deux questions sont absolument indépendantes l'une de l'autre ; mais il est curieux de constater que la plupart des premiers adversaires de Darwin se sont attaqués au principe de la sélection naturelle, croyant attaquer le transformisme même, et se sont heurtés ainsi à une cuirasse sans défaut.

On pourrait dire que le principe de la sélection naturelle expose *que les choses sont à chaque instant comme elles sont, et non autrement*, et que cela a été vrai à un moment quelconque de l'histoire du monde. Je ne pense pas que quelqu'un songe à s'inscrire en faux contre une assertion aussi banale et, cependant, c'est là tout le principe du grand évolutionniste anglais.

Si l'on remonte très loin dans les périodes géologiques et

que l'on divise le temps écoulé en une infinité d'intervalles très petits, d'une seconde par exemple, il sera vrai, à la fin de chaque intervalle, que, à ce moment précis, les choses sont comme elles sont et non autrement ; personne n'en peut douter. Il sera vrai aussi — nos connaissances actuelles nous autorisent à l'affirmer — que, dans un intervalle d'une seconde, beaucoup de choses auront changé ; l'état du monde, à la fin d'une seconde donnée, sera donc *différent* de ce qu'il était à la fin de la seconde précédente ; le monde aura évolué. Ces deux propositions sont l'évidence même.

Il reste à établir un troisième point, qui ne sera pas évident comme les deux premiers : c'est que l'état du monde à la fin d'une seconde donnée résulte de ce qu'il était à la fin de la seconde précédente, et de l'action des causes naturelles dans cet intervalle d'une seconde. Si vous admettez cette proposition, vous êtes déterministe, c'est-à-dire que vous croyez que l'état actuel du monde était déterminé fatalement par son état à la fin de la période primaire par exemple, autrement dit que le monde silurien avec ses trilobites devait conduire fatalement à notre monde actuel, où il n'y a plus de trilobites, mais où il y a des hommes, des chevaux, des éléphants, qui n'existaient pas à l'époque silurienne. Divisez en effet en intervalles d'une seconde le temps qui s'est écoulé depuis l'époque silurienne ; l'état du monde au commencement d'un intervalle détermine fatalement l'état du monde à la fin de cet intervalle, puisque vous admettez que, seules, des causes naturelles ont agi pendant la seconde considérée ; un mathématicien idéal, connaissant toutes les lois naturelles et l'état *exact* du monde à un moment quelconque, eût donc pu prévoir rigoureusement ce que devait être l'état du monde une seconde plus tard, et ainsi de suite, de seconde en seconde, jusqu'à maintenant.

Voilà ce que prétend Darwin, bien qu'il n'ait jamais exprimé sa pensée d'une manière analogue à celle que je viens d'employer et bien qu'il eût peut-être désapprouvé cette traduction libre, mais fidèle, de son système. Ainsi, 1°, à un moment donné les choses sont comme elles sont et non autrement ; 2°, entre deux moments différents il y a des variations ; 3°, toute variation est due à des causes naturelles. De ces trois points, les deux premiers, qui sont immédiatement évidents, constituent le principe de la sélection naturelle ; le troisième, le seul qui ait besoin de démonstration, Darwin l'effleure à peine.

Il serait surprenant qu'à l'aide de vérités évidentes comme les deux premières, vérités indépendantes des propriétés des corps, on pût expliquer quelque chose ; aussi n'explique-t-on rien, et même, sous la forme que je leur ai intentionnellement donnée, ces vérités ne seraient d'aucune utilité ; au contraire, sous la forme que leur a donnée Darwin, elles permettent un langage clair et fécond, mais elles ne sont qu'une forme de langage, et d'une forme de langage on peut tirer des facilités de raisonnement, jamais des faits ou des preuves. La sélection naturelle appliquée à la biologie, c'est, comme les mathématiques appliquées à la physique, une langue infiniment précieuse ; or, si les mathématiciens n'avaient eu, comme point de départ, les lois physiques élémentaires, ils n'auraient jamais fait que d'élégant bavardage, et l'œuvre des Fresnel ou des Maxwell eût été stérile. La langue créée par Darwin est la langue adéquate à l'étude du transformisme, mais elle est indépendante du transformisme, et elle eût pu s'appliquer de la même manière à la narration des faits biologiques si la variation des espèces avait été restreinte dans des limites étroites. Quand Flourens, voulant lutter contre le transformisme, s'est moqué de la sélection naturelle, il a agi comme un physicien qui, pour saper la théorie des ondulations, aurait attaqué le calcul différentiel.

Il ne suffit pas d'affirmer que le principe de Darwin est une vérité évidente ; il faut encore en fournir la preuve, d'autant plus que, dans la forme que je lui ai donnée, on aura peine à reconnaître ce principe célèbre. C'est que l'illustre évolutionniste l'a formulé d'une manière moins générale, pour les êtres vivants seulement, et en tenant compte implicitement de ces deux propriétés élémentaires des êtres vivants, la multiplication et la mort. Or, ces deux propriétés que tout le monde a constatées, n'ont rien à voir avec le transformisme ; les espèces pourraient fort bien être fixes alors que les individus se multiplieraient et mourraient ; si donc il n'y a réellement, dans le principe de Darwin, que les vérités énoncées plus haut, il est évident, dès maintenant, qu'on n'en saurait tirer une preuve ni pour ni contre la transformation des espèces.

Les êtres vivants se multiplient, c'est-à-dire qu'ils donnent naissance à des individus semblables à eux-mêmes ; or, en vertu de ce principe qu'on ne peut rien construire sans matériaux, la multiplication d'un individu ne peut s'opérer sans un emprunt de substance ; cet emprunt de substance, prélevé naturellement sur le milieu dans lequel vit l'individu, est ce qu'on appelle l'alimentation. Plus la multiplication est abondante, plus la quantité des aliments empruntés au milieu est considérable : pour faire mille pucerons, il faut dix fois plus des mêmes éléments que pour en faire cent. Or, les milieux dans lesquels vivent les êtres à la surface de la terre étant limités, la multiplication des individus ne peut être illimitée.

Les substances alimentaires employées à la confection des êtres vivants ne sont pas perdues ; elles restent, sous une forme nouvelle, utilisables par d'autres êtres vivants : nous voyons en effet tous les jours que certains êtres mangent d'autres êtres pour s'alimenter. Une fois que toutes les substances alimentaires d'un milieu sont transformées en êtres vivants, la possibilité de la naissance d'un individu est subordonnée à la mort d'un ou plusieurs individus préexistants.

Je ne sais quel littérateur facétieux eut jadis l'idée de tracer le tableau d'un monde dans lequel la mort n'aurait pas existé ; il mettait en présence de tout jeunes gens, des ancêtres d'un âge invraisemblable, et tirait de cette situation des considérations fantaisistes. Dans son hypothèse, si je me souviens bien, les hommes seuls étaient immortels ; il avait négligé d'accorder la même immortalité aux autres animaux et aux plantes ; or, même en ce cas, il y a beau temps que le monde vivant serait figé dans une immobilité éternelle. Cet auteur avait oublié que, pour faire le corps d'un individu, il faut des substances constitutives ; au bout d'un certain nombre de générations humaines, tout ce qui, à la surface de la terre, peut être transformé en corps humain aurait été employé ; il n'y aurait plus eu de chevaux, de vaches, de choux, de blé, rien que des hommes, qui, condamnés à vivre, mais ne pouvant plus se nourrir, ne se reproduiraient plus, ne marcheraient plus, ne parleraient plus, seraient de véritables momies. Cette hypothèse ridicule traduit sous une forme frappante ce fait indiscutable, que, la quantité des substances alimentaires étant limitée, *la formation d'un nouvel indi-*

vidu est subordonnée à la mort d'un ou plusieurs individus préexistants.

Ceci est la formule la plus générale de la *lutte pour l'existence* que Darwin a rendue si célèbre ; il vaut peut-être mieux adopter, pour exprimer la même idée, l'expression « concurrence vitale » qui, moins imagée, il est vrai, a du moins l'avantage de rendre mieux compte de tous les faits. Quand un tigre attaque un éléphant pour le manger, il y a lutte ; mais lorsque je consomme une inoffensive salade, il serait prétentieux de ma part de dire que je lutte pour l'existence ; je transforme simplement en substance humaine les éléments que la salade avait transformés en sa substance propre et, si je meurs demain, les microbes et les vers transformeront à leur tour les éléments de mon corps en substance de microbe ou de ver. Il y a concurrence vitale, c'est-à-dire que, étant donné le patrimoine limité des substances alimentaires fournies par la terre aux êtres vivants, chacun de ces êtres en utilise, suivant ses moyens, le plus qu'il peut, pour se nourrir et se multiplier, et est ainsi en concurrence avec tout être ayant des besoins analogues aux siens.

Chaque être a des propriétés personnelles, des moyens d'action personnels, des besoins personnels, qui diffèrent des propriétés, des moyens d'action et des besoins d'un être différent. Tout cela entre en jeu dans la concurrence vitale ; étant donné le nombre immense des êtres qui existent à la surface de la terre, on voit combien est compliqué l'ensemble des phénomènes que présente à chaque instant cette concurrence incessante. Le langage créé par Darwin va nous aider à simplifier cette complication.

Ce qui se passe aujourd'hui en Patagonie n'a pas d'influence directe sur ce qui se passe dans mon jardin ; seuls, les individus voisins les uns des autres sont directement en concurrence. Je suppose donc, qu'en un point donné de la terre, j'introduise à la fois un certain nombre d'êtres vivants ; immédiatement une concurrence s'établira entre ces êtres nouveaux et avec ceux qui préexistaient dans l'endroit choisi. Quel sera le résultat de cette concurrence ? Le plus souvent, je ne saurai pas le prévoir ; ce que je puis affirmer en revanche, sans crainte de me tromper, c'est que, au bout de quelque temps, parmi tous ces êtres tant préexistants que nouvellement introduits, les uns auront persisté ou se seront multipliés ; les autres seront morts ; mais, je le répète, je ne sais pas d'avance lesquels persisteront ; et, si j'essaie de le prévoir, en tenant compte de leurs propriétés, j'aurai des chances de me tromper.

Le langage de Darwin me tire d'affaire immédiatement : ceux qui persisteront seront *les plus aptes*, les mieux armés pour la lutte *dans les conditions présentes* ; ceux qui disparaîtront seront les moins bien armés ; il y aura sélection naturelle, c'est-à-dire élimination naturelle des moins aptes au profit des plus aptes.

Évidemment, ce n'est là qu'un artifice de langage ; si l'on me répond : « Fort bien, mais quels sont les plus aptes ? » je serai très embarrassé, tant sont complexes les conditions de la concurrence ; ce que je pourrai faire de mieux, ce sera de prier mon interlocuteur d'attendre que la lutte soit terminée pour proclamer le vainqueur ; je définirai donc les plus aptes après coup ; j'appellerai les plus aptes ceux qui auront persisté.

Dirai-je pour cela que j'ai établi la *loi* de la *persistance du plus apte* ? Le mot loi serait un bien grand mot pour rappeler une simple forme de langage, car, si je définis après coup les plus aptes par leur persistance, ma loi se réduira en réalité à la formule : « ce sont ceux qui ont persisté qui ont persisté ; » ou encore, sous la forme sélection naturelle : « il y a eu élimination de ceux qui ont été éliminés ».

Voilà les principes contre lesquels a bataillé Flourens. « Ou l'élection[1] naturelle n'est rien, dit-il, ou c'est la nature. Mais la nature douée d'élection, la nature personnifiée !... Dernière erreur du dernier siècle !... Le XIXe ne fait plus de personnifications. » Le langage serait bien difficile si l'on interdisait les phrases où le sujet du verbe représente une force ou un ensemble de forces ; dire que la pesanteur fait tomber le corps, est-ce personnifier la pesanteur ?

Les phénomènes de la concurrence vitale sont très complexes, et ne peuvent s'exprimer qu'à l'aide de termes syn-

---

1. Quand l'ouvrage de Darwin parut, l'expression « natural selection » fut traduite en français « élection naturelle ». Ce n'est que plus tard que le mot anglais *selection* a été adopté dans notre langue.

thétiques. L'expression « sélection naturelle » représente précisément l'ensemble de *toutes* les causes qui interviennent dans la concurrence vitale. Là où Darwin emploie le terme « sélection naturelle », Bernardin de Saint-Pierre eût employé le mot *providence*, avec une acception identique, sauf que le mot providence implique que les forces naturelles sont des instruments dans la main d'une personne supérieure, qui prévoit les effets des causes et connaît le but. — La sélection naturelle c'est la providence « dépersonnifiée ».

Il est probable, d'ailleurs, que si Darwin n'avait pas annoncé qu'il expliquait par la sélection naturelle l'évolution progressive des espèces, on n'aurait pas songé à faire à son principe, qui est une vérité évidente, les critiques vaines qu'on lui a opposées. Cependant, la forme du langage darwinien semble permettre la prévision des événements. Il la permet en effet dans l'hypothèse où l'on connaîtrait à l'avance *toutes* les conditions des phénomènes ; or, nous ne sommes jamais tout à fait assurés de connaître à l'avance toutes les conditions des phénomènes et la prudence scientifique nous interdit de définir le plus apte avant d'avoir constaté définitivement sa supériorité dans les circonstances présentes.

Les éleveurs de la Virginie ne possèdent que des cochons noirs ; pourquoi ? C'est qu'il existe dans ce pays une plante, le *Lachnanthes*, qui est vénéneuse pour les cochons blancs et inoffensive pour les noirs. Rien ne pouvait faire prévoir *a priori* cette relation entre la pigmentation et la résistance à un certain poison. Supposez que nous ayons simultanément introduit, en liberté dans un parc de la Virginie, des cochons blancs très forts et très bien portants et des cochons noirs faibles et malingres ; il aurait été naturel de penser que les premiers devaient s'y acclimater plus facilement que les seconds ; et, en prédisant ce résultat, nous nous serions trompés. Dirons-nous donc que, *d'une manière générale*, les cochons noirs sont *plus aptes* que les cochons blancs à la vie en liberté ? Ce serait s'exposer à une erreur volontaire, car, dans tel autre pâturage, il peut exister une plante ou une maladie qui tue les cochons noirs et respecte les blancs[1]. On

---

[1]. Ou encore, ce qui est plus vraisemblable, une maladie qui respecte un certain nombre d'individus noirs ou blancs et tue les autres, le carac-

ne peut définir l'aptitude que *dans les circonstances précises*. Tout changement dans les circonstances peut transformer les résultats de la concurrence vitale. Il n'y a pas des êtres plus aptes que d'autres êtres ; il y a des êtres qui, *dans des circonstances données*, l'emportent sur d'autres êtres, rien de plus.

Un loup est-il plus apte qu'un veau ? Mettez des loups dans un enclos fermé et riche en pâturages, ils y mourront de faim ; les veaux au contraire y prospéreront. Les veaux sont-ils donc plus aptes que les loups ? non assurément, car, si nous introduisons des loups dans l'enclos où sont déjà les veaux, ceux-ci seront mangés.

Le principe de Darwin peut donc s'énoncer ainsi : lorsque plusieurs êtres se trouvent assemblés en un même endroit, ils ne peuvent y prospérer tous, parce que les matières alimentaires sont limitées ; il se produit une concurrence vitale qui détermine une sélection naturelle dont le résultat est la persistance des êtres les plus aptes *dans les conditions considérées*. Ces êtres les plus aptes, nous ne pouvons les connaître qu'*a posteriori*, en constatant les résultats de la concurrence. Or, pour qui veut étudier l'origine des espèces ou, en d'autres termes, raconter l'histoire passée de chacune des espèces qui existent aujourd'hui, ce langage *a posteriori* suffit parfaitement ; bien mieux, il ne permet pas de se tromper, puisqu'il n'exprime jamais que des vérités certaines. Il raconte l'histoire, sans faire la philosophie de l'histoire. Si un historien se contente d'exposer la succession des empires dans les périodes dont on a conservé des documents certains, il ne peut pas se tromper ; il emploie le langage darwinien, puisqu'il constate, en réalité, que les plus aptes ont sans cesse persisté dans la lutte entre les peuples. Il s'expose au contraire à des erreurs s'il essaie d'expliquer, dans chaque cas, *pourquoi* tel parti a été vainqueur ou vaincu, ou, ce qui revient au même, comment l'on aurait pu prévoir ce qui est arrivé. Ses erreurs deviennent plus dangereuses encore, si, de ses considérations philosophiques sur les luttes passées, il tire un conseil pratique aux belligérants actuels dont il ignore encore le sort futur, oubliant que les condi-

tère de résistance à cette maladie étant absolument indépendant de la pigmentation.

tions sont autres aujourd'hui qu'elles ne furent dans l'un quelconque des cas pris comme exemple dans l'histoire.

Si les espèces n'avaient pas varié, le langage de Darwin n'aurait aucune importance philosophique ; il nous raconterait simplement que, dans les temps passés, les individus qui sont morts sans laisser de postérité ont été vaincus, dans la concurrence vitale, par d'autres individus mieux armés pour la lutte dans les circonstances réalisées à ce moment précis ; les circonstances changeant sans cesse, les résultats des luttes successives n'auraient qu'un intérêt historique, et nous expliqueraient uniquement la distribution actuelle des êtres vivants à la surface de la terre, de même que l'histoire des hommes, telle que nous l'enseignent les historiens narrateurs, nous apprend uniquement comment s'est réalisée la répartition actuelle des peuples.

*
* *

Ainsi, la narration darwinienne de l'histoire des êtres conduit immédiatement à la distribution actuelle des animaux et des plantes ou, comme l'on dit aujourd'hui, à la géographie zoologique et botanique, même pour qui n'admet point que les êtres aient varié. Il semble donc que cette partie au moins de l'œuvre de Darwin eût dû être acceptée, sans hésitation, par les non-transformistes aussi bien que par les transformistes, puisque personne ne peut nier que le passé ait produit le présent. Or, si, après avoir établi une simple géographie *descriptive* des êtres vivants, on veut interpréter l'histoire qui a conduit à cette distribution géographique, on est invinciblement amené à penser que les espèces ont varié ; on y est amené d'une façon si impérieuse que, à moins d'être sous l'empire d'un parti pris plus puissant que les considérations d'ordre scientifique, on ne conçoit même plus que le transformisme soit discutable. C'est ce qui est arrivé à Darwin lorsqu'il fit son voyage sur le *Beagle*. Mais il n'est pas indispensable de faire un si grand voyage pour se rendre compte des arguments que le transformisme peut tirer de la distribution géographique des êtres ; il suffit d'étudier successivement deux régions séparées par une barrière naturelle importante. Sans doute ces barrières naturelles sont devenues moins infranchissables depuis que l'homme civilisé, en multipliant les moyens de communication, en facilitant les relations entre les divers peuples, a mis aux prises des espèces animales séparées depuis longtemps ; c'est ainsi que nos bateaux ont porté des rats dans des îles isolées, et ont introduit en Australie les lapins qui menacent son avenir. L'uniformité croît rapidement avec le développement des relations humaines, et déjà beaucoup de faits très saillants sont masqués ; il faut se rabattre sur des observations plus précises et plus délicates.

Darwin a accumulé un très grand nombre d'observations minutieuses de géographie zoologique et botanique. Il faut lire ces chapitres de son ouvrage, que leur caractère anecdotique rend d'une lecture très agréable : tout lecteur deviendra transformiste malgré lui rien que pour les avoir lus.

Je ne puis entrer ici dans le détail des faits analysés dans l'*Origine des espèces* ; mais je voudrais donner une idée de leur nature et de la manière dont on peut en tirer un argument pour le transformisme.

Les îles éloignées les unes des autres au sein des grands océans ont des habitants différents, au moins en ce qui concerne les espèces incapables de traverser de grandes étendues de mer. Les partisans de la fixité des espèces ne sont pas embarrassés par cette constatation ; ils déclarent que ces espèces ont été créées là où elles sont et telles qu'elles sont ; elles sont restées au lieu où elles furent mises par des créations locales distinctes. Or, la géologie nous apprend que les îles n'ont pas toujours été ce qu'elles sont aujourd'hui : il y a eu des remaniements fréquents de la distribution des terres et des eaux ; tel groupe d'îles a été autrefois un continent, à une époque où la vie existait déjà, où les animaux étaient déjà créés. Après que les mouvements du sol eurent morcelé ce continent, d'où vient donc que les diverses espèces se soient localisées dans les diverses îles, au lieu d'être mélangées dans chaque île comme elles l'étaient sur le continent primitif ?

Darwin démontre d'ailleurs que les habitants des îles n'ont pas nécessairement tous existé dans ces îles dès leur séparation d'avec les continents : ils ont aussi pu y être introduits depuis, par un hasard. Il étudie les moyens de transport à travers les océans (courants, bois flottés, oiseaux voyageurs, etc.), et cette partie anecdotique de son livre est à la fois instructive et amusante. Mais si certaines espèces n'existent pas dans certaines îles, pourquoi ont-elles disparu précisément de l'endroit où elles existaient primitivement ? Et pourquoi des espèces *voisines*, mais différentes, existent-elles dans des îles voisines ?

L'observation de ces faits et de beaucoup d'autres analogues amena Darwin à penser que l'espèce est variable ; que des êtres primitivement semblables se sont trouvés isolés les uns des autres dans des îles, soit par suite du morcellement d'un continent, soit à cause du transport fortuit de quelques individus par les courants marins, les bois flottés ou les oiseaux voyageurs ; que, depuis leur isolement, leur histoire a été différente dans ces différentes îles ; que les différences se sont, par suite, accumulées au cours des générations successives, chez leurs descendants, au point que les représentants actuels d'une même espèce primitive dans des îles différentes sont aujourd'hui d'espèces différentes mais voisines. Et, dans cette hypothèse, l'histoire narrative dont je parlais tout à l'heure présente un intérêt capital, puisqu'elle ne nous expose plus seulement les vicissitudes des êtres, mais bien des transformations spécifiques qui résultent de ces vicissitudes. C'est pour raconter cette histoire que la langue darwinienne va être infiniment précieuse.

Si l'on est débarrassé de toute idée préconçue, si l'on raisonne en pleine liberté d'esprit, on trouvera que l'interprétation transformiste des faits de distribution géographique est infiniment simple et infiniment vraisemblable. Voyons donc maintenant ce que donne la sélection naturelle quand on l'applique à des êtres *variables*, étudions ce qui résulte de l'introduction, dans l'histoire des êtres racontée en langage darwinien, d'un élément nouveau, la variation.

*
* *

Les êtres varient, l'observation la plus élémentaire le prouve, et les partisans les plus fanatiques de la fixité des espèces ne peuvent le nier : un fils ressemble à son père et est différent de son père. Mais quelle est l'étendue possible des variations ?

Darwin ne se demande pas quelle est la cause des variations ; il les constate et s'en sert, sans chercher d'où elles viennent. Il a livré la variation à l'ensemble des causes obscures et mal définies que nous appelons le hasard, parce qu'il jugea que la sélection naturelle suffisait partout et toujours à corriger le hasard et à en tirer des coordinations merveilleuses. Voici comment il raisonne.

Dans une espèce donnée, animale ou végétale, il naît beaucoup plus d'individus qu'il n'en peut vivre. Wallace a fait, pour les moins bons pondeurs des oiseaux de nos bois, le calcul, amusant dans sa forme paradoxale, qu'il meurt fatalement, chaque année, deux fois plus de pinsons ou de fauvettes qu'il n'y en a : en d'autres termes, s'il y a, par exemple, mille pinsons dans un canton, ce nombre ne reste stationnaire qu'à la condition qu'il meure deux mille pinsons par an dans ce canton. Pour les harengs, la proportion est infiniment plus forte, en raison du nombre formidable des œufs que produit une seule femelle : il faut qu'il meure chaque année une quantité innombrable de harengs pour que les harengs n'arrivent pas bientôt à encombrer tous les océans.

Hamlet prétend qu'être honnête homme, c'est *être trié* sur une centaine ; la constatation de Wallace prouve qu'être un pinson vivant, c'est être trié sur trois pinsons au moins, qu'être un hareng vivant, c'est être trié sur un millier de harengs. Ce qui opère ce tri, c'est l'ensemble des causes que Darwin synthétise dans la *sélection naturelle*. Et c'est pourquoi les espèces animales ou végétales se perfectionnent sans cesse : étant donné qu'il se produit constamment plus d'individus qu'il n'en faut, les *meilleurs* seuls se conservent et se reproduisent ; ces *meilleurs* d'entre les individus d'une génération transmettent héréditairement à leurs rejetons les qualités par lesquelles ils l'emportaient sur leurs contemporains, de sorte que l'ensemble de la seconde génération est meilleur que l'ensemble de la première ; dans cette seconde génération, les meilleurs seuls persistent, et ainsi de suite, si bien qu'il se produit un perfectionnement progressif de l'espèce.

Les meilleurs, nous l'avons vu, ce sont les êtres les plus aptes à vivre *dans les conditions considérées* et, par conséquent, le résultat de la sélection naturelle n'est pas, en réalité, un perfectionnement de l'espèce, mais une adaptation de plus en plus étroite aux conditions locales. Les cochons noirs l'emportent sur les cochons blancs dans la Virginie, mais il n'en résulte pas qu'ils sont plus parfaits. Tout au contraire, dans certains cas, nous constatons que l'adaptation plus étroite à des conditions données d'existence entraîne une dégradation de l'espèce. Certains insectes, chez lesquels le développement des ailes est variable suivant les individus, sont représentés dans les petites îles de l'océan par des variétés tout à fait aptères. Pourquoi ? C'est qu'à chaque génération, au début de l'introduction de l'espèce dans l'île, il y avait un certain nombre d'individus ailés et d'autres sans ailes ; ceux qui volaient avaient des chances d'être jetés à la mer par le vent et couraient, par conséquent, plus de risques que les individus aptères ; progressivement, la sélection par le vent, s'exerçant sans cesse au profit de ces derniers, a fini par faire disparaître complètement les premiers. Dirons-nous qu'il y a eu, dans ce cas, perfectionnement de l'espèce ? Évidemment non, car, partout ailleurs que dans une petite île, c'est un avantage pour les insectes d'avoir des ailes. Nous dirons donc qu'il y a eu seulement *adaptation* progressive aux conditions spéciales de milieu.

Le résultat fatal de la sélection naturelle, c'est d'adapter les êtres aux conditions réalisées dans les localités où ils se trouvent. Darwin l'a remarqué, et il en a conclu qu'il n'y a pas lieu de s'étonner de l'harmonie de la nature, de l'appropriation des organes les plus complexes aux fonctions les plus diverses ; il est, en effet, fort compréhensible que, sous l'influence de la sélection naturelle, les individus qui présentent un caractère utile dans des conditions données l'aient emporté sur d'autres individus dépourvus de ce caractère utile ; c'est ce que Darwin appelle *la fixation des caractères utiles* par sélection naturelle.

Les êtres que nous voyons vivre tous les jours sont admirablement coordonnés ; ils possèdent des organes merveilleusement disposés pour accomplir toutes les fonctions utiles à la conservation de la vie ; leur mécanisme est si compliqué que, lorsqu'on les regarde pour la première fois sans notions scientifiques profondes, on ne peut s'empêcher de considérer ces machines si précises comme l'œuvre d'un constructeur infiniment habile ; de là est né le dogme de la création. Ces êtres, dit Darwin, sont le résultat d'une évolution progressive ; ils dérivent d'êtres plus simples, qui dérivent eux-mêmes d'êtres plus simples, et ainsi de suite, en remontant indéfiniment jusqu'aux êtres les plus simples que l'on puisse concevoir. Jusqu'ici, c'est la théorie transformiste dans toute sa généralité ; ce qui est propre à Darwin, c'est l'interprétation de cette évolution progressive. Tous les caractères de complication qui font de la machine animale une chose si merveilleuse ont apparu successivement, par hasard, dans la série des ancêtres de l'animal considéré ; chacun de ces caractères, étant apparu fortuitement, a été naturellement fixé par la sélection parce qu'il était utile.

Vous constatez, par exemple, que l'homme possède des mains qui sont très commodes pour la préhension. Sans doute, dit Darwin : puisque ces appendices sont commodes, il est tout naturel qu'ils existent ; pour qu'un organe existe, il faut qu'il soit ou qu'il ait été au moins une fois, dans le cours des temps géologiques, utile à l'espèce qui le possède.

C'est ici l'endroit périlleux du darwinisme. Il est évident que, par ce point, il se rapproche du finalisme ; car, de dire que l'homme a des mains *pour* prendre les objets dont il a besoin, ou que l'homme a des mains *parce que cela est commode pour* prendre les objets dont il a besoin, c'est tout un, et la constatation de l'utilité d'un caractère satisfait également les darwinistes et les finalistes. Pourtant Darwin a cru fermement que la sélection naturelle donnait le coup de la mort à la théorie antiscientifique des causes finales, en fournissant une explication rationnelle des faits d'adaptation. Reste à savoir si son explication est réellement complète.

Les darwiniens le croient, et trouvent admissible une apparition *fortuite* de tous les caractères de notre organisme. Que, par exemple, nous ayons tant d'articulations construites sur des modèles presque identiques, nous le devons, dit Darwin, à une série de hasards qui ont produit successivement toutes ces articulations éminemment utiles. Or, pour attribuer un rôle si considérable au hasard, même au cours d'une très longue suite de générations, il faut une foi presque aussi robuste que pour admettre l'apparition fortuite d'un homme tout entier. On comprendrait à la rigueur cette interprétation si risquée si l'on n'en avait pas de meilleure : l'homme a besoin de comprendre et se paie de mauvaises raisons quand il n'en trouve pas de bonnes ; mais, longtemps avant que vînt Darwin, Lamarck avait formulé des principes qui permettent de comprendre, autrement que par un simple hasard, l'apparition de ces caractères si complexes. Darwin n'a rien voulu devoir à ses devanciers ; il a cru sincèrement que la sélection naturelle expliquait tout, et en effet, lorsqu'on lit l'*Origine des espèces*, les raisonnements de Darwin apparaissent si serrés et si ingénieux, qu'on ne peut y résister que difficilement.

De ce qu'on ne croit pas à la possibilité d'attribuer au simple hasard l'apparition de tous les caractères utiles, il ne s'ensuit pas que le hasard n'ait pu jouer cependant un rôle dans la formation des espèces ; Darwin et Huxley donnent des exemples fort probants de caractères utiles, dus au hasard, et fixés par la sélection. Le meilleur de ces exemples est, sans contredit, celui des moutons *Ancons* ; à vrai dire, l'utilité du caractère fortuit observé dans ce cas est une utilité pour l'homme et non une utilité pour le mouton même qui l'a présenté ; mais, comme Darwin le fait remarquer avec raison, dans ce cas, la sélection a été opérée *artificiellement* par l'homme, parce que le caractère lui était utile ; elle eût été opérée par la nature, exactement de la même manière, si le caractère en question avait été utile au mouton.

Un certain Seth Wright, propriétaire d'une ferme sur les bords de la rivière Charles, dans l'État de Massachusetts, possédait un troupeau de quinze brebis et un bélier de l'espèce ordinaire. En 1791, une des brebis mit bas un agneau mâle et, sans qu'on puisse en connaître la raison, cet agneau différait du père et de la mère par la longueur relative de son corps et par ses jambes courtes et incurvées en dehors. Cet agneau ne pouvait donc rivaliser avec les autres moutons du troupeau quand ils prenaient leurs ébats et sautaient, au grand ennui du bon fermier, par-dessus les haies des voisins.

Les Américains sont gens avisés. Les voisins du fermier de Massachusetts reconnurent bien vite que ce serait pour eux une excellente affaire si tous ses moutons avaient les tendances casanières que possédait, par le fait même de sa constitution, le petit agneau nouveau-né, et ils conseillèrent à Wright de tuer son vieux bélier et de le remplacer par le nouveau venu. Leur sagacité prévoyante se trouva justifiée : de l'accouplement du jeune bélier monstrueux avec les brebis normales du troupeau, résultèrent de jeunes animaux dont les uns présentaient, dans toute sa pureté, la monstruosité du père, et dont les autres étaient, au contraire, absolument normaux comme leur mère. L'éleveur sacrifia les types normaux et conserva les types monstrueux, que l'on appela *Ancons*, à cause de leurs jambes incurvées en dehors ; il croisa dès lors entre eux les mâles et les femelles du type Ancon, et leurs produits finirent par être tous des Ancons purs.

Voilà donc, comme le fait remarquer Huxley, un exemple remarquable et bien établi d'une race fort distincte qui se produit *per saltum* ; en outre, cette race se propage du premier coup dans toute sa pureté et ne présente pas de formes mixtes, même lorsqu'on la croise avec une autre. La race était même si tranchée que, si l'on réunissait par hasard les Ancons aux moutons ordinaires, on remarquait que les Ancons se tenaient à part. Il y a toute raison de croire qu'on aurait pu conserver indéfiniment cette race ; mais elle fut négligée quand on eut introduit en Amérique le mouton mérinos, aussi docile et aussi tranquille que l'Ancon, et produisant une laine et une viande bien supérieures.

Que prouve cet exemple ? Uniquement que le hasard peut produire des caractères utiles et que la sélection naturelle peut les fixer ; il est donc admissible que, parmi les caractères utiles à chaque espèce aujourd'hui vivante, quelques-uns aient pu apparaître une première fois par hasard ; mais n'est-il pas exagéré d'en conclure que tous les caractères utiles, c'est-à-dire, en réalité, tous les caractères de tous les êtres vivants, ont apparu une première fois par hasard ? Darwin l'admet ; il croit que le hasard, guidé par la sélection naturelle, nous donne l'explication totale de l'évolution progressive des espèces. Mais les principes de Lamarck fournissent une interprétation complète et scientifique de la formation des êtres vivants, et je pense que le lecteur de Darwin, même s'il a été convaincu d'abord, n'hésitera pas à abandonner cette première conviction quand il connaîtra les phénomènes de l'adaptation *directe* aux conditions de milieu. Les admirables lois de Lamarck découlent elles-mêmes de l'application de la sélection naturelle aux éléments cellulaires qui constituent les organismes supérieurs ; sur ce terrain d'entente les Darwiniens et les Lamarckiens finiront sans doute par s'accorder[1].

Une des principales préoccupations de Darwin a été de montrer l'utilité de caractères qui pouvaient paraître, au premier abord, indifférents ou même nuisibles, de manière à prouver que la sélection naturelle n'était jamais en défaut. Cette démonstration était parfaitement inutile puisque le principe de la sélection naturelle n'est que l'expression d'une vérité évidente ; mais il ne faut pas regretter, néanmoins, que Darwin ait pris la peine de la faire, car cela nous a valu une accumulation d'observations méticuleuses et très intéressantes. J'ai déjà signalé plus haut le cas si curieux des cochons noirs que respecte un poison fatal aux cochons blancs ; l'*Origine des espèces* fourmille d'exemples de cette nature et met en évidence l'importance très considérable de facteurs que l'on serait tenté de considérer comme insignifiants au premier abord. Tout se tient dans la nature, et il n'y a aucun phénomène dont on ait le droit de ne pas tenir compte ; qui aurait songé que l'établissement d'une clôture autour d'un lopin de terre dût modifier profondément les conditions de la vie végétale dans l'espace enclos ? Or, voici ce que raconte Darwin.

« Auprès de Farnham, dans le comté de Surrey, se trouvent d'immenses landes, plantées çà et là sur le sommet des collines, de quelques groupes de vieux pins d'Écosse ; pendant ces dix dernières années, on a enclos quelques-unes de ces landes, et aujourd'hui il pousse de toutes parts une quantité de jeunes pins, venus naturellement, et si rapprochés les uns des autres que tous ne peuvent pas vivre. Quand j'ai appris que ces jeunes arbres n'avaient été ni semés ni plantés, j'ai été tellement surpris que je me suis rendu à plusieurs endroits d'où je pouvais embrasser du regard des centaines d'hectares de landes qui n'avaient pas été enclos ; or, il m'a été impossible de rien découvrir, sauf les vieux arbres. En examinant avec plus de soin l'état de la lande, j'ai découvert une multitude de petits plants qui avaient été rongés par les bestiaux. Sur l'espace d'un seul mètre carré, à une distance de quelques centaines de mètres de l'un des vieux arbres, j'ai

---

[1]. J'ai essayé d'établir cette entente dans un livre récent : *Lamarckiens et Darwiniens*. Paris, F. Alcan, 1900.

compté trente-deux jeunes plants ; l'un d'eux avait vingt-six anneaux ; il avait donc essayé, pendant bien des années, d'élever sa tête au-dessus des tiges de la bruyère, et n'y avait pas réussi. Rien d'étonnant donc à ce que le sol se couvrît de jeunes pins vigoureux dès que les clôtures ont été établies. Et, cependant, ces landes sont si stériles et si étendues que personne n'aurait pu s'imaginer que les bestiaux aient pu y trouver des aliments. Nous voyons ici que l'existence du pin d'Écosse dépend absolument de la présence ou de l'absence des bestiaux ; dans quelques parties du monde, l'existence du bétail dépend de certains insectes... »

Je choisis cet exemple entre mille pour montrer que le génie de Darwin a enseigné aux naturalistes à observer, à ne pas négliger des faits d'apparence secondaire qui peuvent être très importants, et ce n'est pas là le moindre service qu'ait rendu à la science l'œuvre du grand biologiste anglais.

Toujours préoccupé de démontrer qu'il n'y a pas d'exception au principe de la sélection naturelle, Darwin a été fatalement amené à s'occuper des caractères que l'on peut considérer comme représentant dans la nature un luxe inutile, les caractères esthétiques, la beauté des fleurs et la beauté des animaux, et dans cette étude encore il a fait une ample moisson de faits extrêmement intéressants.

Chacun se souvient de la fable *le Cerf se voyant dans l'eau*. Fier de sa ramure comme d'un ornement admirable, le cerf en est bien empêtré quand il s'agit de se soustraire par la fuite à la poursuite de ses ennemis. Voilà donc un caractère, la présence des bois sur le front du mâle, qui semble non seulement inutile, mais encore nuisible à son vaniteux possesseur. Il en est de même pour les couleurs brillantes des oiseaux mâles : ces couleurs doivent les désigner de plus loin à l'attaque des oiseaux de proie, tandis que les femelles, plus ternes, sont naturellement dissimulées au milieu des branches. D'autres oiseaux mâles, au lieu de briller par leur plumage, sont d'admirables chanteurs, mais il semble que leur chant mélodieux doive attirer les éperviers et les chouettes. La sélection naturelle serait donc en défaut, puisque des caractères manifestement nuisibles se conservent et se transmettent de génération en génération ! — Darwin s'est trouvé là aux prises avec une difficulté évidente. Il n'a pas songé à nier le danger que présentait pour les mâles l'existence de ces caractères esthétiques, mais il s'est dit que ce danger devait être compensé, et au delà, par une utilité quelconque ; il a trouvé cette utilité dans le goût des femelles pour tout ce qui est beau ; les mâles les plus brillants par leur couleur ou par leur voix sont en effet les plus exposés à être mangés par les rapaces, mais ils ont aussi plus de chance de se reproduire et de transmettre leur beauté à leurs descendants mâles, parce que les femelles se laissent plus volontiers féconder par eux. Darwin a appelé *sélection sexuelle* le processus par lequel les possesseurs des heureux dons de la force et de la beauté ont évincé ou vaincu leurs concurrents moins bien doués. Quand les mâles ont acquis leur structure actuelle, non parce qu'ils étaient plus aptes à survivre dans la lutte pour l'existence, mais parce qu'ils avaient gagné sur les autres mâles un avantage qu'ils ont transmis à leurs descendants mâles, la *sélection sexuelle* est entrée en jeu. Puis, fidèle à son système du hasard, il constate qu' « un léger degré de variabilité menant à un avantage, si léger qu'il fût, dans des luttes mortelles réitérées entre les mâles, suffirait à l'œuvre de la sélection sexuelle... Les femelles ont, par une sélection prolongée des mâles les plus attrayants, ajouté à leur beauté et à leurs autres qualités attrayantes... » Il est clair que la sélection sexuelle n'est qu'un cas particulier du processus plus général de la sélection naturelle ; mais ici, la femelle opère le choix qui doit réaliser le perfectionnement de l'espèce.

Wallace n'accepte pas cette interprétation de Darwin : au lieu de faire intervenir la sélection sexuelle qui aurait rendu les mâles plus beaux, il fait intervenir simplement la sélection naturelle qui rend les femelles plus ternes, et les protège ainsi contre le danger d'attirer l'attention, surtout pendant l'incubation. Un argument que peut invoquer Wallace, c'est que les femelles d'oiseaux à nids découverts sont de couleur terne ou au moins de la couleur du milieu, tandis que les femelles d'oiseaux à nids couverts ont le plumage aussi brillant que les mâles. Il y a intérêt à accepter les deux explications antagonistes de Darwin et de Wallace, dont chacune peut être précieuse dans des cas différents.

Quant à la beauté des fleurs, il ne semble pas qu'elle soit

explicable par la sélection sexuelle : les plus belles fleurs sont hermaphrodites, c'est-à-dire qu'elles contiennent à la fois des organes mâles et femelles ; on ne peut donc songer à trouver à la beauté de la fleur une utilité sexuelle analogue à celle de la beauté du mâle chez les animaux. Mais alors le parfum et l'élégance des plantes de nos jardins ne seraient qu'un véritable luxe, agréable à ceux qui regardent les fleurs, sans servir de rien aux plantes elles-mêmes ! Darwin ne pouvait accepter une telle conclusion ; il a cherché où était l'erreur, il a trouvé, et cette découverte biologique, des plus importantes, qui fait pénétrer le plus avant dans la connaissance des phénomènes sexuels : c'est qu'il n'y a pas d'êtres hermaphrodites. Ceux qui paraissent l'être parce qu'ils ont à la fois des glandes des deux sexes ne peuvent pas se féconder eux-mêmes ; il faut que la fécondation soit croisée[1]. Or, s'il fallait compter uniquement sur le vent pour transporter le *pollen* sur le pistil, la fécondation de la plupart des fleurs resterait problématique ; elle serait en outre à peu près impossible pour les plantes qui, comme le muflier, ont la corolle normalement fermée. Darwin l'a compris : ce sont les insectes qui, butinant de fleur en fleur, transportent de l'une à l'autre le pollen indispensable : ce sont eux qui prennent la peine d'ouvrir la fleur du muflier pour y introduire la substance fécondante. Ainsi, la beauté de la fleur est utile ; elle attire l'insecte fécondateur. Si la beauté du paon mâle a été développée au cours des générations par le choix amoureux des paons femelles, c'est l'amour du papillon pour la rose qui a développé la beauté de la rose et son parfum.

La plupart des plantes sécrètent une liqueur sucrée ; cette sécrétion se fait parfois au moyen de glandes placées à la base des stipules chez quelques légumineuses, et sur le revers des feuilles du laurier commun. Les insectes recherchent avec avidité cette liqueur, qui se trouve toujours en petite quantité, mais leur visite n'est d'aucun avantage pour la plante. « Or, supposons, dit Darwin, qu'un certain nombre

---

[1]. On ne considère pas aujourd'hui cette nécessité comme *absolue* ; il y a peut-être des cas où des êtres se montrent vraiment hermaphrodites, mais, cependant, il est indéniable que, même pour ces êtres, la fécondation croisée est avantageuse.

de plantes d'une espèce quelconque sécrètent cette liqueur ou ce nectar à l'intérieur de leurs fleurs. Les insectes en quête de ce nectar se couvrent de pollen et le transportent alors d'une fleur à l'autre. Les fleurs de deux individus distincts de la même espèce se trouvent croisées par ce fait ; or, le croisement engendre des plants vigoureux qui ont la plus grande chance de vivre et de se perpétuer. Les plantes qui produiraient les fleurs aux glandes les plus larges et qui, par conséquent, sécréteraient le plus de liqueur seraient plus souvent visitées par les insectes et se croiseraient le plus souvent aussi ; en conséquence, elles finiraient, dans le cours du temps, par l'emporter sur toutes les autres et par former une variété locale. Les fleurs dont les étamines et les pistils seraient placés, par rapport à la grosseur et aux habitudes des insectes qui les visitent, de manière à favoriser, de quelque façon que ce soit, le transport du pollen, seraient pareillement avantagées. » Ainsi, lorsqu'une plante, grâce à ses développements successifs, est de plus en plus recherchée par les insectes, ceux-ci portent inconsciemment le pollen de fleur à fleur. On comprend ainsi qu'une fleur et un insecte puissent lentement se modifier et s'adapter mutuellement de la manière la plus parfaite, par la conservation continue de tous les individus présentant de légères déviations de structure avantageuses pour l'un et pour l'autre.

Éclairé par cette notion nouvelle, Darwin a fait des observations minutieuses qui sont pleines d'intérêt. L'exemple du trèfle et des bourdons est classique aujourd'hui ; je le cite néanmoins en entier, car il prouve mieux que tout autre combien peuvent avoir d'influence sur certains phénomènes naturels des faits qui en paraissent absolument indépendants au premier abord : « Après de nombreuses expériences, j'ai reconnu, dit Darwin, que le bourdon est presque indispensable pour la fécondation de la pensée (*viola tricolor*), parce que les autres insectes du genre abeille ne visitent pas cette fleur. J'ai reconnu également que les visites des abeilles sont nécessaires pour la fécondation de quelques espèces de trèfle ; vingt pieds de trèfle de Hollande (*trifolium repens*), par exemple, ont produit deux mille deux cent quatre-vingt-dix graines, alors que vingt autres pieds, dont les abeilles ne pouvaient pas approcher, n'en ont pas produit une seule. Le bourdon seul visite le trèfle rouge, parce que les autres abeilles ne peuvent pas en atteindre le nectar. On affirme que les phalènes peuvent féconder cette plante ; mais j'en doute fort, parce que le poids de leur corps n'est pas suffisant pour déprimer les pétales alaires. Nous pouvons donc considérer comme très probable que, si le genre bourdon venait à disparaître ou devenait très rare en Angleterre, la pensée et le trèfle rouge deviendraient aussi très rares ou disparaîtraient complètement. Le nombre des bourdons dépend, dans une grande mesure, du nombre des mulots qui détruisent leurs nids et leurs rayons de miel ; or, le colonel Newmann, qui a longtemps étudié les habitudes du bourdon, croit que plus des deux tiers de ces insectes sont ainsi détruits chaque année en Angleterre. D'autre part, chacun sait que le nombre des mulots dépend de celui des chats, et le colonel Newmann ajoute que les nids de bourdon sont plus abondants près des villages et des petites villes, ce qu'il attribue au plus grand nombre de chats qui détruisent les mulots. Il est donc parfaitement possible que la présence d'un félin dans une localité puisse déterminer dans cette même localité l'abondance de certaines plantes, en raison de l'intervention des souris et des abeilles. » On a enjolivé cette histoire, déjà si jolie, en disant que Darwin montre l'influence du nombre des vieilles filles sur le prix du bœuf au marché de Londres, parce que les vieilles filles élèvent beaucoup de chats et que les bœufs se nourrissent volontiers de trèfle.

Les exemples précédents suffisent à montrer combien de découvertes admirables a fait faire à Darwin le désir de tout expliquer par la sélection naturelle. Ce principe de l'utilité des caractères existants, au lieu de stériliser son inventeur dans un finalisme antiscientifique, lui a donné, au contraire, une activité plus grande et l'a amené à poser devant les naturalistes modernes un grand nombre de questions auxquelles personne n'avait songé jusque-là ; si donc la sélection naturelle n'explique pas tout, comme l'a cru Darwin, son introduction en biologie a été extrêmement féconde, outre que, grâce à elle et à l'apparence d'explication qu'elle donnait de l'évolution progressive des espèces, le transformisme, étouffé par Cuvier, a pu renaître de ses cendres.

II. — LA MATURATION DE L'ŒUF[1]

Les expériences de MM. Loeb, Delage, etc., sur la parthénogénèse artificielle des œufs ont modifié les idées des biologistes au sujet de la fécondation, et, comme cela arrive souvent en pareil cas, le mouvement de réaction a été trop violent et l'on a abandonné trop complètement l'ancienne conception des phénomènes sexuels. On considérait, il y a quelques années encore, que les êtres appartenant aux espèces sexuées, pouvaient, suivant les cas, donner naissance, soit à des *œufs parthénogénétiques* se développant par eux-mêmes, soit à des *ovules* réellement femelles et incapables de se développer sans le secours d'un élément mâle. Entre ces deux sortes de cellules reproductrices il y avait donc un abîme, que les expériences dont je viens de parler ont d'abord paru combler. Tout le monde a été stupéfait quand Loeb a annoncé qu'une immersion convenable dans une solution saline appropriée permettait, sans le secours du spermatozoïde, le développement des *ovules femelles* de quelques Échinodermes. De là à penser que l'action du spermatozoïde dans la fécondation était, *au moins en partie*, analogue à celle d'une solution saline, il n'y avait qu'un pas ; M. Delage a fait remarquer que le pronucléus mâle apporté par le spermatozoïde, se gonflant par imbibition après avoir pénétré dans le protoplasma femelle, déshydrate par là même ce protoplasma, phénomène comparable à celui que produit l'immersion de l'ovule dans les solutions salines de Loeb. Mais je m'empresse d'ajouter que M. Delage n'a pas réduit à cela le rôle du spermatozoïde ; il a fait la remarque suivante[2] :

1. *Revue gén. des Sciences*, mars 1902.
2. Delage, Les théories de la fécondation, *Revue gén. des Sciences*, 15 octobre 1901.

La fécondation a un double but : 1° mettre l'œuf mûr en état de se développer et de former un être nouveau, c'est-à-dire déterminer l'*embryogénèse* ; 2° donner à cet être nouveau deux parents (au lieu d'un seul comme dans la reproduction agame et la parthénogénèse) c'est-à-dire introduire dans son évolution l'*amphimixie* avec les avantages d'une double lignée ancestrale.

Et le savant professeur réserve naturellement le rôle du spermatozoïde dans l'amphimixie quand il attribue à cet agent une action déshydratante qui facilite le développement de l'ovule.

Le passage précédemment cité de l'article de M. Delage donne un exemple des considérations finalistes dont on entoure toujours l'explication de la fécondation. L'influence de Weissmann a été néfaste à cet égard. On dit couramment que l'ovule mûrit, élimine une partie de sa substance, *pour* pouvoir accueillir dans son sein un spermatozoïde et assurer ainsi à l'être futur les avantages de l'amphimixie. Je crois que ce langage a pour résultat de compliquer inutilement le problème ; il est possible, dans l'état actuel de la science, de poser la question de la maturation sans recourir à l'argument téléologique.

***

Qu'est-ce que la *maturation*, quand il s'agit des éléments sexuels ?

On fait à cette question des réponses différentes, suivant que l'on se place au point de vue histologique ou au point de vue embryologique ; mais, avant les expériences de Loeb, on s'accordait à dire que, dans les cas de sexualité vraie (je laisse intentionnellement de côté les cas de parthénogénèse partielle ou facultative) l'ovule devenu mûr a perdu la faculté d'assimilation (c'est cette faculté d'assimilation que M. Delage appelle le pouvoir de déterminer l'embryogénèse), et qu'il ne peut la recouvrer que lorsqu'il est fécondé par un spermatozoïde également incapable d'assimilation. L'assimilation, ou augmentation de la quantité des substances vivantes d'un élément cellulaire est, sans contredit, un phénomène chimique ; elle résulte des réactions qui se produisent, dans l'intimité de la substance vivante, entre cette substance vivante elle-même et les éléments chimiques venus de l'extérieur à son contact. Si donc l'ovule mûr est incapable d'assimilation dans un milieu qui contient toutes les substances chimiques nécessaires, c'est évidemment que les éléments indispensables aux réactions assimilatrices ne se trouvent plus tous réunis à son intérieur, et cela peut se produire de deux manières : 1° soit que la substance active de l'ovule ne soit plus de la substance vivante *complète*, c'est-à-dire qu'il y manque certains éléments existant normalement dans une cellule de l'espèce considérée ; alors la maturation de l'ovule serait essentiellement un phénomène *chimique*, une destruction partielle de la substance vivante ; 2° soit que l'état particulier dans lequel se trouve l'ovule empêche les échanges osmotiques avec l'extérieur et qu'ainsi une substance vivante chimiquement complète soit dans l'impossibilité d'assimiler parce que les éléments nécessaires existant dans le milieu ne peuvent plus venir à son contact ; alors la maturation de l'ovule serait essentiellement un phénomène physique[1].

C'est la grande question de la Biologie que de savoir distinguer, dans une manifestation quelconque de la vie cellulaire, quelle est la part des phénomènes chimiques et des phénomènes physiques, et cette question est d'autant plus complexe que ces deux ordres de phénomènes retentissent fatalement les uns sur les autres. Que l'on s'arrête à l'interprétation chimique ou à l'interprétation physique de la maturation de l'ovule, on comprend également le rôle du spermatozoïde dont l'introduction rend l'assimilation possible, soit en complétant chimiquement les substances vivantes de l'ovule par l'apport de substances mâles qui y manquaient, soit en y introduisant un organe nouveau (centrosome déterminant les échanges avec l'extérieur (?) ; pronucléus déshydratant enlevant l'excès des liquides nuisibles à l'osmose (?), etc.). Le fait donc d'avoir constaté que le spermatozoïde, en entrant dans l'ovule mûr, y rendait l'assimilation possible, laissait, par conséquent, entière la question de savoir si la maturation de l'ovule est un phénomène chimique ou un phénomène physique. Les expériences de Loeb et Delage ont-elles résolu la question dans un sens ou dans l'autre? En y regardant de

1. Ce serait un phénomène physique même si c'était l'existence d'une substance chimique donnée à son intérieur (substances inhibitrices) qui arrêtait les échanges en modifiant les propriétés osmotiques de l'ovule.

près, nous verrons qu'il est impossible de l'admettre, malgré l'apparence contraire.

*
**

Je laisse de côté l'hypothèse d'une action spécifique des *ions* métalliques des solutions salines. Loeb a successivement abandonné et repris cette manière de voir et d'ailleurs les expériences de Bataillon suffisent à prouver que la parthénogénèse artificielle peut s'obtenir en dehors d'une intervention métallique.

Loeb et Delage sont d'accord pour attribuer une importance considérable à la concentration de la solution saline employée, mais ils ne sont pas d'accord sur l'équivalence des solutions isotoniques comme agents déterminants de la parthénogénèse artificielle ; les expériences entreprises par Delage sur le rôle particulier du chlorure de manganèse ne sont d'ailleurs pas encore terminées.

Quoi qu'il en soit, il est bien établi que, sous l'influence de certaines actions purement physiques, un ovule peut se développer sans fécondation. Voici la conclusion de Delage dans son dernier Mémoire[1] :

L'œuf est dans un état d'équilibre instable, et une excitation convenable, mais non spécifique, suffit à le déterminer à se développer. Indépendamment des solutions salines employées par Loeb, la parthénogénèse peut être produite, non seulement, comme l'avait reconnu Loeb, par des agents chimiques ne modifiant pas la pression osmotique, ou même par des solutions salines hypotoniques, mais aussi par un agent physique, la chaleur, appliquée à un degré déterminé et à un moment précis de la vie de l'œuf. Les actions de la chaleur, d'HCl et des solutions salines s'ajoutent, ce qui prouve qu'elles ne sont pas de même nature, chacune étant employée à son optimum.

Faut-il conclure de tout cela que la maturation de l'ovule est un phénomène physique ? que, si l'ovule mûr est incapable d'assimilation, c'est uniquement à cause d'un état physique particulier, d'un équilibre instable, comme dit M. Delage, qu'une excitation (?) convenable suffit à faire disparaître ? Si l'on se reportait uniquement aux expériences dont

[1]. Delage, Études expérimentales sur la maturation cytoplasmique et sur la parthénogénèse artificielle chez les Échinodermes, *Arch. de Zool. exp. et gén.*, 1901.

il vient d'être question, on pourrait, en effet, être tenté de l'admettre ; mais il ne faut pas oublier qu'il y a d'autres observations sur les produits sexuels et que ces observations mettent en évidence d'une manière indiscutable une différence *chimique* entre l'ovule et le spermatozoïde. Je me contenterai de signaler à ce point de vue les caractères sexuels secondaires si différents dans les deux sexes et qui résultent certainement des excreta des glandes génitales. Y aurait-il donc contradiction entre les faits nouvellement découverts et ceux qui étaient connus autrefois ? Il est évident que si l'ovule est mûr et incapable de se développer parce qu'il a perdu une certaine partie, chimiquement définie, de sa substance vivante, savoir l'ensemble de ses éléments mâles, une action purement physique ne saurait lui rendre la capacité d'assimilation. Mais il suffit d'examiner de près les résultats des dernières expériences de M. Delage pour se rendre compte de l'importance énorme du *degré de maturation* dans la réussite de la parthénogénèse artificielle. Et c'est là qu'est, je crois, le nœud de toute la question.

Considérons, en effet, un ovule en voie de maturation. Si la maturation est une destruction progressive des substances mâles de la cellule (destruction dont la cause nous échappe encore), on comprend que, suivant le temps pendant lequel agit la cause destructive, cette maturation peut aller plus ou moins loin. Lorsque cette destruction s'arrête de bonne heure, il peut rester encore dans la cellule une quantité suffisante de substances mâles, et alors l'ovule, incomplètement mûr, est encore capable d'assimilation ; il y a parthénogénèse naturelle. Chez certains êtres, à certaines époques, il se produit normalement des ovules ayant subi peu ou pas de maturation (œufs parthénogénétiques). Chez les abeilles, la maturation s'arrête toujours assez tôt pour que, d'une part, la partie de l'ovule encore compensée par des substances mâles puisse se développer par elle-même (faux-bourdons), et que, d'autre part, il y ait une quantité de substances femelles non compensées suffisante pour expliquer l'introduction d'un spermatozoïde et la formation d'un œuf fécondé (ouvrières et reines)[1]. Chez l'*Asterias glacialis* la maturation n'est pas

[1]. Le Dantec, L'Hérédité du sexe, in *L'Unité dans l'Être vivant*. Paris. F. Alcan, 1901.

toujours complète ; certains ovules, arrivés au terme de la destruction maturative, sont encore capables d'assimilation ; mais ils contiennent trop peu de substance mâle pour que leur développement aille bien loin ; la parthénogénèse naturelle ne conduit ces ovules qu'à un stade embryonnaire peu avancé.

Cela suffit à prouver qu'il y a toute une série de phases intermédiaires entre la *maturation totale* et la *parthénogénèse naturelle*. Quelles sont les causes qui font mûrir l'ovule, c'est-à-dire qui détruisent progressivement toutes ses substances mâles, nous ne le savons pas encore ; mais nous trouvons une explication fort simple des expériences de MM. Loeb, Delage, etc., dans le fait que l'intervention d'une cause physique, comme par exemple, la déshydratation par une solution saline, *arrête la maturation* ; ainsi, telle cellule qui, dans les conditions où elle se trouvait avant l'intervention, était en train de devenir un ovule mûr, incapable d'assimilation, verra arrêter plus tôt la destruction de ces substances mâles et sera susceptible de parthénogénèse. Telle cellule, arrêtée à un stade analogue à celui qui est normal chez les abeilles, sera susceptible soit de parthénogénèse, soit de fécondation. Je vais montrer que cette interprétation est complète ; voici les conclusions de M. Delage :

Il existe pendant la vie de l'œuf un moment critique, celui où, pour la première division maturative, la membrane nucléaire se détruit et laisse diffuser le suc nucléaire dans le cytoplasme. A ce moment, qui est celui où la fécondation mérogonique du cytoplasme devient possible chez *Asterias*, les agents de la parthénogénèse sont particulièrement efficaces. C'est un point singulier dans la courbe physiologique de l'œuf, où la moindre action disturbante peut le faire verser dans la parthénogénèse.

Chez l'oursin, la parthénogénèse expérimentale se produit *après la maturation complète* et, malgré la réduction chromatique quantitative, le nombre normal de chromosomes se retrouve le même dans la larve sans père que dans celle provenant d'un œuf fécondé. Cela confirme une conclusion de mes expériences antérieures d'après laquelle la thèse de l'individualité des chromosomes de Rabl et Boveri est insoutenable et doit faire place à ma théorie de l'autorégulation de ce nombre par action spécifique de la cellule.

Chez l'Astérie, la parthénogénèse expérimentale a lieu, le plus souvent, sinon toujours, après expulsion d'un globule polaire et les agents déterminant la parthénogénèse agissent en inhibant le 2° globule et plaçant ainsi l'œuf dans les conditions habituelles de la parthénogénèse naturelle.

Toutes ces conclusions sont d'accord avec l'interprétation que je viens de donner, mais j'ai souligné intentionnellement les mots *après la maturation complète*, dans le passage relatif à l'œuf d'oursin. Il faut s'entendre sur la signification des mots. Les histologistes accordent naturellement une importance prépondérante aux phénomènes *figurés* de la cellule, et considèrent, par suite, comme produisant la maturation *définitive*, les modifications *observables* dans la cellule au cours de cette maturation, savoir : principalement la disparition de la vésicule germinative et la formation des globules polaires, c'est-à-dire, l'apparition de deux divisions consécutives sans phase de repos intermédiaire. Chez l'Oursin, dont il est question ici, il est certain, en effet, que ces deux phénomènes se produisent au cours de la maturation ; mais rien ne prouve que la maturation, telle que nous l'avons définie plus haut, soit terminée aussitôt qu'ils ont eu lieu. Au contraire, l'ensemble des résultats mêmes de M. Delage prouve que cette maturation continue encore chimiquement après qu'ont pris fin les phénomènes histologiques[1]. Ce que M. Delage appelle *un moment critique* dans la vie de l'œuf, c'est précisément celui où, la maturation chimique étant en train de s'opérer, les agents extérieurs des expériences de Loeb *peuvent* l'arrêter. Avant que la maturation soit commencée et après qu'elle est chimiquement terminée, l'influence de ces agents est nulle.

***

Tous les résultats des expériences de parthénogénèse artificielle se comprennent donc admirablement dans l'hypothèse, suggérée par d'autres faits, d'une maturation chimique de l'ovule consistant en une destruction progressive des substances mâles[2]. Si la maturation est terminée, il faut que le

---

[1]. De même que pour le spermatide qui subit encore des modifications pour devenir spermatozoïde.
[2]. Quelques mois après la publication du présent article dans la *Revue générale des Sciences*, M. Delage a refait des expériences en employant

spermatozoïde apporte à l'ovule les substances mâles qui lui manquent, et l'on voit alors que le rôle déshydratant du pronucléus mâle n'a rien de commun avec l'action des solutions de Loeb. Si la maturation est arrêtée avant que toutes les substances mâles soient détruites (et ceci peut se produire naturellement ou artificiellement) il y a parthénogénèse et cependant possibilité de fécondation¹ à cause de l'existence d'une certaine quantité de substance femelle non compensée; (c'est ce qui se produit normalement chez l'abeille); enfin, s'il n'y a pas maturation du tout, il y a parthénogénèse sans possibilité de fécondation. Le nombre des réussites dans les expériences de parthénogénèse artificielle doit varier suivant l'état dans lequel se trouvent les ovules au moment où on les traite par des agents capables d'arrêter la maturation. Or, c'est précisément ce que prouvent les expériences déjà faites et il y aura lieu de reprendre ces expériences, au printemps prochain, avec des ovules dont on connaîtra exactement le degré de maturation. Par exemple, pour les œufs de l'*Asterias glacialis*, on pourra légitimement admettre que la disparition de la vésicule germinative marque un point précis dans les processus de destruction chimique et cela donnera un bon point de départ.

Ce phénomène morphologique de la disparition de la vésicule germinative est, d'ailleurs, fort intéressant par lui-même; il y a deux ans déjà, j'en signalais l'importance dans l'explication de la fécondation mérogonique² : « ..... La substance

---

l'acide carbonique au lieu de solutions salines et il en a résumé les résultats dans les *C. R. Acad. des Sc.* (20 octobre 1902). Dans cette publication, le savant professeur abandonne sa première théorie de l'excitation et adopte une explication analogue à celle que je donne ici : « ... ce « qui se produit, dans le cas de l'*Asteria* tout au moins, c'est une « action inhibitrice, un arrêt dans la division commencée. C'est en effet « au moment où les œufs sont en voie de division pour l'expulsion des « globules polaires que je les place dans le réactif, et là la division « s'arrête, par suite d'une action non excitante, accélératrice, mais au « contraire inhibitrice, stupéfiante ; il y a suspension de l'activité caryoci-« nétique...... Les agents parthénogénétiques, quels qu'ils soient, agissent « comme des poisons temporaires... »

1. Et alors, ainsi que le montrent les expériences de M. Delage, l'œuf fécondé, contenant *plus* de substance vivante que l'œuf parthénogénétique correspondant, donnera naturellement un développement plus rapide.

2. L'équivalence des deux sexes dans la fécondation, *Revue gén. des Sciences*, 1899, n° 22, p. 862.

nucléaire dont une grande partie au moins, nous l'avons vu, pendant la karyokinèse, se trouve mélangée au cytoplasma et, *dans l'ovule, reste mélangée au cytoplasma.* »

M. Delage adopte cette manière de voir dans son dernier Mémoire : « Le cytoplasme fécondable de l'œuf en voie de maturation diffère, dit-il, du cytoplasme non fécondable de l'œuf non mûr, *par la pénétration du suc nucléaire à son intérieur.* » (*Op. cit.*, p. 289.) C'est là ce que le savant professeur appelle la maturation *cytoplasmique*. Il me semble qu'il y a encore *autre chose* dans la maturation cytoplasmique ; je ne vois, en effet, aucune raison pour admettre que la maturation chimique se produise dans le noyau seul ; je crois, au contraire, que les causes qui déterminent la maturation dans le noyau doivent en même temps la produire dans le protoplasma, et c'est même à cela qu'est due, à mon avis, la disparition progressive de la vésicule germinative. Qu'est-ce, en effet, que la membrane nucléaire, sinon un état particulier de la substance du noyau, au contact de la substance du cytoplasma ? Et il est tout naturel que, la substance du noyau et celle du protoplasma subissant à la fois le phénomène de la maturation, leur séparation ne reste plus comparable à ce qu'elle était auparavant ; il y a donc, alors, *mélange* entre les substances *mûrissantes* du cytoplasma et du noyau [1]. Ces considérations m'empêchent d'admettre la conclusion de M. Delage : « Que la pénétration du suc nucléaire dans le cytoplasma est nécessaire, peut-être pour empêcher l'œuf de se développer parthénogénétiquement, sûrement pour fournir au pronucléus mâle l'eau nécessaire à son évolution dans l'œuf. »

Les phénomènes *figurés* qui accompagnent la maturation de l'ovule doivent être considérés bien plutôt comme une *conséquence* de la maturation que comme la cause même de cette maturation [2]. Il est probable que, si M. Delage avait réussi, comme il l'a essayé, à crever la paroi de la vésicule germinative, il n'aurait pas, pour cela, mûri le cytoplasme

---

[1]. C'est à une maturation analogue que j'ai attribué la disparition de la membrane nucléaire dans les karyokinèses normales (v. L'hérédité clef des phénomènes biologiques, *Revue gén. des Sciences*, juillet 1900).

[2]. V. Les éléments figurés de la cellule et la maturation des produits sexuels, *Revue scient.*, 1900.

de l'ovule. La paroi de la vésicule germinative devient perméable, non pas *pour que* le cytoplasma mûrisse, mais *parce que* l'ovule tout entier est le siège du phénomène de la maturation.

Quant au nombre des chromosomes, il soulève une question qui n'a aucun rapport avec le déterminisme de la parthénogénèse artificielle[1].

Je voudrais avoir montré, dans ces quelques pages, que les expériences de Loeb, Delage, etc., loin d'enlever de sa valeur à l'ancienne conception de la fécondation, lui donnent, au contraire, une force nouvelle, pourvu que l'on s'en tienne à des explications dépourvues de finalisme et que l'on renonce à faire intervenir dans les phénomènes des *excitations* mystérieuses qui rappellent les forces catalytiques de l'ancienne chimie.

1. V. Deux états de la substance vivante, *C. R. Acad. des Sciences*, 28 octobre 1901.

III. — L'HÉRÉDITÉ, C'EST LA VIE ELLE-MÊME [1].

Quand nous parlons de l'hérédité, nous pensons généralement à une force mystérieuse, coupable de méfaits individuels et sociaux et qui dominerait, comme une sorte de fatalité terrible, la vie des hommes et des animaux.

Mais c'est là une injustice analogue à celle que commettrait un individu qui, héritant d'un million et se trouvant chargé de payer 300 francs de rente viagère à une vieille domestique, oublierait le million et se plaindrait sans cesse de l'ennui causé par la rente viagère. Chacun de nous peut tenir certaines tares de l'hérédité, mais il ne faut pas oublier que ce sont les hérédités accumulées qui ont fait de nous des hommes et que, si nous devons à nos parents, qui une certaine névrose, qui une tendance à l'arthritisme, etc., c'est aussi à eux que nous devons tous nos organes, nos jambes, nos bras, nos yeux, notre cerveau pensant et intelligent.

Je n'ai pas l'intention, dans cette causerie, de faire la balance des utilités et des méfaits de l'hérédité ; je voudrais seulement vous entretenir du problème biologique qu'elle pose et, surtout, vous montrer comment il faut envisager ce problème : un œuf, gros comme une tête d'épingle, reproduit un homme ! Voilà ce qui a si fortement étonné et qui étonne encore si fortement tout être doué de réflexion.

Si nous voulions faire reproduire un homme par un artiste tout-puissant, quels documents devrions-nous lui fournir ? Je ne parle pas de la reproduction purement extérieure que réalise un statuaire, mais d'une reproduction *absolue*, comme celle qu'effectue l'œuf, de la fabrication d'un homme enfin ! Il faudrait une description totale ; or l'homme est quelque chose d'extrêmement compliqué et à la fois d'admirable-

---

[1]. Conférence faite à la Sorbonne, le 23 janvier 1902.

ment précis. Un homme moyen a un volume d'environ 60 litres, cela fait 60 millions de millimètres cubes et à peu près 60 trillions de cellules dont chacune doit se trouver à sa place avec ses caractères propres.

Et l'œuf, gros comme une tête d'épingle, reproduit tout cela ! Que contient-il donc de si extraordinaire ?

Préoccupés de cette question, les premiers naturalistes qui, armés du microscope, découvrirent les éléments reproducteurs de l'homme et de la femme, essayèrent de trouver dans leur intérieur quelque chose qui expliquât leur propriété singulière et, guidés par cette idée préconçue, ils s'imaginèrent y voir un petit homme minuscule, un *homunculus*. Ils en donnèrent même des dessins. Malheureusement, les uns voulaient trouver l'homunculus dans l'élément mâle, les autres dans l'élément femelle. Ce fut la grande querelle des *Spermatistes* et des *Ovistes*.

Cette prétendue découverte de l'homunculus donna lieu à la théorie fantastique de l'*emboîtement des germes*. Pour les ovistes, par exemple, un œuf contient un homunculus qui, s'il est femelle, contient à son tour, dans son ovaire minuscule, les réductions des êtres de la génération suivante ; de cette deuxième génération les individus femelles contiennent eux aussi, dans des ovaires encore plus petits, les réductions encore plus infimes des êtres de la troisième génération et ainsi de suite jusqu'à la consommation des siècles. En remontant à l'origine des choses, toutes les générations qui ont existé et qui existeront devaient être représentées en raccourci dans l'ovaire de la première femme, s'il y a eu une première femme !

Voilà une hypothèse bien difficile à admettre ! mais, ce qui est pis, elle n'explique rien, ainsi que je vais essayer de vous le montrer.

*
**

Supposons, par exemple, qu'un œuf de chèvre contienne un minuscule chevreau. Pensez-vous que le problème sera résolu pour cela ? Oui, si nous nous contentons de comparaisons avec des phénomènes qui nous sont familiers. Nous sommes habitués à voir les petits êtres *grandir* :

Sic canibus catulos similes, sic matribus hœdos,

dit le berger de Virgile. Donc, puisque nous voyons, *sans étonnement*, le jeune chevreau que la chèvre a mis bas prendre petit à petit les dimensions de sa mère, nous ne devons pas nous étonner davantage de voir se transformer en un jeune chevreau nouveau-né le minuscule animal qui est inclus dans l'œuf maternel. Encore ne faut-il pas prendre cette comparaison au pied de la lettre! Un jeune chevreau n'est pas la reproduction *exacte* d'une chèvre; un enfant n'est pas la reproduction exacte d'un homme; si un enfant grandissait en restant semblable à lui-même, il donnerait naissance, non pas à un homme, mais bien à un monstre grotesque rappelant les bonshommes en baudruche que l'on vend dans les foires et que l'on fait grossir en soufflant dedans.

Passons même sur cette petite dissemblance. Comment pouvons-nous *sans étonnement* voir le chevreau nouveau-né devenir chèvre? Voici un tableau qui résume l'ensemble des phénomènes de la première année :

Chevreau de 4 livres + { lait, choux, foin, feuilles de saule, etc. eau, air atmosphérique. } = { acide carbonique, crottes, urines, etc. } + Chèvre de 30 livres.

C'est-à-dire qu'en traitant par un chevreau de 4 livres les substances alimentaires contenues dans la deuxième colonne, on a obtenu, outre les substances excrémentitielles de la troisième colonne, une chèvre de 30 livres; c'est-à-dire, encore, que, pendant la première année, il y a eu, aux dépens d'éléments différents empruntés à l'extérieur, *fabrication* de 26 livres de *substance de chèvre*. Le chevreau, par son activité propre, transformé *en sa propre substance* des substances différentes; il a *assimilé* des matières alimentaires, le mot assimiler étant pris là dans son sens étymologique « *transformer en substance semblable* ».

L'activité du chevreau a consisté dans une série d'opérations : l'ingestion des aliments, leur digestion ou dissolution dans le tube digestif, l'absorption du liquide résultant de la digestion et enfin l'*assimilation* de ce liquide, sa transformation en substance de chevreau. Le tableau ci-dessus passe par-dessus toutes ces opérations intermédiaires et indique seulement le point de départ et le résultat définitif qui est la transformation d'une certaine quantité de choux, de foin, etc., en *substance de chèvre*. Quand on écrit une équation chimique, on procède de même; on s'inquiète de retrouver dans le second membre de l'équation exactement les mêmes éléments que dans le premier, sans se demander quelles transformations intermédiaires ont subies les divers réactifs considérés.

Au contraire, en général, quand nous observons la vie d'un animal, nous nous attachons surtout aux phénomènes intermédiaires qui se succèdent sous nos yeux et nous ne songeons pas au phénomène d'ensemble, l'*assimilation*, qui est la caractéristique réelle de la vie. L'assimilation, c'est la vie! Et ceci reste vrai même quand la période de croissance est terminée; il y a sans cesse *assimilation*, c'est-à-dire formation de la substance *de l'être vivant* aux dépens de substances différentes, mais cette formation de substance nouvelle ne fait que réparer des pertes de substance dues à des destructions qui n'ont rien de vital, de sorte que l'assimilation ne se traduit plus par une augmentation totale de la substance de l'être vivant.

Voilà donc le phénomène essentiel, la fabrication, par un être donné, de substance *identique à la sienne*. Or, remarquons-le immédiatement, ce phénomène mystérieux de l'*assimilation* intervient aussi bien dans la transformation en chevreau nouveau-né du chevreau minuscule supposé dans l'œuf de la chèvre, que dans la transformation en chèvre du chevreau nouveau-né. Quelle que soit la forme hypothétique de la substance active de l'œuf, il n'en est pas moins nécessaire que cette substance hypothétique *assimile* une énorme quantité de matières alimentaires, les transforme en *sa propre substance* ET NON EN UNE AUTRE, de manière que son poids se multiplie par des millions et des millions. Voilà le grand problème! Quant à supposer que la *forme* de cette minuscule quantité de substance active de l'œuf suffit pour diriger et rendre semblable à elle-même, pendant le formidable travail de l'assimilation, les formes successives de la masse croissante de substance assimilée, cela est tout à fait invraisemblable et, d'ailleurs, ce n'est pas vrai.

Observons en effet le développement d'un œuf de poule[1].

---

1. V. l'*Atlas* de M. Mathias-Duval.

On voit au début, sur le jaune, une petite tache qui représente la substance vivante et active. Le jaune, ce sont les matières alimentaires que cette petite quantité de substance vivante va assimiler, transformer en substance de poussin. Or la forme de cette quantité croissante de substance vivante est essentiellement variable ; ce n'est qu'au bout d'un certain temps qu'elle se rapproche petit à petit de la forme de poussin dont elle s'écartait prodigieusement d'abord. Il est donc bien certain qu'il n'y a pas, dans l'œuf de poule, un minuscule poussin qui grandit jusqu'à l'éclosion.

Mais il y a assimilation ; il y a transformation de jaune d'œuf en substance de poussin, exactement comme, après l'éclosion, il y a transformation des grains de blé ou d'avoine mangés par le poussin en substance de poule. Seulement, depuis l'œuf jusqu'au poussin, la forme de la masse vivante varie d'une manière plus évidente que depuis le poussin jusqu'à la poule. Nous allons avoir à nous occuper maintenant de cette question de la forme, mais nous pouvons remarquer tout de suite que de telles variations de forme ne sont pas pour nous surprendre ; nous connaissons en effet des cas extrêmement simples dans lesquels la forme d'une masse de substances non vivantes varie avec la masse, dans des conditions mécaniques données. Observons, par exemple, un robinet dont l'eau s'écoule goutte à goutte ; au moment où une goutte d'eau vient de tomber, l'eau qui obture l'ouverture du robinet a la forme d'un ménisque surbaissé ; ce ménisque se gonfle petit à petit et arrive à prendre la forme d'une demi-sphère, puis de trois quarts de sphère ; il se détache enfin et a la forme d'une larme, puis d'une sphère parfaite. Chez le poulet, les transformations sont bien plus considérables et nous allons les étudier maintenant ; après l'*assimilation* vient la question de la forme des substances assimilées.

***

L'*assimilation*, phénomène chimique, s'accompagne de phénomènes morphologiques. Une observation familière nous permet de prévoir que les *mêmes* phénomènes morphologiques doivent toujours accompagner les mêmes phénomènes d'assimilation. Nous reconnaissons l'espèce d'une plante ou d'un animal à sa forme et, si nous l'analysons chimiquement, nous sommes sûrs, la forme une fois constatée, que nous trouverons telle ou telle substance chimique dans son intérieur. Notre analyse chimique la plus simple est celle que nous faisons avec notre sens du goût ; en voyant un chou, nous prévoyons le goût du chou et, réciproquement, le goût du chou nous fait deviner la forme du chou. Les chiens font avec leur odorat ce que nous faisons avec notre goût ; un chien reconnaît son maître à son odeur, c'est-à-dire que l'analyse chimique par l'odeur lui fait deviner la forme connue du maître ; un bon chien de chasse devine une perdrix au flair.

Cette remarque très courante nous fait prévoir que la composition chimique (dévoilée par le goût ou l'odorat) est liée à la forme spécifique. Malheureusement, la chimie est encore impuissante à réaliser l'analyse totale des substances vivantes ; il faut suppléer expérimentalement à l'insuffisance de la chimie. Or, nous connaissons des expériences, très souvent répétées, qui démontrent péremptoirement l'existence d'un rapport entre la forme spécifique et la composition chimique. Ce sont les expériences de *mérotomie*, mot bien savant, qui indique seulement que l'on a coupé un animal vivant en deux ou plusieurs morceaux.

Ces expériences ont été effectuées sur des animaux de toutes sortes, depuis les Protozoaires jusqu'aux êtres les plus élevés en organisation, mais les résultats n'ont pas été les mêmes dans tous les cas. Passons d'abord en revue une série d'animaux chez lesquels les suites de la mérotomie ont été comparables.

Dans cette série, nous trouvons d'abord la presque totalité des Protozoaires. Un *Stentor*, par exemple, de quelque manière qu'il soit coupé, *pourvu qu'il continue de vivre*, c'est-à-dire d'assimiler (et, dans l'espèce, cela a lieu quand le morceau de *Stentor* conserve un morceau de noyau) *reprend au bout de quelque temps sa forme spécifique*.

C'est surtout chez les *Hydres* que le phénomène de la régénération est célèbre, depuis les expériences classiques de Trembley. On peut couper une Hydre en un grand nombre de tronçons : chaque tronçon, dans de bonnes conditions extérieures, continue de vivre, et prend au bout de quelque temps la forme d'une petite hydre semblable à la première.

Le même phénomène de récupération de la forme spécifique se manifeste, quoique avec des différences, chez les Étoiles de mer, les Tritons, les Lézards, etc... Coupez la patte à un Triton (le triton est une espèce de Salamandre aquatique), et vous n'obtiendrez pas un Triton plus petit et semblable au premier, mais *la patte repoussera*, de sorte que la forme spécifique sera récupérée. Si vous coupez la queue à un Lézard, la queue repoussera de même.

Donc, dans tous les cas précédents, pourvu que l'animal continue de vivre, c'est-à-dire *d'assimiler*, la substance spécifique reprend en croissant la forme spécifique qui est sa forme d'équilibre. Et ceci est une démonstration de l'existence du rapport établi tout à l'heure dans une première approximation entre la forme spécifique et la composition chimique de la substance spécifique.

Mais le phénomène n'est pas général !

Si l'on coupe un bras à un homme, l'homme reste manchot. Si l'on coupe la patte à une Grenouille, animal pourtant assez voisin du Triton, la patte ne repousse pas ; elle ne repousse pas davantage à un poulet ou un canard.

Il y a donc deux catégories d'êtres vivants au point de vue de la mérotomie : ceux qui régénèrent un membre coupé quand ils continuent de vivre, et ceux qui ne régénèrent pas un membre coupé, même s'ils continuent de vivre.

Cela veut-il dire qu'il y a deux catégories d'êtres vivants : les uns dont la forme est déterminée fatalement par leur composition chimique, les autres dont la forme *n'est pas déterminée* par leur substance, puisque, même quand la substance conserve sa composition par l'assimilation, la forme spécifique de ces derniers êtres n'est pas régénérée ?

Ce serait bien extraordinaire !

Suivons en effet les développements individuels de deux animaux appartenant à chacune de ces catégories ; ces développements sont de tout point comparables ; on voit la quantité de la substance vivante de chaque embryon s'accroître progressivement sous l'influence de l'assimilation ; les formes de chaque animal croissant se succèdent dans un ordre régulier pour chaque espèce, de telle manière que chaque forme paraît bien résulter de l'addition d'une nouvelle quantité de substance spécifique à la forme immédiatement précédente. Bref, il y a un parallélisme complet entre les deux évolutions.

A quoi donc attribuer cette différence essentielle dans les manières dont les deux animaux considérés se comportent vis-à-vis de la régénération ? Nous allons voir intervenir ici un facteur morphologique nouveau, le *squelette*.

A mesure, en effet, que la substance de l'animal, croissant en quantité sous l'influence de l'assimilation, construit les formes successives de l'être, il ne se produit pas seulement de la matière vivante spécifique, mais aussi des substances accessoires, dont quelques-unes sont excrétées, dont d'autres se précipitent sous une forme durable au sein des tissus, constituant ainsi une charpente solide.

C'est cette charpente solide qu'on appelle le *squelette*; il est bien entendu que sous le nom de squelette il ne faut pas entendre seulement les os et les cartilages, mais l'ensemble de toutes les substances résistantes qui encombrent l'organisme et le figent dans sa forme actuelle. Évidemment, cette charpente solide joue à chaque instant de l'évolution individuelle un rôle considérable en fixant la morphologie de la masse vivante.

Suivant les espèces, le squelette a une importance plus ou moins grande. Dans les Hydres, par exemple, on peut considérer son rôle comme nul. C'est pourquoi, n'étant soutenue par aucun squelette résistant, une portion quelconque du corps d'une Hydre prend, dès qu'on le détache du reste de l'animal, la forme spécifique d'équilibre qui lui est propre.

Chez l'homme au contraire, pour passer immédiatement à l'extrémité opposée de l'échelle, le squelette a une importance très considérable, et si l'on enlève un bras à un individu quelconque de cette espèce, le *squelette manchot* qui persiste suffit à étayer dans une forme manchotte la masse de substance humaine conservée. Entre l'Hydre et l'homme, le Triton et le Lézard fourniraient des cas intermédiaires ; je ne veux pas m'y arrêter, mais je dois vous signaler, avant de quitter ce sujet, une expérience de physique qui permet de comprendre, dans un cas infiniment simple, le rôle du squelette comme charpente de la forme d'équilibre du corps. Cette expérience, réalisée il y a fort longtemps par Plateau, a trait aux bulles de savon. Vous avez tous fait des bulles de savon, étant enfants, et vous savez que, libres dans l'air atmosphérique calme, ces bulles ont la forme d'une sphère. Plateau imagina de souffler ces bulles dans des grillages de formes variées, et, dans ces conditions, les bulles, au lieu de devenir sphériques, épousaient la forme du grillage, c'est-à-dire qu'au lieu d'une bulle ronde et homogène on avait une série de surfaces très complexes dirigées par les arêtes du grillage.

Devait-on dire, devant la constatation de ce résultat, que la forme d'équilibre normale d'une bulle de savon n'est pas sphérique. Évidemment non, mais, dans l'expérience de Plateau, il existait une nouvelle *condition* d'équilibre, la présence d'un grillage, *d'un squelette* ; et le rôle de ce nouveau facteur était si important au point de vue de l'équilibre de la lame d'eau de savon que la nouvelle forme obtenue n'avait plus aucun rapport avec celle qu'elle aurait naturellement prise à l'air libre.

C'est exactement la même chose qui se passe dans les animaux pourvus, comme l'homme, d'un squelette suffisant pour fixer définitivement la forme d'équilibre. Au cours de la croissance, les substances actives assimilantes prennent bien, à chaque instant, une forme qui est leur forme d'équilibre à ce moment-là ; mais elles sécrètent en même temps un squelette rigide qui fixe cette forme définitivement, de sorte que, une fois l'animal adulte, la forme n'est plus en réalité la forme d'équilibre d'une substance active, mais la forme d'un squelette sur lequel se moule la substance humaine. Et par conséquent, le fait de la non-régénération d'un membre coupé ne prouve pas le moins du monde que la forme de l'homme ne soit pas, comme celle de l'Hydre ou du Lézard, la forme d'équilibre d'une certaine quantité de substance en état d'activité assimilatrice. Voici d'ailleurs une expérience bien simple qui permet de comparer ce qui se passe, dans une espèce donnée en présence d'un vieux squelette, à ce qui se passe dans la même espèce en l'absence de ce vieux squelette résistant.

Je coupe un jeune rameau d'un arbre; l'arbre reste ébranché, le rameau ne repousse pas ; il y a dans l'arbre un vieux squelette résistant, le bois, qui fixe la forme d'équilibre. Maintenant, je plante le rameau coupé dans une terre convenable; il y a dans ce rameau coupé des parties jeunes et dépourvues de squelette ; ces parties assimilent et *construisent* ce qui n'a pu se régénérer chez le vieil arbre, des branches nouvelles qui, à mesure qu'elles se produisent, s'encroûtent de squelette et deviennent incapables de régénération.

Cet exemple résume parfaitement tout ce qui a été dit précédemment et permet d'affirmer que, lorsqu'il n'y a pas régénération, c'est le squelette qui en est la cause. Il y a donc une relation établie entre la forme spécifique et la composition chimique ; la composition chimique *dirige* la forme spécifique.

* * *

Mais alors l'assimilation entraîne l'hérédité !

En effet, un morceau détaché d'un être vivant, et *capable de vivre par lui-même,* fabrique sa propre substance et prend progressivement la forme de celui auquel il a été emprunté, puisque la même substance nécessite la même forme. Et les êtres vivants se divisent à ce point de vue en deux catégories : 1° ceux dont un morceau quelconque est capable de vivre par lui-même, c'est-à-dire *d'assimiler* après avoir été détaché du corps du parent ; par exemple, les Hydres, etc. ; 2° ceux dont un morceau quelconque, détaché du corps du parent, est incapable de vivre par lui-même ; ceci a lieu, par exemple, chez les animaux supérieurs et l'homme. Mais si, dans cette dernière catégorie d'êtres, un morceau quelconque, arbitrairement choisi, ne peut pas vivre, il y a néanmoins des éléments spéciaux, capables d'assimilation en dehors du corps du parent, et que l'on appelle les *éléments reproducteurs*. Un élément reproducteur est donc, par définition, un élément qui diffère des autres éléments du corps, en ce qu'il peut vivre par lui-même ; et cela ressort avec évidence de toutes les considérations précédentes.

Une autre définition, fort différente, a généralement cours aujourd'hui, parce que l'on a cherché à tirer des conclusions de l'étude de l'homme seul ; cette définition fait des éléments reproducteurs des éléments doués d'une puissance mystérieuse et *différant essentiellement* des autres tissus du corps, en ce que le corps tout entier serait *représenté* à leur intérieur, un peu comme dans l'*homunculus* des spermatistes. Cette théorie dite du *plasma germinatif* me paraît erronée et nuisible. Un œuf est, simplement, de la substance d'homme *qui peut vivre* par elle-même ; du moment qu'elle peut vivre, c'est-à-dire assimiler, la masse croissante de substance qui résulte de son activité prend fatalement les formes successives qui conduisent finalement à la forme d'homme, exactement comme nous le voyions tout à l'heure pour la partie active de l'œuf de poule qui, peu à peu, construit le poussin. Du moment que c'est de la substance de poule, et qu'elle assimile, elle prend fatalement les formes successives qui conduisent à la forme de poule ; de même, de la substance d'homme *qui assimile* prend fatalement la forme d'homme.

Je vous fais remarquer immédiatement que nous n'avons pas à nous demander, à propos de l'hérédité, comment il se fait qu'il existe une substance aussi admirable que la substance d'homme ayant la propriété : 1° d'assimiler, ce qui lui est commun avec toutes les autres substances vivantes ; 2° de prendre fatalement, quand elle assimile, la forme étonnamment précise et merveilleusement coordonnée qui est la forme de l'homme. L'existence de cette substance qui prend la forme d'homme, ou, ce qui revient au même, l'existence de l'homme qui est composé de cette substance, est du ressort de la science de l'*origine des espèces*.

Qu'il existe une substance capable d'assimiler, cela est de l'ordre des phénomènes chimiques ; que cette substance ait comme forme d'équilibre une forme donnée, même extrêmement compliquée, cela n'est pas non plus pour nous surprendre, car il faut bien qu'une substance ait une forme ; mais que cette forme très compliquée constitue un mécanisme admirable, capable de se fournir, dans un milieu variable, de tout ce qui est nécessaire à l'assimilation, voilà qui tient du merveilleux.

Et cependant, grâce surtout au génie de notre immortel Lamarck, le père de la théorie transformiste, nous arrivons à nous expliquer comment une substance primitive simple, capable seulement d'assimiler, a pu se perfectionner progressivement au point d'arriver à l'état prodigieux où elle se trouve aujourd'hui. Nous arrivons à comprendre comment s'est produite parallèlement à l'évolution morphologique qui a conduit à la forme humaine, l'évolution chimique qui conduit à la substance humaine.

Aujourd'hui, étant donné qu'il y a des hommes doués d'assimilation, de la substance d'homme qui peut vivre prend fatalement la forme humaine ; mais, je le répète, le fait de l'existence même de cette substance admirable ne doit pas nous préoccuper quand nous étudions l'hérédité. Toute la biologie tient dans l'analyse complète d'un brin d'herbe ; il faut savoir se borner et étudier d'abord l'hérédité, indépendamment de l'origine des espèces, puisque la connaissance de l'hérédité est nécessaire à l'étude de l'origine des espèces ; une espèce actuelle provient d'une espèce primitive par une accumulation d'hérédités.

Quant à nous demander comment peut être moléculairement construite une substance qui a l'homme pour forme d'équilibre, c'est là une question à laquelle la chimie actuelle ne peut pas donner de réponse[1] ; mais savons-nous seulement établir un rapport entre la structure moléculaire des substances chimiques et la forme infiniment simple des cristaux ? Contentons-nous de comprendre, avec les transformistes, que de la substance humaine ait pu se former progressivement et, sans vouloir pénétrer dans l'intimité de sa structure, revenons à l'étude de l'hérédité.

*
* *

Je n'ai parlé jusqu'ici que de forme spécifique et de substance spécifique, la forme d'homme, de chèvre, de chou, la substance d'homme, de chèvre, de chou. Et, cependant, tous les hommes ne se ressemblent pas ; il y a une forme individuelle ; nous allons voir aussi qu'il y a une substance individuelle.

Prenons, pour cela, un exemple simple chez les végétaux qui se reproduisent le plus facilement par boutures. Vous connaissez tous les Bégonias et vous n'ignorez pas qu'un Bégonia, découpé en un très grand nombre de petits morceaux, peut, entre les mains d'un bon jardinier, donner naissance à un très grand nombre de plants nouveaux.

Considérons un Bégonia d'une espèce donnée et choisissons un plant qui se fasse remarquer par des caractères très personnels dans sa variété. Si nous faisons des boutures avec

---

[1]. C'est pour répondre à une question analogue que les Darwiniens ont construit la théorie des particules représentatives (v. *Lamarckiens et Darwiniens*, op. cit.).

des petits morceaux de ce plant, nous obtiendrons de nouveaux Bégonias *qui auront les caractères personnels du parent*.

Ceci précise la notion d'hérédité ; il n'y a pas seulement hérédité des caractères spécifiques, il y a hérédité des caractères personnels ou, pour employer le langage auquel nous avons été conduits tout à l'heure, chaque morceau de Bégonia fabrique, par assimilation, non seulement de la substance de Bégonia, mais de la substance d'*un* Bégonia déterminé, de la substance personnelle. Autrement dit, chaque individu est formé d'une substance qui lui est propre et conserve, par l'assimilation, sa substance propre. Voilà ce que nous ne pouvions pas prévoir *a priori* et que le seul exemple des boutures de Bégonia nous a prouvé de la manière la plus nette. *Paul* et *Joseph* sont tous deux des hommes et sont formés de substance d'homme, mais pas de la même substance d'homme ; Paul est formé de substance de Paul, Joseph de substance de Joseph. Ils ne diffèrent pas seulement par leur forme, mais aussi par leur substance, qui est en rapport avec leur forme ; c'est-à-dire que si l'on pouvait faire vivre et assimiler des morceaux de chacun d'eux, le morceau de Paul reproduirait un Paul, le morceau de Joseph un Joseph. Malheureusement, c'est là une expérience que nous ne pouvons pas faire chez l'homme à cause de la complication de la *sexualité*.

*

Chose étonnante, les seuls éléments de l'homme et des animaux supérieurs qui soient capables de vivre par eux-mêmes, c'est-à-dire de reproduire le parent, semblent au premier abord incapables d'assimilation ; ils sont incomplets ! Je n'ai pas à entrer ici dans le détail des phénomènes sexuels ; qu'il me suffise de dire que l'œuf capable de reproduire un homme résulte de la fusion d'un élément emprunté à un homme avec un élément emprunté à une femme. En d'autres termes, le morceau de substance humaine qui donnera naissance à un individu nouveau résultera de la fusion de deux morceaux de substances différentes, empruntés à deux individus différents. Et c'est ainsi qu'un homme ne se continue pas dans son fils ; la substance du fils n'est pas la substance du père; ce n'est pas non plus la substance de la mère : c'est un mélange des deux. Cette substance nouvelle a donc des caractères personnels parmi lesquels il peut y avoir certains caractères du père, certains caractères de la mère, mais aussi des caractères nouveaux qui sont quelquefois tout à fait différents des caractères paternels et maternels.

Et suivant les hasards, suivant les proportions du mélange, chaque œuf, provenant de deux parents donnés, aura des propriétés différentes de celles d'un autre œuf provenant des mêmes parents. Les enfants d'un même couple ne se ressemblent pas ; les uns ressemblent au père, les autres à la mère ; les autres à aucun des deux.

Ceci complique la notion d'hérédité et introduit de la variété dans les individus. Il n'y aurait d'hérédité totale que dans le cas de *parthénogénèse*, c'est-à-dire dans les cas où un parent se reproduirait par lui-même. Cela n'a pas lieu chez l'homme, mais se produit communément chez les abeilles, les pucerons, les daphnies, etc...

Et ceci met en garde contre une certaine manière d'envisager l'hérédité. On se demande souvent, et nous allons voir pourquoi, si tel caractère d'un homme est héréditaire, c'est-à-dire s'il est fatalement déterminé par la nature de la substance personnelle de l'individu considéré. Si l'homme se reproduisait tout seul, le fils étant formé de la substance du père, on verrait bien que le caractère en question se reproduit ou ne se reproduit pas chez le fils ; malheureusement, le fils étant formé, partie de la substance du père, partie d'une substance différente, les hasards du mélange peuvent faire qu'un caractère qui serait transmis dans une reproduction parthénogénétique, ne se transmet pas dans une reproduction sexuée. Si donc le caractère se transmet, on peut affirmer qu'il était héréditaire ; s'il ne se transmet pas, il ne faut rien affirmer ; il pouvait être héréditaire et avoir disparu dans le mélange avec la substance maternelle.

Il peut paraître étonnant, après tout ce que j'ai dit en commençant, que l'on discute la question de savoir si un caractère est héréditaire, c'est-à-dire si telle particularité de la forme d'un individu est ou n'est pas en relation avec la nature de sa substance individuelle. C'est que, pour ne pas compliquer l'exposition du sujet, j'ai évité de parler jusqu'à présent d'une cause de variation dans la forme des individus, cause indépendante de la nature même de leur substance et tenant seulement aux conditions de milieu. Mais avant d'entrer dans l'étude de cette cause de variation, il y a encore une autre complication dont je dois dire quelques mots.

*
* *

L'œuf, en assimilant, fabrique un homme formé de substance d'homme; mais cette substance d'homme ne se montre pas homogène. Il y a dans un homme des muscles, des nerfs, des os, des épithéliums, etc... Comment parler de substance personnelle quand il s'agit d'un ensemble si complexe? Une hétérogénéité analogue se manifestait dans le Bégonia et, cependant, chaque morceau de Bégonia reproduit un Bégonia identique au parent. C'est que cette hétérogénéité apparente ne fait que masquer l'unité réelle de l'individu. Paul et Joseph paraissent formés des mêmes muscles, des mêmes nerfs, des mêmes épithéliums, et, cependant, il n'y a pas un type unique de muscles d'homme, de nerfs d'homme, etc., avec lequel on pourrait construire indifféremment Paul ou Joseph. Paul a des muscles de Paul, Joseph des muscles de Joseph: le caractère personnel de la substance de Paul reste dans tous ses éléments quelque différents qu'ils paraissent être les uns des autres et quelque semblables qu'ils soient en apparence à ceux de Joseph. Voici un exemple qui vous fera comprendre comment est possible cette unité dans l'hétérogénéité.

J'ai là deux jeux de cartes. L'un d'eux a le dos bleu et des dessins carrés, l'autre a le dos rose et des dessins rectangulaires. Si je regarde les cartes de ces jeux par leur côté significatif, je trouve dans chacun d'eux le huit de pique, le sept de trèfle, etc., et je puis croire par conséquent qu'il serait indifférent de changer une carte du premier jeu avec la carte correspondante du second. Mais c'est là une illusion qui vient de ce que je n'ai regardé les deux jeux que d'un certain côté. En les regardant par le dos, je constate dans chacun d'eux une homogénéité parfaite; toutes les cartes du premier jeu ont le dos bleu avec des dessins carrés, toutes celles du second jeu ont le dos rose et les dessins rectangulaires. Donc, suivant le point de vue, on constate l'homogénéité ou l'hétérogénéité. De même pour Paul et Joseph. Si je les observe au point de vue tissu, je constate que chacun d'eux est formé des mêmes éléments, comme les deux jeux de cartes sont formés des mêmes cartes. Si je les observe au point de vue individu, je constate que tous les éléments de Paul ont en commun un caractère particulier (le dos des cartes), qui les distingue absolument des éléments correspondants de Joseph.

Ceci établi, je ne m'occuperai plus de l'hétérogénéité, due, dans chaque individu, à la différenciation cellulaire, et je reprendrai mon langage synthétique de tout à l'heure : Paul est composé de substance de Paul ; Joseph de substance de Joseph.

*
* *

J'arrive maintenant aux variations qui peuvent survenir dans un individu *de substance donnée* sous l'influence des conditions de milieu. Nous avons vu tout à l'heure que la forme d'un individu est en relation avec la nature de sa substance constituante, mais il est bien évident que cette relation n'empêche pas les influences extérieures d'agir momentanément sur cette forme ; la plupart des animaux ne sont pas formés d'une substance rigide, et des impressions ambiantes peuvent les déformer plus ou moins. Une bulle de savon, sphérique dans l'air libre, prend la forme d'un grillage déterminé dans les expériences de Plateau. De même, un être vivant dépourvu de squelette et qui est sphérique dans l'eau libre, deviendra momentanément cubique si on l'enferme dans un cube où il est comprimé. En d'autres termes, il faut dire que la forme d'un individu est dirigée par la nature de sa substance constituante, *dans certaines conditions de milieu*. La substance ne changeant pas, la forme peut changer sous l'influence d'actions externes.

Dans le cas de la bulle de savon des expériences de Plateau, l'influence du grillage a lieu une fois pour toutes. Dans le cas d'un être vivant, les influences extérieures se manifestent successivement pendant toute la vie, depuis l'état d'œuf jusqu'à la mort. Et, à chaque instant, elles modifient plus ou moins la forme de l'individu en voie d'évolution. Or, remarquons que chez l'individu en voie d'évolution, il se fabrique à chaque instant un squelette plus ou moins résistant qui fixe plus ou moins la forme momentanée de l'individu et garde, par conséquent, l'impression des formes réalisées fortuitement sous l'influence des conditions extérieures. Coupez le bras à un enfant, il continuera de grandir avec ce caractère de manchot qui a été réalisé dans son squelette. C'est là une modification très considérable; il peut y en avoir quotidiennement de moins importantes qui se fixent néanmoins dans le squelette.

L'alimentation aussi peut avoir une influence; suivant que vous nourrissez un enfant avec du pain ou avec de la viande, il fabriquera bien toujours sa substance personnelle par assimilation, mais les substances accessoires qui constituent le squelette différeront avec les divers aliments. Et ces différences s'accumuleront au cours de la vie, de manière à permettre au bout de quelque temps des différences morphologiques sensibles entre deux individus issus d'une substance identique, deux frères pucerons issus d'une même lignée parthénogénétique, par exemple.

C'est pour cela que l'on doit dire qu'un individu donné est le résultat de deux facteurs, l'*hérédité* et l'*éducation*. L'*hérédité*, c'est la nature de sa substance personnelle, l'ensemble des propriétés de l'œuf dont il provient. L'éducation, c'est l'ensemble des circonstances extérieures à travers lesquelles s'est produit le développement de l'individu. On conçoit facilement, sans insister davantage, que des éducations différentes puissent donner des formes différentes à des êtres ayant même hérédité, et aussi que la même éducation puisse donner certains caractères communs à deux êtres ayant des hérédités différentes (caractères de convergence). C'est même une question fort importante et à laquelle je ne m'arrêterai pas ici, que de déterminer la limite des divergences possibles (sans que la mort intervienne) entre deux êtres ayant même hérédité. On donne le nom de *caractères acquis* à ces variations intervenant sous l'influence de l'éducation. En réalité, si l'on parle rigoureusement, on doit considérer tous les caractères de l'adulte comme des caractères acquis, puisque chacun d'eux porte plus ou moins la trace de l'éducation de cet adulte. Mais on a l'habitude de considérer comme plus spécialement acquis les caractères réalisés chez les individus, dans des conditions différentes de celles où s'est normalement perpétuée leur espèce.

A propos de ces caractères acquis, une question se pose, question qui ne se posait pas pour les bulles de savon de Plateau. Une bulle de savon ayant épousé la forme d'un grillage, sa substance ne change pas, c'est-à-dire que, si vous la recueillez et si vous la soufflez de nouveau à l'air libre, elle redeviendra sphérique. En sera-t-il de même pour un être vivant?

Évidemment, si l'assimilation était le seul phénomène possible dans la substance vivante, la réponse à cette question serait immédiate : il n'y a pas modification de la substance vivante sous les influences extérieures. Mais aux phénomènes réellement vitaux d'assimilation peuvent se superposer des phénomènes de destruction, et la superposition de ces deux phénomènes peut entraîner des *variations* dans la nature de la substance; l'éducation peut modifier l'hérédité. La substance vivante, emprisonnée dans une forme qui n'est pas sa forme normale, peut être gênée par cette forme et subir des variations *qui l'adaptent* à sa prison. Je me contente de signaler ici cette possibilité que j'ai longuement étudiée ailleurs [1].

Évidemment, une forme quelconque imposée à un être vivant n'aura pas de chances de modifier l'hérédité de l'être de manière à devenir sa forme normale. La substance d'un manchot ne devient pas de la *substance de manchot*. Le *pied bot* volontaire des Chinoises ne transforme pas la substance des Chinoises en *substance de Chinoises pied bot*. Et, de fait, ces variations ne sont pas héréditaires.

Mais il y a d'autres mutilations qui le sont. L'épilepsie développée par Brown-Séquard chez les cobayes, sous l'influence de lésions nerveuses, était héréditaire et transformait par conséquent leur substance en *substance de cobaye épileptique*.

La question se pose donc, en face de chaque variation acquise fortuitement, de savoir si cette variation est ou n'est pas héréditaire. C'est la grande question de l'hérédité des caractères acquis. Elle est d'une importance capitale au point de vue social. Voici, par exemple, un individu tuberculeux ; il l'est devenu par infection fortuite. Sa substance est-elle transformée en substance de tuberculeux ?

1. *Évolution individuelle et hérédité*. Paris, F. Alcan, 1898. — *L'Unité dans l'Être vivant*. Paris, F. Alcan, 1902.

Autre chose. Je n'ai parlé que de caractères morphologiques ; mais tous les biologistes savent aujourd'hui que les caractères dits psychiques correspondent à un certain état de la substance constitutive des êtres ; leur transmission héréditaire est donc de même nature que celle des caractères physiques. Le problème de l'hérédité des tares physiologiques se transporte alors naturellement à celui des tares psychologiques. Dans notre société peu indulgente, on appelle *voleur* un individu qui a volé une fois ; sa substance est-elle devenue de la substance de voleur ? Transmettra-t-il à ses enfants la propriété fatale d'être des voleurs ? Je me contente de poser le problème.

C'est Lamarck qui a le premier affirmé la possibilité de la transmission héréditaire des caractères acquis. C'est ainsi qu'il a expliqué l'évolution progressive des espèces. Les élèves de Darwin ont au contraire nié cette possibilité. Nous avons vu, en effet, au cours de cette causerie, qu'il y a deux moyens de concevoir l'introduction de la variété dans les individus : 1° le hasard du mélange des sexes qui répartit inégalement chez l'enfant les caractères du père et de la mère ; 2° la variation de la substance individuelle au cours de l'évolution individuelle, ou, si vous voulez, la variation adaptant aux conditions ambiantes. Les Lamarckiens considèrent le second moyen comme capital pour l'explication de la progression des espèces. Les Néo-Darwiniens attribuent au contraire la progression aux hasards du mélange des sexes. Il semble aujourd'hui que cette dernière école a perdu beaucoup de terrain. On peut d'ailleurs montrer que le mélange des sexes, loin de produire des caractères nouveaux, a comme résultat de fixer le type moyen d'une espèce donnée.

*
* *

Vous voyez combien est importante en biologie cette question de l'hérédité. J'ai à peine indiqué les nombreux problèmes qu'elle pose. Je voudrais surtout avoir montré ici que l'hérédité et la vie, c'est la même chose. Il n'y a pas de phénomène vital qui se manifeste sans le secours de l'hérédité. Vouloir essayer d'expliquer la vie par quelque chose et l'hérédité par autre chose, c'est éminemment antiscientifique.

Toutes les considérations précédentes tendent à prouver autre chose encore; c'est que malgré l'importance capitale qu'ont à nos yeux les phénomènes morphologiques, ils ne sont que le résultat de phénomènes chimiques moins faciles à découvrir, mais essentiels.

Quand on lit dans le livre de la nature, il ne faut pas s'en tenir à ce qui est écrit en gros caractères. Les choses importantes sont quelquefois entre les lignes.

TABLE DES MATIÈRES

	Pages.
Préface.	1
Introduction. — La Philosophie zoologique de Lamarck.	7

I. — La place de la vie dans les phénomènes naturels.   41

Chapitre Ier. Étude objective des phénomènes. 43
  § I. L'illusion du repos dans la matière brute. . . . 43
    Réactions chimiques. 52
    Les actions à distance. 53
    Les dimensions des mouvements vibratoires. . . 63
  § II. Les dimensions de la vie. 67
    Phénomènes molaires et moléculaires. 73
    Le sexe. 78
    Les diastases. 80
    Conclusion. 82
    L'Évolution, phénomène chimique. 84

Chapitre II. Étude de la connaissance chez les êtres vivants. 87
  § I. Nous ne connaissons que le mouvement de la matière. 87
    Nature de la conscience. 88
    Quels mouvements pouvons-nous connaître ? . . 92
  § II. Limites du connaissable. Métanthropie. . . . 98
  § III. La notion de forme. 107

II. — Les limites de la Biologie d'après M. Grasset. . . 121

III. — Le Divin. 145

IV. — Le mouvement rétrograde en Biologie. 157

V. — L'évolution et les apologistes. 167

VI. — La connaissance de l'avenir. 175

APPENDICES

I. Darwin. 185
II. La maturation de l'œuf. 208
III. L'Hérédité, c'est la vie elle-même. 218

BIBLIOTHÈQUE DE PHILOSOPHIE CONTEMPORAINE
Volumes in-8, brochés, à 5 fr., 7 fr. 50 et 10 fr.

EXTRAIT DU CATALOGUE

STUART MILL. — Mes mémoires, 3ᵉ éd. 5 fr.
— Système de logique. 2 vol. 20 fr.
— Essais sur la religion, 2ᵉ éd. 5 fr.
HERBERT SPENCER. Prem. principes. 10ᵉ éd. 10 fr.
— Principes de psychologie. 2 vol. 20 fr.
— Principes de biologie. 1ᵉ édit. 2 vol. 20 fr.
— Principes de sociologie. 4 vol. 36 fr.
— Essais sur le progrès. 5ᵉ éd. 7 fr. 50
— Essais de politique. 4ᵉ éd. 7 fr. 50
— Essais scientifiques. 3ᵉ éd. 7 fr. 50
— De l'éducation. 10ᵉ éd. 5 fr.
PAUL JANET. — Causes finales. 4ᵉ édit. 10 fr.
— Œuvres phil. de Leibniz. 2ᵉ éd. 2 vol. 20 fr.
TH. RIBOT. — Hérédité psychologique. 7 fr. 50
— Psychologie anglaise contemporaine. 7 fr. 50
— La psychologie allem. contemp. 7 fr. 50
— Psychologie des sentiments. 4ᵉ éd. 7 fr. 50
— L'Evolution des idées générales. 5 fr.
— L'imagination créatrice. 5 fr.
A. FOUILLÉE. — Liberté et déterminisme. 7 fr. 50
— Systèmes de morale contemporains. 7 fr. 50
— Morale, art et religion, d'ap. Guyau. 3 fr. 75
— L'avenir de la métaphysique. 2ᵉ éd. 5 fr.
— L'évolut. des idées-forces. 2ᵉ éd. 7 fr. 50
— Psychologie des idées-forces. 2 vol. 15 fr.
— Tempérament et Caractère. 2ᵉ éd. 7 fr. 50
— Le mouvement positiviste. 2ᵉ éd. 7 fr. 50
— Le mouvement idéaliste. 2ᵉ éd. 7 fr. 50
— Psychologie du peuple français. 7 fr. 50
— La France au point de vue moral. 7 fr. 50
— Esquisse psych. des peuples europ. 10 fr.
DE LAVELEYE. — De la propriété. 5ᵉ éd. 10 fr.
— Le Gouv. dans la démocratie. 2 v. 3ᵉ éd. 15 fr.
BAIN. — Logique déd. et ind. 2 vol. 20 fr.
— Les sens et l'intelligence. 3ᵉ édit. 10 fr.
— Les émotions et la volonté. 10 fr.
— L'esprit et le corps. 4ᵉ édit. 6 fr.
— La science de l'éducation. 6ᵉ édit. 6 fr.
LIARD. — Descartes. 2ᵉ édit. 5 fr.
— Science positive et métaph. 4ᵉ éd. 7 fr. 50
GUYAU. — Morale anglaise contemp. 3ᵉ éd. 7 fr. 50
— Probl. de l'esthétique cont. 3ᵉ éd. 7 fr. 50
— Morale sans obligation ni sanction. 5 fr.
— L'art au point de vue sociol. 2ᵉ éd. 5 fr.
— Hérédité et éducation. 3ᵉ édit. 5 fr.
— L'irréligion de l'avenir. 5ᵉ édit. 7 fr. 50
HUXLEY. — Hume, vie, philosophie. 5 fr.
E. NAVILLE. — La physique moderne. 5 fr.
H. MARION. — Solidarité morale. 5ᵉ éd. 5 fr.
SCHOPENHAUER. — Sagesse dans la vie. 5 fr.
— Principe de la raison suffisante. 5 fr.
— Le monde comme volonté, etc. 3 vol. 22 fr. 50
JAMES SULLY. — Le pessimisme. 2ᵉ édit. 7 fr. 50
— Etudes sur l'enfance. 10 fr.
PREYER. — Eléments de psychologie. 5 fr.
— L'âme de l'Enfant. 10 fr.
WUNDT. — Psychologie physiol. 2 vol. 20 fr.
FONSEGRIVE. — Le libre arbitre. 2ᵉ éd. 10 fr.
PICAVET. — Les idéologues. 10 fr.
GAROFALO. — La criminologie. 4ᵉ édit. 7 fr. 50
— La superstition socialiste. 5 fr.
G. LYON. — L'idéalisme en Angleterre au XVIIIᵉ siècle. 7 fr. 50
P. SOURIAU. — L'esthét. du mouvement. 5 fr.
— La suggestion dans l'art. 5 fr.
F. PAULHAN. — L'activité mentale. 10 fr.
— Esprits logiques et esprits faux. 7 fr. 50
JAURÈS. — Réalité du monde sensible. 2ᵉ édit. 7 fr. 50
PIERRE JANET. — L'automatisme psych. 7 fr. 50
H. BERGSON. — Matière et mémoire. 5 fr.
— Données imméd. de la conscience. 3 fr. 75
ROMANES. — L'évolution mentale. 5 fr.
PILLON. — L'année philosophique. Années 1890 à 1901, chacune. 5 fr.
GURNEY, MYERS et PODMORE. — Hallucinations télépathiques. 3ᵉ édit. 7 fr. 50
L. PROAL. — Le crime et la peine. 3ᵉ éd. 10 fr.
— La criminalité politique. 5 fr.
— Le crime et le suicide passionnels. 10 fr.
COLLINS. — Résumé de la phil. de Spencer. 10 fr.
NOVICOW. — Luttes entre sociétés hum. 10 fr.
— Les gaspillages des sociétés modernes. 5 fr.
DURKHEIM. — Division du travail social. 7 fr. 50
— Le suicide, étude sociologique. 7 fr. 50

DURKHEIM. — L'année sociologique. Années 1896-97, 1897-98, 1898-99, 1899-1900, 1900-1901, chacune. 10 fr.
J. PAYOT. — Educ. de la volonté. 16ᵉ éd. 10 fr.
— De la croyance. 5 fr.
CH. ADAM. — La Philosophie en France (Première moitié du XIXᵉ siècle). 7 fr. 50
NORDAU (Max). — Dégénérescence. 2 vol. 17 fr. 50
— Les mensonges conventionnels. 7ᵉ éd. 5 fr.
— Vus du dehors. 5 fr.
AUBRY. — La contagion du meurtre. 2ᵉ éd. 5 fr.
GODFERNAUX. — Le sentiment et la pensée. 5 fr.
BRUNSCHVICG. — Spinoza. 3 fr. 75
— La modalité du jugement. 5 fr.
LÉVY-BRUHL. — Philosophie de Jacobi. 5 fr.
— Lettres de J.-S. Mill et d'Aug. Comte. 10 fr.
— Philosophie d'Aug. Comte. 7 fr. 50
BOIRAC. — L'idée de phénomène. 5 fr.
G. TARDE. — La logique sociale. 2ᵉ éd. 7 fr. 50
— Les lois de l'imitation. 3ᵉ éd. 7 fr. 50
— L'opposition universelle. 7 fr. 50
— L'opinion et la foule. 5 fr.
— Psychologie économique. 2 vol. 15 50
G. DE GREEF. — Transform. social. 2ᵉ éd. 7 fr. 50
CRÉPIEUX-JAMIN. — Ecrit. et caract. 4ᵉ éd. 7 fr. 50
LANG. — Mythes, cultes et religion. 10 fr.
SÉAILLES. — Essai sur le génie dans l'art. 3ᵉ éd. 5 fr.
V. BROCHARD — De l'erreur. 2ᵉ éd. 5 fr.
AUG. COMTE. — Sociol., rés. p. Rigolage. 7 fr. 50
G. PIAT. — La personne humaine. 7 fr. 50
— La destinée de l'homme. 5 fr.
E. BOUTROUX. — Etudes d'histoire de la philosophie. 2ᵉ éd. 7 fr. 50
P. MALAPERT. — Les élém. du caractère. 5 fr.
A. BERTRAND. — L'enseignement intégral. 5 fr.
— Les études dans la démocratie. 5 fr.
H. LICHTENBERGER. — Richard Wagner. 10 fr.
J. PÉRÈS. — L'art et le réel. 3 fr. 75
E. GOBLOT. — Classif. des sciences. 5 fr.
ESPINAS. — La philos. soc. au XVIIIᵉ s. 7 fr. 50
MAX MULLER. — Etudes de mythologie. 12 fr. 50
THOMAS. — L'éducation des sentiments. 5 fr.
G. LE BON. — Psychol. du social. 3ᵉ éd. 7 fr. 50
RAUH. — De la méthode dans la psychologie des sentiments. 5 fr.
GÉRARD-VARET. — L'ignorance et l'irréflexion. 5 fr.
DUPRAT. — L'instabilité mentale. 5 fr.
HANNEQUIN. — L'hypothèse des atomes. 7 fr. 50
AD. COSTE. — Sociologie objective. 3 fr. 50
— L'expérience des peuples. 10 fr.
LALANDE. — Dissolution et évolution. 7 fr. 50
DE LA GRASSERIE. — Psych. des religions 5 fr.
BOUGLÉ. — Les idées égalitaires. 3 fr. 75
F. ALENGRY. — Essai historique et critique sur la sociologie d'Aug. Comte. 10 fr.
DUMAS. — La tristesse et la joie. 7 fr. 50
OUVRÉ. — Formes littér. de la pensée grecq. 10 fr.
G. RENARD. — La méthode scientifique de l'histoire littéraire. 10 fr.
STEIN. — La question sociale. 10 fr.
BARZELLOTTI. — La philosophie de Taine. 7 fr. 50
LECHARTIER. — David Hume. 5 fr.
RENOUVIER. — Dilemmes de la métaphys. 5 fr.
— Hist. et solut. des probl. métaphys. 7 fr. 50
— Le personnalisme. 10 fr.
LECLÈRE. — Le droit d'affirmer. 5 fr.
BOURDEAU. — Le problème de la mort. 3ᵉ éd. 5 fr.
— Le problème de la vie. 5 fr.
SIGHELE. — La foule criminelle. 2ᵉ éd. 5 fr.
SOLLIER. — Le problème de la mémoire. 3 fr. 75
— Psychologie de l'idiot. 2ᵉ éd. 5 fr.
HARTENBERG. — Les timides et la timidité. 5 fr.
LE DANTEC. — L'unité dans l'être vivant. 7 fr. 50
— Les limites du connaissable. 3 fr. 75
OSSIP-LOURIÉ. — Philos. russe contemp. 5 fr.
LECHALAS. — Etudes esthétiques. 5 fr.
BRAY. — Du beau. 5 fr.
PAULHAN. — Les caractères. 2ᵉ éd. 5 fr.
LAPIE. — Logique de la volonté. 7 fr. 50
GROOS. — Les jeux des animaux. 7 fr. 50
XAVIER LÉON. — Philosophie de Fichte. 10 fr.
KARPPE. — Essais de critique et d'histoire de la philosophie. 3 fr. 75
OLDENBERG. — La religion du Véda. 10 fr.
— Le Bouddha. 2ᵉ éd. 7 fr. 50

www.ingramcontent.com/pod-product-compliance
Lightning Source LLC
Chambersburg PA
CBHW070521170426
43200CB00011B/2286